The Supernatural Ways of
Royalty

왕의 자녀의 초자연적인 삶

The Supernatural Ways of Royalty
by Bill Johnson and Kris Vallotton

Copyright ⓒ 2006 by Bill Johnson and Kris Vallotton
Published by Destiny Image
P.O. Box 310
Shippensburg, PA 17257-0310

Korean translation Copyright ⓒ 2008 by Pure Nard
2F 16, Eonju-ro 69-gil, Gangnam-gu, Seoul, Korea

The Korean edition is published by arrangement with Destiny Image.
All rights reserved.

본 저작물의 한국어판 저작권은 Destiny Image와의 독점 계약으로 '순전한 나드'가 소유합니다.
저작권자의 허락 없이 이 책의 일부 또는 전체를 무단 복제, 전재, 발췌하면 저작권법에 의해 처벌을 받습니다.

왕의 자녀의 초자연적인 삶

지은이　빌 존슨 · 크리스 밸러턴
옮긴이　김형술

초판발행　2008년 7월 10일
8쇄 발행　2020년 6월 19일

펴낸이　허 철
펴낸곳　도서출판 순전한나드
등록번호　제2010-000128호
주　소　서울 강남구 언주로69길 16 (역삼동) 2층
도서문　02)574-6702
　　　　Fax 02)574-9704
홈페이지　www.purenard.co.kr
인쇄소　굿올드컴퍼니

ISBN　978-89-6237-016-4　　03230

The Supernatural Ways of
Royalty

왕의 자녀의 초자연적인 삶

빌 존슨 · 크리스 밸러턴 지음 | 김형술 옮김

요셉과 같이 필사적으로 감옥에서 나와

마침내 왕궁으로 들어간

이 땅의 모든 성도들에게 이 책을 바친다.

추천의 글
ENDORSEMENTS

이 책의 메시지는 너무 강력하여 그리스도의 몸 된 교회 안에서 생각과 마음과 행동의 혁명을 불러올 수 있다! 우리는 교회사에서 종교개혁을 경험하였다. 그러나 이제는 하나님의 왕국이 임하는 것을 경험할 차례이다. 이 책에 나타난 크리스 밸러턴의 목표는 '노예근성'을 없애고 믿는 자들로 하여금 진실한 믿음과 능력 그리고 영향을 끼치는 존재로 변화시키는 데 있다. 이 책은 당신의 삶을 변화시킬 것이다!

짐 골 Encounter Network의 공동창시자, 《선견자》,《다가온 예언의 혁명》,《중보기도》의 저자

크리스 밸러턴은 내가 지금껏 알고 지낸 위대한 인물 중의 한 사람이다. 그래서 나는 그의 책 또한 대단할 것이라 기대했고, 실제로 이 책이 그렇다. 그의 삶, 메시지, 그리고 사역의 경계를 알아내는 것은 거의 불가능하다. 그에게 있어서 이 세 가지는 잘 조화되어 하나의 아름다운 모험을 만들어낸다. 이 책을 통해 독자들은 인생의 변화를 경험하게 될 것이다. 건투를 빈다!

잭 테일러 플로리다 Dimensions Ministries 대표

《왕의 자녀의 초자연적인 삶》은 기독교 고전이 될 것이며, 희망이 거의 보이지 않는 이때에 아주 적절하게 나온 책이다. 이 책은 희망으로 가득 차 있다. 이 희

망은 절망의 어둠에 있는 사람들을 그들의 부르심의 목적으로 이끌기에 충분하다. 그러므로 이 책은 반드시 읽어야 하는 책이다.

말리스 먼로 Bahamas Faith Ministry 총재, 《하나님의 왕국 재발견》의 저자

크리스 밸러턴은 강력한 예언적 은사를 지닌 목사이다. 그는 또한 친구이다. 하나님의 친구이며 하이디와 나의 친구는 물론이고 사역학교의 많은 학생들의 친구이다. 그리고 더 나아가 전 세계에서 하나님께 갈급해하는, 그의 마음을 통해 하나님의 기쁨을 체험한 모든 사람의 친구이다.

이 책을 읽는 사람들은 하나님 사랑에 대한 크리스의 계시 깊은 곳으로 인도받을 것이다. 그것은 전에 결코 이해하지 못했던 것일 것이다. 그는 진정한 복음이 무엇인지를 보여주고 있으며, 하나님의 자녀로서 살아간다는 것이 무엇인지를 보여주고 있다. 그리고 거절감과 억압으로 눌려 있던 마음을 생명으로 이끌어준다.

롤랜드와 하이디 베이커 Iris Ministries

와! 원수는 정말 이 책을 싫어할 것이다! 그리고 그것이 내가 이 책을 더욱더 좋아하는 이유이다! 걸출한 이야기꾼 크리스 밸러턴이 빌 존슨과 함께 또 한 번 당신에게 이 책을 통해 말한다. 당신이 그리스도를 영접하는 순간 당신은 땅을 산 것이 아니라, 하나님 아버지께서 전체 땅 문서를 통째로 당신에게 건네주었다는 사실을 말이다. 그것도 당신이 요청하지도 않았는데. 이제 당신이 모두 소유하고 있는 것이다! 혹 그 사실을 몰랐을지라도 당신은 당신이 물려받은 나라에서 왕이며, 최고 경영자이며, 관리자이다. 그리고 그에 따른 모든 축복을 소유하고 있는 것이다. 이 책은 당신으로 하여금 어떻게 하나님이 당신을 위해 예비하신 풍성한 삶을 살아갈 수 있는지를 가르쳐주고 있다. 이제 당신은 그것을 붙잡기만 하면 된다.

스티브 슐츠 Elijah List 대표(www.elijahlist.com)

목차
CONTENTS

추천의 글 … 6
글을 시작하며(빌 존슨) … 10
감사의 말 … 12
들어가는 말 … 14

제 1 부 왕의 자녀로의 부르심

Chapter 1 거지근성의 위험 … 19
Chapter 2 성 안의 방랑자인가 궁궐의 왕자인가 … 25
Chapter 3 지하 감옥과 옥졸들 … 43
Chapter 4 왕의 감격(빌 존슨) … 57
Chapter 5 왕궁의 도마뱀 … 69
Chapter 6 통치 훈련 … 85
Chapter 7 누가 저녁 정찬에 오시는가 … 103

제 2 부   왕가의 특징 소개

Chapter 8   성소 안의 수퍼영웅들 … 119
Chapter 9   맨 아래에서부터 꼭대기까지 … 129
Chapter 10   공경-또 다른 기회 … 145
Chapter 11   왕의 사람들은 끝까지 함께 간다 … 161
Chapter 12   왕의 신조 지키기 … 177
Chapter 13   우리의 사명을 노리는 원수들 … 199

제 3 부   하나님 나라 백성들의 권위와 책임

Chapter 14   왕의 비밀 계획 … 221
Chapter 15   바통 건네주기(빌 존슨) … 239
Chapter 16   하늘의 전략적 동맹 구축하기 … 259
Chapter 17   이 땅을 보호하라 … 275

왕자와 거지 테스트 … 289

글을 시작하며
FORWARD

　기독교 역사를 통하여 수많은 위대한 하나님의 운동들이 전 세계의 모든 민족을 강타해 왔다. 각각의 운동들에 임한 강력한 기름부으심이 통찰력과 경험을 증대시켜서, 교회로 하여금 그 영원한 목적을 회복하도록 도와주었다. 그러나 새로운 열정과 거대한 수의 회심과 아울러 하나님께서는 거의 동시적으로 또 다른 면을 추가하셨다. 그것은 하나님의 방법처럼 보인다. 그것은 열정적인 사람과 보통 사람을 갈라놓으시는 하나님의 방법이며, 갈급한 사람과 만족한 사람을 갈라놓으시는 하나님의 방법이다. 절박한 사람에게는 '모든 쓴 것도 다 달게' 되어 있다. 하나님은 그분의 백성들을 세워서 부흥의 불을 통과시켜 그분을 닮은 존재로 만들어가고 계신다.
　성령님의 기름부으심은 언제나 우리의 죄악에 대한 자각을 한층 더 일깨운다. 회개와 자복에 관한 가장 위대한 찬송가 중 여럿이 바로 그러한 때에 만들어졌다. 그러나 우리의 죄와 부족함에 대한 계시는 단지 균형을 위한 반쪽에 불과하다. 대부분의 부흥은 사실 이 부분도 제대로 지니지 못했었다. 그러므로 그것이 완전한 삶이 되기 전까지 하나님의 운동으로 지속되지 못했다. 균형의 다른 반쪽은 성령님이 우리를 향하여 얼마나 거룩하신 분인가 하는 것이다. 이것을 깨달을 때 우리의 정체성은 변하고 우리의 믿음은 구원의 목적을 끌어안게 된다. 어떤 면에서 우리는 '은혜로 구원받은 죄인'의 개념 그 이상을 뛰어넘어야 한다. 그리스도 안에서 우리의 위치를 찾아갈 때,

우리는 우리의 시대에 가장 위대한 업적을 낳게 될 것이다. 바로 이러한 계시를 통해 한 세대가 이룰 수 있는 것은 실로 우리의 상상을 초월한다.

《왕의 자녀의 초자연적인 삶》은 그러한 심령의 부르짖음, 즉 교회의 부르짖음, 하나님 자신의 부르짖음, 그리고 피조물들에 의한 부르짖음(롬 8장을 보라)에 대한 해답이다. 크리스 밸러틴은 이 책에서 그의 간증과 신선한 성경해석을 가지고 우리를 신나는 여정으로 인도한다. 과거에 이 여행을 해본 사람은 별로 없었다. 어떤 사람은 교만하게 될 것이 두려워서 이 여정을 거절하기도 했다. 그 결과 여전히 미성숙한 상태로 머물러 있다. 우리가 인생에서 바라는 대부분의 것은 다투는 현실의 긴장 속에서 발견되는 것들이다. 그러므로 연약한 사람들에게는 믿음과 자신감이 교만으로 비춰질 수 있다. 믿음은 우리가 인식하고 있는 기준을 넘어서서 우리의 삶의 방식이 되어야 한다. 그리하여 승리하신 하나님의 아들을 실질적으로 나타내야 한다. 마귀가 우리를 속이는 능력보다, 우리는 더욱더 우리를 지키시는 하나님의 능력을 신뢰해야 한다.

크리스와 나는 거의 28년 동안 함께 사역해 오고 있다. 나는 이 계시가 사람을 변화시키며, 하나님의 치유의 은혜가 상처입은 삶에 부어지는 것을 목격하였다. 오늘날 크리스는 은사로 충만한 사역자로서 그리스도의 몸인 교회를 섬기고 있다. 그의 삶은 '약한 것을 강하게 하시는' 하나님의 능력에 대한 증거 그 자체이다.

이 책은 현실의 정체와 안락한 지대를 벗어나기를 갈망하는 모든 사람들을 위한 것으로 우리로 하여금 영원을 준비하도록 해준다.

빌 존슨
《하늘이 땅을 침노할 때》의 저자

감사의 말
ACKNOWLEDGEMENTS

어머니 – 어려울 때나 힘들 때나 항상 나를 사랑하고 믿어주신 것에 감사드립니다.

빌 데리베리 – 당신의 삶은 나에게 많은 영감을 주었습니다. 당신의 사랑이 나를 완전케 만들었습니다.

낸시 – 당신은 내 꿈이 이루어지도록 도와준 사람입니다.

대니, 댄, 찰리, 스티브, 그리고 폴 – 당신들은 내 인생, 내 생각들, 그리고 내 삶의 목적이 형성되는 것을 도와준 사람들입니다. 감사합니다.

베네사와 앨리슨 – 이 책이 나오기까지 많은 수고를 아끼지 않았던 두 분께 감사를 드립니다. 당신들의 재능과 지원이 없었다면 이 책은 나오지 못했을 것입니다.

벧엘교회 팀 - 와! 당신들은 정말 대단합니다! 당신들을 위해 사역하고 있는 것이 나에게는 너무나 큰 특권입니다.

빌과 베니 - 어려울 때 은혜를 베풀며, 어두운 시기에서도 항상 좋은 것을 바라볼 줄 아는 두 분은 누구나가 친구 삼고 싶어 할 겁니다. 나는 두 분에게 빚진 자입니다. 두 분은 내 가족의 역사의 방향을 변경시킨 장본인입니다. 빌, 이 책을 함께 써주신 것에 진실로 감사드립니다.

얼 - 비록 당신은 하늘나라에 가고 없지만 당신의 삶은 여전히 내 안에 살아 있습니다. 나를 입양해서 키워주신 것에 너무 감사드립니다. 당신이 내게 준 유산에 영원토록 감사할 것입니다.

캐시 - 당신이야말로 내가 꿈꾸던 바로 그 여인이오!

들어가는 말
INTRODUCTION

　거지근성은 열등한 신(god)의 자녀에게 속한 의식구조이다. 그것은 아직 자유를 얻지 못한 노예의 상태를 의미한다. 그리고 그것은 세례의 강물 건너편에서 이미 얻은 자유를 깨닫지 못하고, 여전히 고통과 학대의 왕자에 의해 사로잡혀 있는 사람의 속성이다. 거지근성을 지닌 사람은 마귀가 주는 착각에 의해, 여전히 자신의 삶을 가난과 고통, 그리고 우울함 속에 가두어 둔다. 그리고 자신의 진정한 정체성을 영원히 감추려고 한다. 어둠의 왕자는 자신의 포로에게 일정량의 종교의 독약을 공급하면서, 그것이 그들의 의로움에 대한 영혼의 갈증을 해소해줄 것처럼 속인다. 죄악으로 인해 눈이 먼 이 노예들은 자신이 스스로 노력하여 자유를 찾을 수 있을 것이라고 생각한다. 그리고 진흙으로 만든 자기의(self-righteousness)라는 벽돌로써 감옥에서 나오는 문을 열심히 포장하고 있다. 그러나 그들은 자신도 모르게 그 벽돌을 가지고 자신의 죽음의 방을 함께 만들어가고 있다. 설상가상으로 그들은 자녀들까지도 그들과 똑같은 상황 속에 처하게 하며, 그들에게 절망의 유산을 남겨주고 있다.

　그러나 저 멀리 갈보리 산 위에서 어린 양(후에 사자가 됨)이 골고다의 관문을 통해 이 죽음의 캠프로 내려가셨다. 지옥의 문을 부수시고 그분은 모든 싸움의 근원에서 어둠의 왕자를 대면하셨다. 세 개의 못과 가시관을 가지고 만군의 주님은 마귀를 정복하셨다. 그리고 마귀가 갖고 있던 죄의 파괴적인 무기, 죽음, 지옥, 그리고 무덤을 완전히 파하셨다. 죄는 그분을 시험할 수 없었고, 죽음도 그분을 물리칠 수 없었으며, 지옥과 무덤도 마찬가지였다. 수많은 증인들이 지켜보는 가운데 그분은 하늘로 올라가셨다. 하늘이 그 보배를 받아들일 때 이 땅은 흔들리며 포로들이 풀려났다. 하늘과 땅은 구속받은 영혼들이 구원받기를 그저 기다린 것이 아니라, 하나님의 아들과 딸들이 왕관을 쓰게 될 날을 기다린 것이다. 거룩하신 자의 피로 추하고 더러워진 죄인들을 사셨으며, 우리를 다시 창조하사 그분의 의로운 자가 되게 하셨으며, 장차 천하만국을 다스릴 성도로 만드셨다.

우리는 단지 십자가의 군병들이 아니다. 우리는 보좌를 상속받을 자들이다. 신령한 성품이 우리의 영혼에 심기워졌고, 우리의 마음을 변화시켰으며, 우리의 심장을 새로운 것으로 교체했고, 우리의 영혼을 변화시켰다. 우리는 그분의 영광과 빛을 드러내는 그릇으로 만들어졌다.

아마 우리는 평강의 왕과 약혼한 다음 결혼식을 통해 보좌에 오르게 된 아름다운 여인으로서 더 잘 설명될 수 있을 것이다. 신부의 방이 만들어지고 있고, 연회가 준비되었으며, 신부가 자신을 단장하고 있다. 또 다르게 말하면 우리는 하나님의 자녀로 불릴 수 있다. 그리고 약혼한 신부, 왕 같은 제사장, 그분의 눈에 최고의 보배, 혹은 새로운 피조물로도 불릴 수 있다. 그러나 그 무엇보다도 한 가지 분명한 사실은, 바로 우리가 우리를 사랑하는 그분의 마음을 사로잡았다는 것이다. 우리에 대한 갈망으로 불타오르며 그분은 흰 말에 오르셨다. 그리고 수행원들을 모으신 다음 발걸음을 이 땅으로 향하고 계신다!

한편 이 땅에서는 하나님의 백성들이 일어나 이 어두운 세상에서 빛을 발하기 시작했다. 그분의 왕의 군대가 하나님의 영광을 온 땅에 전파하며, 이 땅을 이미 패배한 자로부터 빼앗아 차지하고 있다. 아버지의 영광의 빛으로 무장된 그분의 아들들이 사람들의 마음속에 묻혀 있는 보화들을 캐내기 시작했다. 그 보화들은 과거에 종교적 유물, 배반의 가시, 반대의 바위 등에 의해 뒤덮여서 숨겨져 있던 것들이었다. 성령의 권능으로 무장되어 임무를 부여받은 왕의 아들들로서, 병든 자를 고치며 죽은 자를 살리고 귀신을 쫓아내고 있다. 결과적으로 거지가 왕자가 되고 있으며, 이 세상의 왕국이 우리 하나님의 왕국으로 변해가고 있다!

제 1 부

Our Royal Call

왕의 자녀로의 부르심

Supernatural Ways of Royalty

Chapter 1

거지근성의 위험

The Plight of Pauperhood

세상은 종이 임금이 되는 것을 감당치 못한다.

새 천년 첫해의 밝고 화창한 어느 여름 날이었다. 나의 개인 비서였던 낸시가 다소 언짢은 표정으로 사무실에 들어왔다. 이런 저런 대화를 나눈 끝에 무엇이 그녀를 언짢게 만들었는지를 감히 묻기로 결심했다. 낸시는 언제나 진실을 말하는 사람이었다. 마치 내 영혼을 꿰뚫어보는 것처럼 나를 응시하더니 낸시가 이렇게 말했다. "가끔 당신의 말이 사람들의 감정을 상하게 합니다. 당신은 주변 사람들에게 아주 중요한 분이세요. 그런데 당신은 사람들이 얼마나 당신의 생각을 중요하게 여기고 있는지 전혀 모르는 것 같아요. 당신은 말로 사람들을 황폐하게 만들고 있단 말이에요." 그녀는 계속 말을 이어갔고 나는 문득 내가 아까 내뱉었던 말을 떠올렸다. 나는 그저 재미삼아 한 말이었다. 그렇지만 분명한 것은 나는 그녀를 또 한 명의 희생자로 만들어버렸던 것이다. 나는 사과했으나, 솔직히 말하면 그게 그렇게 심각한 것인지를 전혀 느끼지 못한 채 결국 이렇게 생각했다. '내 인생의 많은 날들을 나는 늘 그렇게 사람들에게 오해받는 데 익숙해져 왔어. 이번 일은 낸시가 너무 민감하게 반응해서 그런 거야.' 나는 그날 남은 하루를 그럭저럭 보냈고 낸시와의 대화도 대부분 다 잊어버렸다.

그날 밤 꿈을 하나 꾸었는데, 꿈속에서 한 목소리가 계속 성경말씀을 반복해서 말하는 것이었다. "세상을 진동시키며 세상이 견딜 수 없게 하는 것 서넛이 있나니 곧 종이 임금 된 것과…"(잠 30:21-22a). 새벽 3시에 잠에서 깬 나는 완전히 녹초가 되어버렸는데 깊은 슬픔이 내 속에서 밀려옴을 경험했다. 즉시 침대에 기대어 앉아서 생각을 더듬어보기 시작했다.

그때 주님께서 슬픔에 잠긴 음성으로 내게 물으셨다. "너는 왜 종이 임금이 되는 것을 세상이 견딜 수 없어 하는지 아느냐?"

"아니요. 그런데 주님께서 곧 나에게 말씀해주실 거라는 느낌이 듭니다." 내가 대답했다.

주님은 계속 말씀하셨다. "종은 천하게 태어난다. 그리고 자라면서 자신의 삶을 통해, 자신이 얼마나 가치 없는 존재인가를 알게 되며, 자신의 의견이 얼마나 하찮은 것인지를 배우게 된다. 따라서 그가 왕이 되었을 때도 그는 자신의 존재가 얼마나 주변 사람들에게 중요한지를 전혀 깨닫지 못하게 된다. 그래서 그의 통치 안에 있는 왕국에 거하면서도 자신을 여전히 하찮은 존재로 생각해서 결과적으로 자신의 말과 행동을 조심하지 않게 되고, 궁극적으로는 그가 이끌고 나가야 할 자신의 사람들을 파괴시켜버리고 만다. 내 아들아, 너야말로 왕이 된 종이로구나."

그 이른 아침 시간을 통하여 주님은 나에게 하늘나라의 왕자 된 나의 정체성을 가르쳐주시기 시작했다. 주님은 나를 여러 성경구절로 안내하셨다. 그리고 그분의 자녀들이 자신들을 왕자와 공주로 생각하고 처신해야 하는 것이 얼마나 중요한지를 보여주셨다. 왜냐하면 우리는 모두 왕의 아들들이요 딸들이기 때문이다. 첫 번째 예로 보여주신 것은 바로 모세였다. 주님이 물으셨다. "모세가 왜 바로의 궁전에서 자라나야 했는지 그 이유를 아느냐?"

"아니요." 나는 대답했다.

"모세는 이스라엘 백성들을 노예에서 해방시키기 위해 태어났다. 모세가 바로의 궁전에서 자라나야만 했던 것은 그가 노예근성을 지니지 않고 오히려 왕자가 되는 것이 무엇인지를 배울 필요가 있었기 때문이다. 내면이 노예의식으로 물든 지도자는 외적으로 노예에 처한 이들을 결코 자유케 할 수가 없다. 모세의 삶 가운데에서 바로의 궁전에서 보냈던 첫 40년은 그가 광야에서 보냈던 40년의 세월 못지않게 중요한 시기였다."

주님이 이것을 말씀해주셨을 때, 그것은 모세의 경험 속으로 들어가는 문을 활짝 열어주었다. 나는 왕자로서 자라는 것이 과연 모세에게 무엇과 같았을까를 상상하기 시작했다. 그는 언제나 자신이 중요한 존재라는 것을 인식했을 것이다. 그는 언제나 사람들이 자신의 말과 행동에 주의를 기울이는 것에 익숙해져 있었을 것이다. 또한 그는 자신이 늘 사랑받고 인정받는 것이 전혀 이상하지 않았을 것이다. 모든 사람들이 그의 농담에 웃었을 것이 뻔하다. 심지어 썰렁한 농담에도!

모세는 자신이 중요한 존재라는 것을 알았기 때문에 자신감이 있었다. 그런 자신감이 없었더라면 아마도 모세는 히브리 동족을 구하려고 무엇인가를 해보려는 엄두조차 내지 못했을 것이다. 만약 그가 노예로 자랐다면, 자신이 느꼈던 불의에 항거할 만한 어떤 것도 그의 속에는 존재하지 않았을 것이다. 애굽의 왕자와 히브리인인 자신의 대조적 정체성이 결국 그의 영혼에 갈등을 빚어냈고, 무엇인가를 해야만 하기에 이르렀던 것이다. 자신은 잘 대접받는 데 비해 동족들은 그렇지 못한 현실이 그에게는 불의하게 여겨질 수밖에 없었다. 동족들도 역시 그에게는 중요한 사람들이었기 때문이다.

그러나 불행하게도 그가 동족을 구하기 위해 처음 시도했던 노력은 이스라엘 백성들의 노예근성으로 말미암아 좌초하고 말았다. 동족들의 노예근성으로는 모세가 왜 그렇게 하는지를 도무지 이해할 수 없었다. 모세는 그들도 자기와 똑같이 취급받아 마땅하다고 생각했지만, 이스라엘 사람들은 모세 스스로가 착각한 나머지 자기 자신을 대단하게 생각하고 있다고 판단했다. "누가 너를 왕자로 만들었냐?" 그들의 마음 상태는 완전한 갈등 그 자체였다.

모세가 이러한 부류의 사람이었음에 틀림없다고 생각하면 할수록, 우리도 만약 우리가 얼마나 중요한 존재인지, 즉 우리의 정체성이 굉장히 의미가 있음을 배우고 자라왔다면 어떠한 종류의 사람이 될 수 있었을까를 더 많이 보게 된다. 그러면서 또한 내가 모세와 같지 않다는 것을 깨닫게 되었다. 다음 장에서 더 자세히 이야기하겠지만, 나는 한 번도 나 자신이 중요한 존재라고 생각해보지 못한 채로 자라왔다. 사실 그것이 모세와 같은 사람에게는 결코 나타나지 않았을, 나의 총체적인 행동 규범을 만들어가도록 했다. 심지어 구원 받은 이후에도 그러한 많은 행동들이 여전히 내 주변에서 드러나고 있는 것을 발견하였다. 앞서 낸시가 지적했던 문제는 그녀가 좀 예민해서 그렇다거나 혹은 뭔가 오해해서 발생했던 문제 그 이상의 것이었다. 문제는 내가 그런 행동을 늘 저지르고 있다는 사실이며, 그것은 하나님께서 내 존재에 대해 말씀하신 것과는 더 이상 일치하지 않다는 것이다.

더 심각한 것은 만약 내가 계속해서 그러한 행동들을 해나간다면, 결국 주님이 말씀하신 대로 나는 내가 이끌어야 할 사람들을 파괴시킨다는 것을 깨닫게 되었다. 낸시와 이렇게 부딪힌 사건은 아마도 왕자로서의 나의 정체성이라는 길 위에 노예근성으로부터 튕겨져 올라온 많은 것들 중 하나였다. 그리고 내가 그 길을 가지 않는다면 그에 따른 엄청난 대가를 치러야 함은 물론이거니와, 내 주변의 사람들에게까지 엄청난 피해를 입히게 될 거라는 것을 알았다.

이 책은 주님께서 우리가 어떻게 노예근성을 뒤로하고 하나님의 자녀와 왕 같은 제사장으로 부름 받은 그 부르심대로 생각하며 행동할 것인가에 대하여 가르쳐주신 것을 다루고 있다. 이 훈련은 나의 모 교회에서 내가 지도자의 위치에 있을 때 시작되었다. 주님께서 분명하게 깨닫게 해주신 것은, 내가 배운 것이 나를 변화시켰을 뿐만 아니라, 나를 준비시켜 내 주변을 왕궁문화로 만들어가도록 도와주었다는 것이다. 그로 인하여, 나는 하나님 나라의 왕자와 공주로서 살아가는 것을 주된 목표로 가르치는 학교의 사역을 감독하는 특권을 누릴 수 있게 되었다. 학교를 시작하기 전 주님은 내게 말씀하셨다. "나는 네가 학생들에게 왕의 임재 안에서 어떻게 행동해야 하는지를 가르쳐주기 원한다. 그들은 모두 왕의 신분으로 부름 받았다. 그래서 영향을 미치고 다스리고 지배하도록 부름 받았다. 너희들을 선두주자로서 영향력 있는 사람들로 만들어주겠다."

이 책의 목적은 주님께서 내게 주신 계시를 나누는 데 있다. 그 계시들은 현재 나의 학생들에게 그리고 내가 섬기는 교회에서 가르치고 있는 것이다. 이 여정에 함께 동참하는 독자들이 왕자와 공주로서의 자신의 분명한 정체성을 발견하고 왕궁에서 살아가는 모든 은총의 유익을 함께 경험하게 되기를 기도한다.

Supernatural Ways of Royalty

Chapter 2

성 안의 방랑자인가 궁궐의 왕자인가
Castle Tramps or Palace Prince

당신은 당신 안에서 만들어진 환경을 주변에서 언제나 재현할 것이다.

고난 그리고 상실

낸시와의 사건이 있은 지 몇 달이 못 되어서, 나는 내 노예근성의 뿌리가 나의 잉태 시점까지 거슬러 올라간다는 것을 깨달았다. 내가 자라온 환경은 나로 하여금 나 자신에 대한 거짓말을 믿도록 만들었으며, 그리스도 안에서의 정체성의 분명한 현실마저도 인정하지 못하도록 만들었다.

나의 부모님은 서로 만나 사랑에 빠졌을 때, 어머니는 고등학교의 수석 치어리더였고 아버지는 스타 풋볼선수였다. 어머니가 혼전에 나를 임신하기 전까지만 해도 부모님의 사랑은 한 편의 소설이었다. 당시는 1950년대였고, 부도덕이 가져오는 수치심이 오늘날에 비해 엄청나게 심각하던 시절이었다. 외할아버지가 어머니의 임신 사실을 아셨을 때, 비록 내가 태어나기도 전에 두 분이 도망가서 결혼을 했음에도 불구하고 부모님의 결혼을 인정조차 하지 않으셨다.

1년 뒤 아버지는 할아버지의 집 뒷문으로 몰래 들어와서는 할아버지가 아버지를 뿌리치기도 전에 그 자리에서 무릎을 꿇고 용서를 빌었다. 그날 아침 할아버지는 아버지를 용서했다. 하지만 두 분 중 어느 누구도 곧 닥쳐올 재난에 대해서는 전혀 감을 잡지 못했다.

2년이 흐르고 내 여동생이 태어난 지 바로 1년 뒤, 낚시를 하던 아버지와 삼촌의 배가 그만 사나운 폭풍에 의해 뒤집히고 말았다. 아버지는 삼촌을 구출해서 물가로 끌어낸 다음 보트를 건지러 다시 물속에 들어갔다. 그리고 다시 돌아오지 않으셨다. 그렇게 아버지는 폭풍우가 사납게 몰아치던 1958년 어느 날 밤에 돌아가셨다. 그날 밤 인명구조대가 편성되어 수색에 나섰고, 자정 무렵쯤 되어 아버지의 시신을 앤더슨 댐(Anderson Dam) 바닥 부분에서 건져낼 수 있었다. 나와 내 가족들의 삶이 영원히 변해버리는 순간이었다.

아버지의 죽음은 나에게 엄청난 상실감을 가져다주었고, 내 영혼 속에 버림받는 것에 대한 깊은 두려움을 심어주었다. 세 살박이 어린 아이가 당시 죽음에 대한 의미를 어찌 이해했겠는가. 내가 안 것이라고는 아버지가 가버리고 없다는 사실이었고, 어머니마저 가버릴지도 모른다는 두려움에 사로잡혔다. 나중에 어머니를 통해서 안 사실이지만, 그 이후로 여러 해 동안 내가 한밤중에 여러 번 깨어나서는, 어머니가 있는지를 확인하기 위해서 어머니 침실을 기웃거리곤 했다는 것이다.

잊어버려야 할 비극

어머니는 재혼을 두 번이나 하셨다. 첫 의붓아버지는 내 나이 다섯 살 때 처음 등장했다. 그는 여동생과 내게 분명하게 말했다. 자신은 나의 어머니와 결혼했을 뿐이며, 나와 여동생은 상품으로 딸려온 보따리 꾸러미에 지나지 않는다고. 설상가상으로 그는 폭력적인 알코올중독자였고, 폭력은 우리의 삶 속에서 일상화가 되어갔다. 생존을 위한 가정수칙은 '입 닥치고 꺼지는 것'이었다. 의붓아버지는 종종 "애들은 집 안에서 끽소리도 내면 안 돼"라고 말했다. 그의 요지는 분명했다. "너희는 하찮은 존재들이다. 아무도 너희에게 신경 쓰지 않는다. 아무도 너희 생각 따위에 콧방귀 하나 안 뀐다."

심지어는 우리가 아무런 문제를 일으키지 않았을 때도 우리는 그의 감정이 어떻게 돌변할지를 전혀 예상할 수가 없었다. 한 번은 술에 취해 들어와서는 한 손으로 내 손을 잡고 바지를 내린 다음 혁대 버클로 사정없이 때렸다. 피가 다리를 타고 흘러내리기 시작했다. 어머니가 이 광경을 보고는 비명을 지르고 울부짖어 가까스로 나를 떼어내었다.

신체적인 학대를 넘어서 내 의붓아버지는 마치 우리의 기억 속에서 친아버지에 대한 기억들을 모조리 지워버리려고 하는 것 같았다. 그는 어머니가 우리를 사랑하는 것에 몹시 질투심을 느꼈으며, 그때마다 우리를 학대하곤 했다. 그는 아버지의 소유물을 다 부수어버렸으며, 아버지의 친척들조차 만나지 못하게 했다. 지금 그때를 돌아보면, 마귀가 그를 이용하여 우리의 정체성을 파괴하려고 했던 것을 알 수 있다. 내가 13살이었을 때 마침내 어머니는 그와 이혼했다.

내가 15살이 되었을 때 어머니는 다시 결혼을 하셨다. 하지만 불행하게도 생존을 위한 가정수칙은 변하지 않았다. 폭력은 계속되었고, 생존 여부는 오로지 아이들이 집 안에서 보이지 않든가 아니면 쥐 죽은 듯이 지내는 것에 달려 있었다.

성장하면서 내가 경험한 것이라고는 너무나 똑같은 것들뿐이었다. 환경은 다를 수 있다. 그러나 어린 나이에 버려짐과 학대를 경험한 우리 같은 사람들, 특히 나처럼 '잘못' 태어난 것처럼 생각되는 사람들에게는 자신이 부끄럽고, 사람들이 원하지 않는 존재라는 사실, 그리고 결코 중요하지 않다고 하는 사실이 강력한 메시지가 되어 우리의 심령 깊은 곳에 파고든다. 이러한 거짓말들의 결과로, 우리는 사악한 세상에서 자신을 보호하기 위하여 특별한 행동 양식을 나름대로 개발한다. 왜냐하면 우리의 정체성의 근본 뿌리가 공격 당하는 것을 체험했기 때문에 그 어떤 것이라도 고통을 제거할 수 있게 하기 위해, 그리고 단순히 생존하기 위하여 무엇이든 해야만 한다고 생각한다.

내 생존 전략 중 하나는 빈정거리는 유머감각을 개발하는 것이었다. 내 유머는 돌아다니면서 사람들을 실족시키고, 자신들을 어리석고 별 볼일 없는 존재로 생각하게 만들었다. 물론 나는 내가 사람들을 그렇게 만들고 있다는 사실을 깨닫지 못했다. 무의식적으로 나는 다른 사람들의 자존감을 무너뜨리는 것이 나를 기분 좋게 만드는 것이라고 생각했다. 나는 사람들의 단점을 가지고 농담을 했고 그것이 사람들을 웃긴다고 생각했지만, 결국 내가 자아내게 했던 그 모든 웃음의 이면에는 언제나 희생자들이 있었다.

심지어 18살 때 예수님을 만났지만, 나의 바닥에 떨어진 자존감의 문제를 다루기까지는 여러 해가 지나야 했다. 결과적으로 내 행동은 계속되었고, 여전히 얼마나 다른 사람들을 내 유머로 상처주고 있는지를 깨닫지 못했다. 나는 그것을 분명 알았어야 했다. 왜냐하면 나 자신이 바로 그것의 최대 희생자였기 때문이다. 종종 내 실수를 내 유머의 소재거리로 삼았기 때문에 오랫동안 나는 나 자신에 대해 좋지 않은 느낌을 갖고 있는 것에 익숙해져 있었다. 그래서 그것이 나를 감옥에 가두어버렸다. 그러나 우리 주님은 내가 감옥문을 부수고 나올 수 있도록 도와주셨다.

나 자신을 사랑하는 것 배우기

나는 내 유머가 그녀에게 상처준 것을 낸시가 지적했을 때만 해도, 그것이 그저 사람들에게 상처를 주고 있다는 사실을 깨닫게 해주는 것 그 이상이라는 것을 알아차리지 못했다. 이후 나에게 있어서 더 큰 깨달음은 바로 사람들이 내가 한 말에 큰 가치를 부여하고 있다는 것이었다. 나는 언제나 내 의붓아버지들이 나에게 주입시켜놓은 거짓말, 즉 내 생각이나 말에 아무도 주의를 기울이지 않는다는 사실을 믿고 있었던 것이다. 내가 가치 있는 존재라는 깨달음은 그동안 나 자신에 대하여 갖고 있었던 거짓말들을 뿌리째 뽑아내기 시작했다. 그리고 내가 진정 누구인가를 발견하도록 도와주었다. 하나님은 나를 왕자로 부르셨다. 낸시와의 만남과 주님과 나누었던 교제는 하나님께서 나를 나의 감옥에서 그분의 왕궁으로 옮기시는 많은 단계들 중 첫 단계였다.

거지근성에서 빠져나오는 내 여정의 다음 단계는 1년 뒤에 발생한 또 다른 만남이었다. 그날은 12월의 어느 추운 겨울 저녁이었다. 약 일백 명의 사람들이 교회에서 열정적으로 기도하는 중이었다. 나는 늦게 도착하는 바람에 방해하지 않기 위해 살며시 안으로 들어가려던 참이었는데, 문을 조용히 닫는 순간 모임 지도자인 빌이 나를 맞아주었다. 그의 얼굴에는 심상치 않은 웃음이 감돌았다. 그러고는 반으로 접혀진 무엇인가를 내게 건네주었다. 그의 표정으로 인해 약간 당황해하며 건네준 것을 쳐다보았다. 그것이 수표라는 것을 알아차렸고, 수표에 적혀진 액수에 난 뇌관이 멎는 듯했다. 가까스로 정신을 차리고는 "누가 나에게 3천 달러를 주었습니다! 저기 여러분, 누가 나에게 자그마치 3천 달러나 주었습니다!"라고 소리쳤다.

빌이 웃으며 말했다. "수표를 자세히 들여다보게나." 차분히 수표를 다시 확인해 본 결과, 적혀진 액수는 3천 달러가 아닌 3만 달러였다! 나는 거의 기절할 뻔했다.

너무 좋아 길길이 날뛰며 소리쳤다. "3만 달러! 누가 나에게 3만 달러나 주었습니다!" 몇 분 동안 나는 말조차 제대로 할 수 없을 정도로 흥분했었다. 수표에 적힌 사인을 자세히 확인해보았지만, 도무지 누구의 것인지 감이 잡히지 않았다. 미스테리가 더욱 의혹을 가중시켰고 그만큼 나를 더 흥분되게 만들었다.

여러 날이 지나서야 그 거액의 기부자의 신원을 확인할 수 있었다. 그는 우리 모임에 새로 온 사람으로, 내가 전에 가르치던 클래스에 참석한 적이 있었다. 어느 날 밤 그가 기도하는데, 주님께서 그의 유산의 일부를 내게 주기를 원하신다는 감동을 받은 것이다.

나는 그에게 고맙다는 카드를 보냈다. 그런데 이상한 일이 생겨났다. 그가 나에게 거액의 돈을 기부했다는 사실을 안 이후, 몇 달 동안 나는 그를 거의 완벽할 정도로 피하고 다녔던 것이다.

처음에는 나의 이런 행동이 별로 드러나지 않았다. 그러나 시간이 지날수록 점점 명확하게 드러나기 시작했다. 그를 교회의 어느 곳에서 볼라치면 나는 어느새 다른 방향으로 돌아서서 그와 마주치는 것을 피하곤 했다.

한 번은 이런 일이 있었다. 모임 시간에 늦은 것 같아서 헐레벌떡 화장실로 먼저 달려갔는데, 들어서자마자 그 사람이 거기에 있는 것이 아닌가! 그는 등을 내 쪽으로 향하고 있었기 때문에 나를 보지는 못했다. 그래서 나는 부랴부랴 화장실을 나와버렸고, 다른 화장실을 찾아 급하게 달려갔다. 화장실을 찾아 빌딩을 헤집고 다니는데, 순간 이런 생각이 불현듯 들었다. '지금 내가 뭔가 잘못하고 있군!' 나는 왜 내가 그렇게 행동을 하는지 영문을 알 수가 없었으며 그것이 나를 몹시도 괴롭혔다.

그날 밤, 나는 잠을 이룰 수가 없었다. 몹시도 춥고 어둡고 사나운 바람이 불던 그 밤이 내게는 마치 영원처럼 길게 느껴졌다. 자꾸만 시계를 쳐다보며 동이 트기만을 기다렸고, 이리 저리 몸을 뒤척이면서 내가 왜 그런 이상한 행동을 저질렀는지에 대해 고민하고 있었다. 도저히 그 생각을 떨쳐버릴 수가 없었다. 그리고 전에 내게 잘해주었던 다른 많은 사람들에게도 역시 비슷한 행동을 했다는 사실이 떠올랐다. 사람들로 하여금 나를 사랑하지 못하도록 내가 얼마나 그들과의 관계를 파괴해버렸는지가 생각났다. 사람들에게 주는 것은 좋아했지만, 결코 그들로부터 무언가를 받는 것은 좋아하지 않았던 나를 알게 되기에 이르렀다. 그래도 여전히 나의 행동은 이해할 수가 없었다.

마침내 절규하며 주님께 기도했다. "주님, 도대체 저에게 무엇이 문제인지 주님은 아시죠?"

"그래." 주님이 즉시 대답하셨다.

"무엇인가요?" 나는 몹시 의아해하며 물었다.

"정말 무엇이 문제인지 알고 싶으냐?" 주님이 말씀하셨다.

이 질문은 나 자신을 깨닫게 하는 질문이었다. 솔직히 나는 무엇이 문제인지를 알아내는 것이 부담스러웠다. 왜냐하면 오랜 세월 동안 나는 그런 사실을 부인하며 살았기 때문이다. 존 맥스웰(John Maxwell)은 이렇게 말했다. "사람들은 변화될 수밖에 없을 만큼 수없이 상처를 받았을 때 비로소 변하며, 변화를 원한다는 사실을 충분히 알게 될 때 변하며, 자신이 변할 수 있다는 것을 충분히 인정할 때 변한다!" 이제 나는 변화가 필요할 만큼 충분히 상처를 받았다는 것을 알게 되었다.

"네. 주님, 알고 싶습니다." 나는 대답했다.

예수님은 말씀하셨다. "너의 문제는, 네가 자신을 3만 달러를 받기에 합당한 존재라고 인정할 만큼 사랑하지 않는다는 것이다. 너는 지금 그 거액의 기부자가 너를 가까이서 자세히 알게 되기라도 하면 너에 대하여 실망할까 봐 두려워하고 있는 것이다. 그래서 되도록이면 그 사람과 마주치지 않으려고 했던 것이다."

내 염려는 더욱 깊어져만 갔다. 나에게 도움이 절실히 필요하다는 것을 더 이상 부인할 수가 없었다. "그럼 이제 어떻게 해야 하나요?"

"내가 너를 사랑하는 만큼 너도 너 자신을 사랑하는 것을 배우도록 해

라. 네가 그렇게 할 때, 너는 사람들이 너를 알게 될수록 더 사랑하기를 기대하게 될 것이다."

나는 당황스러웠다. 내 문제의 근본 뿌리를 믿을 수가 없었다. 이 시점에 이르기까지 내가 나 자신을 사랑하지 않고 있다는 사실이 이처럼 확연하게 드러난 적이 없었기 때문이다. 다른 사람들(특별히 내 아내와 아이들)이 나를 사랑한다는 것은 알고 있었다. 그리고 주님도 나를 사랑한다는 것을 알고 있었다. 그러나 내가 나를 사랑하고 있지 않다는 것은 전혀 깨닫지 못했었다.

그 경험을 통해서 깨달은 사실은, 우리가 자신에 대하여 갖고 있는 가치보다 누군가 더 우리를 가치 있게 여긴다면 우리는 그 사람과의 관계를 파괴시키는 경향이 있다는 것이다. 자신도 모르는 사이 그 사람이 우리를 더 자세히 알게 되어, 그 사람이 생각하는 것만큼 가치 있는 존재가 아니라는 사실을 발견하게 될까 봐 두려워하게 된다. 그래서 그 사람과 되도록이면 멀리 지내려고 하는 것이다.

목사로서 사람들을 관찰해 본 바, 이러한 사실에 대한 가장 좋은 예가 있다면 그것은 미혼남녀가 배우자를 찾는 것에서 볼 수 있다. 바로 '자신에게 맞는 사람' 혹은 '그래도 괜찮은 사람'을 찾지 못하고 있는 경우이다. 이들 중 대부분은 이성과의 관계에 있어서 우정의 관계를 훨씬 넘어서는 문제들을 안고 있다. 그들은 우정이 그들 마음속에 쳐져 있는 차단의 벽들을 걷어내고 그 속에 있는 영혼의 뜰로 들어가려고 할 때면 관계를 파괴하기 위하여 무슨 일이든 착수한다. 그들은 사랑하는 사람이 자신을 너무 자세히 알게 되어 자신의 불완전함을 보게 될까 봐 두려워하는 것이다. 그러나 이제는 하나님이 우리를 사랑하신 것같이 우리 자신을 사랑해야 할 때이며, 아버지의 눈으로 자신을 바라보아야 할 때이다.

결코 만족이 없으리라

　그리스도 안에 있는 우리의 진정한 정체성을 경험하지 못하도록 만드는 또 다른 거짓말이 있다. 앞서 언급한 바가 있지만, 만약 당신이 자신을 별로 중요하지 않게 여기도록 훈련받고 있다면 당신은 그 현실을 피하기 위한 생존기술들을 개발시킨다. 흔히 거지들이 생존기술을 사용하는데, 그들에게 있어서 이 세상은 '서로 물고 물리는' 커다란 약육강식의 세계이기 때문이다. 이 가난근성이 거지들의 가장 주요한 속성이다. 재정적인 가난을 겪었든지 아니면 사랑이나 감정적인 면에서 가난을 경험했든지, 모든 거지들이 공통적으로 갖고 있는 생각은, 그들은 결코 충분한 만족을 누릴 수가 없을 거라는 것이다. 언제나 그들은 우물이 곧 말라버릴지도 모른다는 불안과 두려움 속에서 산다.

　하나님은 우리가 삶의 어떠한 영역에서도 가난하게 살기를 원하지 않으신다. 성경은 하나님께서 그의 백성들을 위하여 베푸시는 엄청난 공급하심에 대한 약속들로 가득하다. 다윗은 말했다. "내가 어려서부터 늙기까지 의인이 버림을 당하거나 그의 자손이 걸식함을 보지 못하였도다"(시 37:25). 예수님도 이 점을 분명히 말씀하셨다.

> 그러므로 내가 너희에게 이르노니 목숨을 위하여 무엇을 먹을까 무엇을 마실까 몸을 위하여 무엇을 입을까 염려하지 말라 목숨이 음식보다 중하지 아니하며 몸이 의복보다 중하지 아니하냐 공중의 새를 보라 심지도 않고 거두지도 않고 창고에 모아들이지도 아니하되 너희 하늘 아버지께서 기르시나니 너희는 이것들보다 귀하지 아니하냐 너희 중에 누가 염려함으로 그 키를 한 자라도 더할 수 있겠느냐 또 너희가 어찌 의복을 위하여 염려하느냐 들의 백합화가 어떻게 자라는가 생각하여 보라 수고도 아니하고 길쌈도 아니하느니라 그러나 내가 너희에게 말하노니 솔로몬의 모

든 영광으로도 입은 것이 이 꽃 하나만 같지 못하였느니라 오늘 있다가 내일 아궁이에 던져지는 들풀도 하나님이 이렇게 입히시거든 하물며 너희일까보냐 믿음이 작은 자들아 그러므로 염려하여 이르기를 무엇을 먹을까 무엇을 마실까 무엇을 입을까 하지 말라 이는 다 이방인들이 구하는 것이라 너희 하늘 아버지께서 이 모든 것이 너희에게 있어야 할 줄을 아시느니라 그런즉 너희는 먼저 그의 나라와 그의 의를 구하라 그리하면 이 모든 것을 너희에게 더하시리라 그러므로 내일 일을 위하여 염려하지 말라 내일 일은 내일이 염려할 것이요 한 날의 괴로움은 그날로 족하니라 (마 6:25-34)

에디(Eddie)의 모험

내 아내 캐시(Kathy)와 내가 아들 에디(Eddie)를 입양했을 때 직접 목격한 사실이 있다. 그것은 가난근성이 사람들에게 어떻게 작용해서, 그들로 하여금 하나님이 말씀하신 놀라운 번영의 약속들을 보지 못하게 만들어 비극적인 삶에 처하게 하는가였다. 에디는 찢어지게 가난한 가정의 아이였다. 그 아이는, 재정적으로는 안정된 가정에서 자랐지만, 다른 영역에서는 부족함을 경험한 아이들에게서 나타나는 전형적인 생존본능을 그대로 보여주었다.

1990년 캘리포니아 루이스톤(Lewiston)의 트리니티 카운티 정학부서 (Probation Department)에서 우리 부부는 일을 시작했다. 그 부서에서 루이스톤 지역에서 정학을 당한 모든 아이들에게 우리 부부가 주관하는 청소년 모임에 참석하라고 지시했다. 일주일에 두 차례 그들과 농구와 배구도 했고, 30분 정도 내가 그들에게 말씀을 증거하기도 했다. 에디는 14살 소년으로 매주 오는 학생 중의 하나였다. 에디의 부모는 모두 알코올중독자였으므로, 자연히 에디는 혼자 남겨져 자신의 삶을 스스로 책임져야만 했다. 에디는 키가 크고 올리브색 피부에 갈색머리를 지닌 아이였다. 정학을 당하진 않았지만 에디는 우리와 함께 농구하는 것을 무척 좋아했고, 거친 아이들과 그럭저럭 잘 어울렸지만 비교적 조용하고 얌전한 아이였다. 점차 우리는 서로를 좀 더 알게 되었다.

에디를 만난 지 1년 정도 지나 우리 부부는 그를 입양하기로 결심했다. 여러 가지 조사를 통해서 그 아이를 입양할 수 있는 두 가지 길을 알아내었는데, 하나는 이혼한 그의 부모로부터 입양동의서에 서명을 받는 것이고 또 한 가지는 입양을 위한 법정 투쟁을 벌이는 것이었다. 일단은 먼저 그의 부모를 설득해 보기로 했다.

나는 에디를 데리고 예전처럼 그의 어머니가 사는 아파트에 찾아갔다 (에디는 종종 우리 부부와 함께 주말을 보내곤 했다). 그런데 이번에는 그를 데리고 문 앞에까지 갔다. 가슴이 뛰기 시작했다. 그런데 집 안에는 어떤 불도 켜져 있지 않았다. 나는 아무도 없다고 생각했지만, 에디가 강제로 문을 열고 들어가서는 어두운 마룻바닥에 웅크리고 앉아 있는 사람 형체를 발견했다. 그의 어머니였다. 가구는 하나도 없었고 말로 표현할 수 없을 정도로 집안이 지저분했다. 방안은 얼음장같이 차가웠다. 나중에 안 사실이지만, 몇 달 동안 전기세를 내지 못해 전기가 끊어져버렸던 것이다.

그의 어머니는 마약에 취했다가 방금 제정신으로 돌아온 듯 보였다. 그녀는 몸을 떨고 있었고 눈은 깊게 패였으며 머리카락은 사납게 엉켜 있었다. 그녀가 물었다. "도대체 여기에서 뭐하는 거죠?"

"당신의 아들을 입양하기 원합니다." 긴장한 채 내가 대답했다.

그녀는 옆에서 눈물로 울먹이고 있는 에디를 힐끗 쳐다보더니 "좋아요. 데려가세요" 하고 말했다. 그러고는 입양동의서에 서명을 하고는 부끄러운 듯 고개를 푹 떨구었다.

그곳을 나와 우리는 에디의 아버지가 있는 루이스톤으로 차를 몰았다. 차 안은 쥐죽은 듯이 고요했고, 내 머리는 방금 본 이미지들로 인하여 이리

저리 복잡했다. 마음이 무겁고 깨지는 것 같았다. 이 세상에 얼마나 많은 또 다른 '에디'가 있단 말인가? 나는 그저 그의 아버지의 모습이 좀 더 괜찮을 거라 기대할 수밖에 없었다.

30분이 지나서 그의 아버지가 있는 곳에 도착했다. 그곳은 전형적인 마약촌 같아 보였다. 앞마당은 고장나고 부서진 쓰레기 차들로 가득했다. 앞 문에 다다랐을 때 내 가슴은 흥분되기 시작했다. 문은 이미 열려 있었다. 에디가 먼저 들어가고 나는 뒤따라 들어갔다. 집 안에 들어가자 몇 명의 남녀가 마루에 앉아 있고, 다른 몇몇은 소파에 누워 있는 것이 보였다. 방 안은 연기로 자욱했다. 온 몸에 문신이 새겨진 땅딸막한 남자가 우리를 쳐다보았.

그러고는 화가 난 목소리로 "무엇을 원하시오?"라고 말하는 것이었다. 가슴이 얼마나 쿵쾅거리던지 나는 거의 말을 할 수 없을 지경이었다.

갑자기 내 입에서 "당신 아들을 입양하기 원합니다"라는 말이 불쑥 튀어나왔다.

그는 옆에 있던 에디를 쳐다보며 물었다. "너 이 사람과 살고 싶으냐?"

"예." 에디가 대답했다.

"좋소, 서류 이리 주시오. 내가 서명하겠소!" 그는 아주 낙서하듯 서명을 큼지막하게 휘갈기고는 서류를 내게 던졌다.

우리는 즉시 그 집을 나왔다. 아무런 다툼 없이 그 집을 무사히 빠져나온 것만으로도 무척 기뻤고, 에디도 그의 새로운 삶에 잔뜩 흥분되어 있었다.

에디가 그의 새로운 환경에 적응하던 다음 해는 더 많은 웃음과 눈물이 가득했던 시간이었다. 점차로 우리는 에디 속에 있던 가난의 근성이 무엇인지 깨닫기 시작했다. 그의 어린 시절에 형성된 것이 분명했다.

가족끼리 식사를 할 때면 에디는 남은 음식에 시선을 집중시키곤 했다. 언제나 음식은 풍족했지만 에디는 그것이 바닥날까 봐 늘 염려하는 것처럼 보였다. 접시에 음식이 반쯤 사라지기가 무섭게 에디는 음식을 더 가져왔다.

그러고는 음식을 접시 주변과 냅킨에다가 숨기는 것이었다. 우리는 그것을 알아차리지 못한 듯 행동했지만 볼 때마다 마음이 늘 아팠다.

에디가 우리와 함께 보낸 첫 크리스마스는 정말 흥분되는 날이었다. 우리는 에디가 한 번도 크리스마스 선물을 받아본 사실이 없다는 것을 알았다. 왜냐하면 그의 어머니가 선물이 들어오는 대로 팔아서 마약을 사는 데 써버렸기 때문이었다. 그래서 우리는 아이들에게 선물보따리를 왕창 쏟아부어 주기 위해 수백 달러를 지출해서 골고루 선물이 돌아가도록 준비했다. 선물을 너무 많이 쌓아놓은 나머지 크리스마스 트리가 다 가려져서 안 보일 정도였다.

드디어 크리스마스 날, 우리는 함께 앉아서 선물보따리를 풀었다. 온 가족이 숨을 죽이며 에디가 선물 포장을 뜯는 것을 지켜보았다. 에디는 마치 어린 아이같이 좋아했다. 한 가지 문제가 있었다면 자기 선물을 그 어느 누구도 손대지 못하게 했다는 것이다. 저녁 식사 후 시간이 좀 지나서 에디는 아내의 귀에다 뭔가를 속삭였다. 아내는 아이들을 위한 각각의 양말을 하나씩 준비한 다음 그 속에다 작은 선물들을 채워 놓았었다. 제이슨(Jason)과 에디의 양말에는 똑같이 만화책이 들어 있었는데, 그만 아내가 실수로 제이슨의 양말에 4권의 만화책을 넣은 반면, 에디의 것에는 2권만 넣었던 것이다. 에디는 왜 제이슨이 자기보다 더 많이 가졌는지를 알고 싶어 했다.

에디는 언제나 자신이 충분히 소유하지 못할까 봐 두려워했다. 가난의 영은 종종 거지들로 하여금 생존본능을 만들도록 한다. 부족함에 대한 두려움은 거짓말에 기초하고 있는데, 그 거짓말이 부서지기 전까지는 그들을 향한 하나님의 무한한 공급하심을 깨달을 수가 없다. 에디가 우리 가족의 일원이 되었을 때 그는 필요하거나 원하는 것은 무엇이든지 가질 수 있었다. 과거의 삶은 다 사라져버렸다. 그러나 과거에 믿었던 거짓말들을 다 버릴 때까지 그는 편안하게 우리와의 삶을 즐길 수가 없었다. 지금 에디는 감사하게도 그의 옛 억압에서 자유로워졌다. 그는 놀라운 청년으로 성장했고 대학도 졸업했다(우리는 그가 매우 자랑스럽다).

거지들에게는 가난근성이 있다. 그들은 언제나 자신들이 소유할 수 있는 자원들이 한계가 있다고 느낀다. 어떤 사람이 무엇을 받았다면 그들은 자신들의 몫으로 돌아올 것이 다른 사람에게 갔다고 믿는다. 그들은 다른 사람이 축복을 받으면, 곧 자신들에게 올 축복을 빼앗긴 것이라고 생각한다.

누가복음 15장의 돌아온 탕자 이야기는 이 점을 아주 분명히 보여준다. 그의 상속재산을 다 허비해버린 이 젊은 탕자는 결국 아버지 집을 찾아 돌아왔다. 그의 아버지는 그를 보자마자 큰 파티를 열었다. 이때를 위하여 아버지는 살진 송아지를 아껴 놓았었고, 드디어 그 순간이 온 것이다. 그러나 모든 사람이 파티에 참석했지만 큰 아들만은 참석하지 않았다. 아버지는 바깥에 혼자 있는 큰 아들을 발견하고는 물었다.

"왜 파티에 와서 함께 축하해주지 않는 거니?"

큰 아들은 "그 녀석에게는 살진 송아지까지 잡아주시면서 아버지는 내게 염소새끼 한 마리도 주지 않으셨어요!"라고 소리쳤다.

아버지는 놀라지 않을 수 없었다. 아들을 한 번 쳐다보고는 사랑의 눈빛으로 그 영혼을 바라보며 아버지는 말을 시작했다. "나는 네 동생에게 살진 송아지를 잡아주었지만 너는 이 농장을 다 소유하고 있지 않니"(눅 15:11-31 요약).

도대체 왜 큰 아들은 아버지가 염소새끼 한 마리라도 잡아주기만을 기다렸을까? 그가 그 농장을 다 소유하고 있으면서도 말이다. 그것은 그가 자신이 종이 아니라 아들임을 깨닫지 못했기 때문이었다.

우리의 진정한 정체성이 드러나면 우리의 삶에서 가난의 영이 파괴될 것이다. 그러기 전까지는 계속해서 우리가 가질 수 있는 것이 분명히 한계가 있다고 우리는 생각하게 된다. 그 결과, 내가 갖지 못한 것을 다른 사람이 가진 것을 볼 때 질투하게 되는 것이다. 그리고 이것은 우리의 전 삶의 영역(직장, 친구, 교회에서의 지위 등) 속으로 파고들기 시작한다.

재정의 왕국

불행하게도 우리 대부분이 여전히 큰 아들과 같이 생각하고 있다. 우리는 그저 농장에서 품꾼으로 일하는 일꾼이 아니라는 사실을 잊어버리고 있다. 우리는 모두 주인의 아들과 딸들이며, 우리 아버지는 넉넉히 갖고 계신 분이다! 나는 이 믿음이 우리의 사고방식이나 미래에 대한 생각을 완전히 뜯어고칠 것이라고 믿는다. 많은 사람들이 여전히 현재 가지고 있는 것(은행잔고 따위)만을 바라본다. 그리고 그 안에서 비전을 세우고 그것으로만 살아가려고 할 뿐, 하나님의 축복 안에서 살려고 하지 않는다.

예를 들어, 만약 새 건물을 짓는다고 할 때 우리는 비용 때문에 다른 프로젝트 몇몇을 포기해야 하는 문제로 논쟁을 벌인다. 그러나 우리는 우리의 논리를 초월해서 살도록 부름 받은 사람들이다. 또한 우리 자신의 능력의 한계를 초월하며 살도록 부름 받았다. 만약 우리가 보통 사람들과 다를 것이 전혀 없다면, 사람들에게 더 이상 우리를 살아 계신 하나님을 섬기는 교회의 일원이라고 말하지 말라. 만약 우리가 하나님을 우리 아버지라고 부르고 싶으면 적어도 Elk's Club(역자 주: 사회 정의와 자비, 형제애를 추구하는 미국의 비영리 단체)보다는 더 많은 것을 이루어야 하지 않겠는가! 그렇게 하려면 하나님의 공급하심에 대한 믿음이 있어야 한다. 우리가 매일 필요를 채우시는 하나님을 신뢰할 때에라야 우리는 하늘 창고를 두드리게 될 것이다(나는 그리스도의 몸 된 교회 안에 진정한 청지기 사역에 대한 필요성이 있는 것을 알지만, 많은 경우 교회 안에서 청지기 사역이라고 불리는 것은 단지 지혜로 가장한 두려움 그 자체라는 것을 알고 있다).

바울은 이렇게 말했다. "나의 하나님이 그리스도 예수 안에서 영광 가운데 그 풍성한 대로 너희 모든 쓸 것을 채우시리라"(빌 4:19). 무슨 의미인지 알겠는가? 바울은 말했다. "하나님께서는 그분의 영광의 풍성하심을 따라 우리의 모든 필요한 것들을 채워주실 것이다." 그분은 나의 필요에 따른 것이 아니라, 그분의 부요하심에 따라 공급하는 분이시다.

사람들에게 무엇을 하며 살아가는지를 여러 번 물을 때, 어떤 이들은 이렇게 대답한다. "나는 믿음으로 살아갑니다." 나는 여러 경험을 통해 이 말이 다음과 같은 의미라는 것을 알아차렸다. "나는 직업이 없습니다. 나는 사람들이 내 사역을 위해 후원하는 후원금을 의지하며 살아갑니다." 그리고 정해진 급료를 꼬박꼬박 받는 사람들은 수입에 관하여 하나님을 의지할 필요가 없다고 믿고 있다. 그러나 이러한 생각은 분명 문제가 있다. 정해진 수입이 있기 시작하면서부터 믿음으로 사는 것을 중단한다면, 그때부터 우리는 주님의 능력이 아닌 우리의 능력 안에서만 일을 행할 수밖에 없는 것이다.

거지근성은 사회의 모든 구성원과 모든 계층의 사람들에게서 발견될 수 있다. 개인의 은행계좌가 그 사람이 하나님의 공급하심을 경험하며 살아가는지, 그렇지 못한지를 보여주는 지표는 아니다. 어떤 사람은 많은 것을 소유하고 있으면서도, 여전히 그들에게 무슨 일이 일어나 가지고 있는 모든 것을 한순간에 잃어버릴지도 모른다는 두려움에 불안해한다. 거지는 돈이나 어떤 물건을 얻었을 때 그것들로부터 자신의 정체성을 찾으려는 경향이 있다. 그런데 진리는 이것이다. 사람은 그가 가지고 있는 것에 의해서 판단 받는 것이 아니라, 무엇이 그를 소유하고 있는가에 의해 판단 받는다는 사실이다. 어떤 사람들은 집을 소유하고 있는 반면 때때로 집이 사람을 소유하고 있는 경우도 있다.

우리가 단지 이 땅의 것을 얻기 위하여 살아가거나, 너무나 일이 많아 인생에서 가장 중요한 관계를 가질 여유조차 없다면, 우리가 이 땅의 것을 소유하고 있는 것인지 아니면 그것들이 우리를 소유하고 있는 것인지 알 수가 없다. 이렇게 바라볼 때 세상에서 부자가 되는 것과 부유하게 살아가는 것에는 분명한 차이가 있다. 부유한 사람은 계산서를 보고 살아가지 않으며 결코 그들의 부가 그들을 소유하고 있지 않다. 그들은 돈에 대해 걱정을 하지 않는다. 왜냐하면 언제나 부족함이 없음을 알기 때문이다. 그렇지만 부자들의 자존감은 그들의 '손익계산서'에 직접적으로 연결되어 있다. 그들은 돈을 벌기 위해 그리고 그것을 유지하기 위해 수많은 에너지를 소비한다. 일을 열심히 하지 말라는 이야기가 아니다. 왕자는 절대로 돈을 위하여 일하지 않는다는 것이다. 오히려 그들은 하나님을 위하여 일한다.

거지가 엄청난 돈을 얻게 될 때 우리는 이런 질문을 해볼 수 있다. "하나님께서 횡재하신 걸까, 아니면 한 영혼을 잃어버리신 걸까?" 거지는 돈이 많이 생겼을 때 대개 우선순위가 없다. 그러나 왕자들은 절대로 그들의 정체성이 그들의 행위나 소유물에 있지 않다는 것을 잘 알고 있다. 왕자는 세상 것들을 소유하지, 절대로 그것에 의해 소유당하지 않는다. 그 결과 그들은 주님이 약속하신 염려나 근심 없는 삶을 경험할 수 있으며, 먼저 그의 나라를 구하기 때문에 다른 모든 필요가 채워진다.

우리가 왕자로 살아가는 그 약속의 땅에는 아버지의 축복으로 가득하다. 그분은 그분의 사랑을 우리에게 아낌없이 부어주시며 그분의 축복을 쏟아부어 주신다. 그것도 우리가 감당할 수 있는 것보다 훨씬 더 풍성하게. 시편 기자는 이렇게 표현하고 있다. "할렐루야 여호와를 경외하며 그의 계명을 크게 즐거워하는 자는 복이 있도다 그의 후손이 땅에서 강성함이여 정직한 자들의 후손에게 복이 있으리로다 부와 재물이 그의 집에 있음이여 그의 공의가 영구히 서 있으리로다"(시 112:1-3).

Supernatural Ways of Royalty

Chapter 3

지하 감옥과 옥졸들

Dungeons and Dragons

많은 이들이 그들의 전 생애를 하나님의 부르심에 응답하기보다
그들이 원하지 않는 모습에 반대하는 데 소모해버린다.

과거의 포로

과거는 우리를 길러준 사람들의 속박을 영속시켜 주는 감옥이 될 수 있다. 어떤 경우에는 의도하지 않아도 우리는 자기 자신이나 주변 사람들 속에 있는 파괴적인 문화를 똑같이 재현한다. 이러한 일이 발생하는 데에는 몇 가지 일반적인 면이 있다. 과거에 자기 자신을 속박시키는 한 가지 유형은 자신을 학대한 사람들에게 반응하는 것이다. 그들과 같이 되지 않으려고 애쓰는 데에 인생의 많은 부분을 소모하는 것이다.

지난 몇 년 동안 많은 사람들을 상담하면서 그들에게 있는 공통적인 패턴을 관찰할 수 있었다. 그것은 사람들이 자신이 가장 싫어하는 사람처럼 되어버린다는 것이다. 예를 들어, 알코올중독자들은 대체로 그런 부모 밑에서

자란 사람들이다. 나는 개인적으로 아동 추행자들 중 어릴 때 아동 추행의 희생자가 아니었던 사람을 만나본 적이 없다. 상담시간의 어느 시점에 가면 사람들은 항상 이렇게 고백하게 된다. "나는 절대로 나를 학대했던 사람처럼 되지 않기로 맹세했습니다. 하지만 결국 그 사람처럼 되어버렸습니다." 이것은 나 자신도 너무나 잘 안다. 나는 젊은 시절 대부분을 절대로 의붓아버지처럼 되지 않으려고 애써보았지만, 결국엔 나도 그 사람처럼 분노의 인간이 되어가기 시작했다.

20대 초반 나는 자동차 정비소의 관리를 맡았었다. 그 당시 이미 내 혈기는 통제 불능일 정도로 폭발하던 시기였다. 정비소에서 일하던 어느 날인가가 뚜렷이 기억난다. 한 고객이 차를 찾으러 왔었는데 그날따라 일이 많이 밀려서 미처 수리를 끝내지 못했었다. 잠시 다른 곳에서 시간을 보내고 왔던 그는 약간 기분이 상했는지, 그 후로 계속 정비소로 찾아와서는 일이 끝났는지를 물어보는 것이었다. 세 번째로 그가 찾아왔을 때는 화가 머리끝까지 치밀어오른 나머지 2피트나 되는 렌치를 그에게 던지고야 말았다. 그가 얼른 피해서 렌치가 다행히 그의 머리를 가까스로 비껴나갔다.

어느 날엔가는 며칠 동안 트럭을 손보고 있었다. 4륜구동 트럭이었는데 엔진파트 안쪽에 앉아서 일을 해야만 했다. 한참만에 머리를 들고 나와서는 차의 시동을 걸어보았지만 기껏 고친 줄 알았던 문제가 여전히 있는 게 아닌가! 순간 얼굴이 잿빛으로 변해버렸고, 다짜고짜 주변에 있는 큰 망치를 들고서는 트럭을 박살내기 위해 다가갔다. 이 광경을 본 매니저가 급하게 달려와서는 내 발을 걸어서 땅바닥에 넘어뜨렸다. 그리고 분이 가라앉을 때까지 그가 나를 꼭 붙들고 있었다.

우리가 상상하는 대로 된다

나는 내가 그토록 경멸했던 바로 그 사람이 되어가고 있었다. 어느 날

구약성경을 읽다가 야곱과 그의 장인 간의 암투를 보면서 어떤 통찰력을 얻기 시작했다. 야곱은 타고난 술수꾼이었다. 그의 이름도 실제로 '속이는 자'란 뜻이다. 심지어 그는 자기 아버지를 속여서 형의 장자권을 빼앗았다. 후에 야곱은 자신이 저질렀던 것과 비슷한 것을 그에게 돌려주는 가정으로 장가를 가게 된다. 그는 장인인 라반을 위해 7년을 일한 결과 그의 딸 라헬을 아내로 맞이할 수 있었다. 그런데 신혼 첫날 아침 잠에서 깨어난 야곱은 레아가 침대에 누워 있는 것을 발견했다. 라반은 큰 딸을 먼저 시집보내는 자신들의 전통을 고의적으로 야곱에게 숨겼던 것이다. 라반은 야곱이 여전히 라헬을 사랑하는 것을 알아차리고는 또 다른 7년 동안 야곱을 부려먹기 위해 술수를 쓴다. 감사하게도 야곱은 일단 외상으로 라헬을 얻을 수 있었다! 일주일 뒤 라헬을 얻은 야곱은 그 후 7년 동안 매달 그 대가를 지불해야만 했다.

불신과 부정직으로 얼룩진 14년의 세월이 흐른 후 야곱은 이제 떠날 준비가 되었다. 그는 장인에게 그의 몫을 줄 것을 요구했고 이제 그것으로 자신의 길을 가려고 했다. 라반도 멍청이가 아니었다. 그는 야곱이 자신에게 엄청난 부를 가져다준 것을 확실히 알고 있었다. 라반은 야곱에게 새로운 임금을 직접 정하라고 말하면서 그를 붙들어 두려고 했다. 그러나 야곱은 임금이 얼마든 간에 장인이 언제든지 다른 술수를 써서 자신의 것을 가로챌 것을 분명히 알고 있었다. 그래서 야곱은 말했다. "당신은 이미 내 임금을 열 차례나 변경시켰습니다!" 야곱은 라반에게 자신이 치는 양 떼들 가운데 점 있는 것과 아롱진 것 모두를 자신의 소유로 한다고 말하고는 계약을 맺었다.

그의 양 떼들 가운데 점 있는 것과 아롱진 것이 별로 없었기 때문에 라반은 이번에도 야곱을 속일 수 있을 거라 생각했을 것이다. 그런데 이야기는 묘하게 반전이 된다. 야곱은 나무의 푸른 가지를 취해서 껍질을 벗긴 다음 흰 무늬를 내어, 양 떼가 와서 먹는 개천의 물구유에 세워 양 떼가 볼 수 있게끔 했다. 그 결과 힘세고 튼튼한 양과 염소들이 점 있는 것과 아롱진 새끼를 낳기 시작했다. 곧바로 야곱은 부자가 되었고, 그의 양 떼는 날로 번창한 반면 라반의 것은 그저 미미할 뿐이었다.

비상한 이 구절들을 묵상할 때에 그저 단순한 농업에 관한 교훈이 아니라는 것을 깨달았다! 하나님께서는 그분의 양들인 우리가 어떻게 재생산을 해나가는지를 보여주신 것이다! 물구유는 묵상의 장소, 즉 무언가를 바라봄과 동시에 그것에 관하여 생각에 잠기는 장소이다. 묵상은 우리의 상상력을 동원시킨다. 만약 우리가, 되기를 원치 않는 모습에 대한 생각과 마시고 싶지 않은 후회의 우물에 대한 생각으로 우리의 상상력을 채워버린다면, 바로 그와 똑같은 것들을 자신 안에 생산해내게 된다. 무엇을 재생산해내길 원하는 것과는 상관이 없다. 오직 중요한 것은 상상의 물구유에서 생각하고 마실 때에 우리가 무엇을 상상하고 있는가이다.

이 원리는 인간의 창조에서도 소개되고 있다. 성경은 우리가 하나님의 형상대로 지음 받았다고 말하고 있다. 다른 말로 하면, 하나님께서 상상하신 대로 우리가 만들어졌다는 것이다. 잠언서는 말한다. "대저 그 마음의 생각이 어떠하면 그 위인도 그러한즉 그가 네게 먹고 마시라 할지라도 그의 마음은 너와 함께하지 아니함이라"(잠 23:7). 상상력은 우리의 존재 중에서 굉장히 권능 있는 부분을 차지한다. 이 땅에서 지어지고, 만들어지고, 페인트칠해지고, 개발되고 했던 모든 것들은 다 누군가의 상상에서 비롯되었다. 우리는 우리의 생각을 즐겁게 해주는 것들을 재생산하는 경향이 있다.

우리 자신들에 관하여 현재 깨달아가고 있는 사실이 있다. 그것은 우리가 대부분의 삶을 우리를 향한 하나님의 부르심에 응답하는 것이 아닌, 우리가 되기를 원하지 않는 것에 대해 대응하느라 시간을 허비한다는 사실이다. 우리는 무언가가 되지 않기 위해 많은 에너지를 소모한다. 어떤 것이 되지 않으려고 나는 꼭 내 앞에 그것을 두어서 피하려 한다. 더 미치게 만드는 일은 내가 상상하는 그것을 내가 재생산하고 있다는 사실이다. 만약 내가 되기를 원치 않는 모습을 혹 보지 않더라도 그저 상상하는 것만으로도 그 모습을 나로 하여금 만들어내게 한다. 이것이 왜 수많은 사람들이 부모에게 학대를 받았을 때 그것을 싫어했음에도 불구하고 자기 자녀들을 똑같이 학대하고 있는지에 대한 설명을 해준다. 그들은 절대로 자신들은 그런 부모가 되지 않기로 다짐했지만 결과적으로 똑같은 모습이 되고 만다.

과거에 반응할 것인가 비전에 응답할 것인가

이 감옥으로부터 우리는 탈출해야 한다. 그것은 하나님의 부르심에 응답하며 우리를 향한 그분의 비전을 묵상함으로써 가능하다. 묵상(meditation)이란 말은 약(medicine)이란 말과 관련이 있다. 긍정적인 의미에서 묵상이란 사람을 건강하게 만들어주는 방법으로 생각하는 것을 말한다. 우리가 하나님의 일을 묵상할 때 그리고 그분의 꿈을 꿀 때에 우리는 그분이 부르신 모습의 사람으로 되어간다. 시편 기자는 기록했다. "또 여호와를 기뻐하라 그가 네 마음의 소원을 네게 이루어 주시리로다"(시 37:4). 빌 존슨은 갈망(desire)에 대하여 창조적인 정의를 내리고 있다. 그는 이 말을 두 부분으로 나눈다. 'de'는 '-의' 그리고 'sire'는 '아버지께.' 우리가 과거에서 머뭇거리는 대신, 하나님 안에서 우리 자신을 기뻐할 때 그분은 우리의 꿈의 아버지가 되신다.

마리아는 이 원리를 그녀의 삶에서 보여주고 있다. 성경은 말한다. "마리아는 이 모든 말을 마음에 새기어 생각하니라"(눅 2:19). 그녀는 하나님의 말씀을 가슴으로 깊이 생각했다. 그리고 구세주를 세상에 탄생시켰다. 그녀가 상상했던 것이 마침내 동정녀 수태를 통해 육신이 되었고 우리 가운데 거하게 되었다. 우리가 하나님과 함께 꿈꿀 때 우리는 그분의 걸작품이 되어간다.

용서하지 못함

또 한 가지 우리를 과거에 묶어두는 것이 있다면 그것은 용서하지 못하는 것이다. 용서하지 못하는 것은 주님의 부르심 안에서 행하며 우리의 목적을 성취하는 대신, 우리로 하여금 인생을 소모해버리도록 만든다. 우리에게 죄 지은 사람을 용서함으로써 삶을 자유롭게 사는 것은 정말로 중요한 문제이다. 그리고 자기 자신의 죄를 용서하는 것을 배우는 것 또한 너무나 중요하다.

많은 사람들이 다른 사람을 미워하고 복수를 계획하며 인생을 보내고 있다. 원한에는 친구가 없다. 그것을 담을 만한 어떤 그릇도 사람에게는 없다. 그것은 언제나 흘러나와서 우리가 가장 사랑하는 사람에게까지 새어 들어간다.

용서하는 것은 왕족의 특권이자 책임이다. 왕자로 태어나 자랐던 솔로몬은 이렇게 말했다. "노하기를 더디 하는 것이 사람의 슬기요 허물을 용서하는 것이 자기의 영광이니라"(잠 19:11). 예수께서 부활하신 후 제자들에게 숨을 내쉬며 그분의 성령을 불어넣어주셨다. 그리고 성령 충만한 신자들이 된 그들에게 첫 사명을 주셨다. "너희가 누구의 죄든지 사하면 사하여질 것이요 누구의 죄든지 그대로 두면 그대로 있으리라 하시니라"(요 20:23).

나는 '예수 운동(Jesus Movement)'이 한창이던 1973년에 주님을 영접했다. 그때 내 나이가 열여덟이었고, 내 가슴 속에는 온갖 셀 수 없는 고통이 가득하던 때였다. 나는 밤에 침대에 누워 어떻게 하면 나를 학대하던 사람들을 효과적으로 처단할 수 있을지를 고민하곤 했다. 나는 그들이 그냥 죽기를 원하지 않았다. 나에게 고통을 준 것만큼 똑같이 고통을 당하기를 원했다. 구원받은 이후 곧바로 주님은 나의 용서하지 못하는 문제를 다루기 시작하셨다. 그분은 내가 나를 학대했던 사람들을 용서하기를 원하셨으며, 내 인생의 문을 그들에게 열기를 원하셨다. 처음에는 쉽지 않았지만, 나는 그분이 나를 용서하셨을 때 이미 내게 용서의 능력을 주셨다는 사실을 깨닫기 시작했다.

용서로의 초대

우리의 왕과 왕국에 관하여 예수님께서 말씀하셨다는 재미있는 이야기를 읽을 때 '가해자'들에 대하여 내게 하시는 주님의 경고가 점점 뚜렷해졌다. 주님은 우리가 얼마나 용서를 해주어야 하는가에 대해 물어보는 베드로에게 다음과 같이 대답하셨다(여전히 나에게 재미있는 사실은 제자들 중 가장 과격하고 다혈질이었던 베드로가 주님께 용서에 관한 이런 질문을 던졌다는 점이다).

그때에 베드로가 나아와 이르되 주여 형제가 내게 죄를 범하면 몇 번이나 용서하여 주리이까 일곱 번까지 하오리이까 예수께서 이르시되 네게 이르노니 일곱 번뿐 아니라 일곱 번을 일흔 번까지라도 할지니라 그러므로 천국은 그 종들과 결산하려 하던 어떤 임금과 같으니 결산할 때에 만 달란트 빚진 자 하나를 데려오매 갚을 것이 없는지라 주인이 명하여 그 몸과 아내와 자식들과 모든 소유를 다 팔아 갚게 하라 하니 그 종이 엎드려 절하며 이르되 내게 참으소서 다 갚으리이다 하거늘 그 종의 주인이 불쌍히 여겨 놓아 보내며 그 빚을 탕감하여 주었더니 그 종이 나가서 자기에게 백 데나리온 빚진 동료 한 사람을 만나 붙들어 목을 잡고 이르되 빚을 갚으라 하매 그 동료가 엎드려 간구하여 이르되 나에게 참아주소서 갚으리이다 하되 허락하지 아니하고 이에 가서 그가 빚을 갚도록 옥에 가두거늘 그 동료들이 그것을 보고 몹시 딱하게 여겨 주인에게 가서 그 일을 다 알리니 이에 주인이 그를 불러다가 말하되 악한 종아 네가 빌기에 내가 네 빚을 전부 탕감하여 주었거늘 내가 너를 불쌍히 여김과 같이 너도 네 동료를 불쌍히 여김이 마땅하지 아니하냐 하고 주인이 노하여 그 빚을 다

갚도록 그를 옥졸들에게 넘기니라 너희가 각각 마음으로부터 형제를 용서하지 아니하면 나의 하늘 아버지께서도 너희에게 이와 같이 하시리라
(마 18:21-35)

이 이야기는 나를 놀라게 한다. 용서치 못하는 것은 우리를 감옥에 가둔다. 만약 우리가 하나님께 진 죄의 빚이 도대체 어느 정도인지 그리고 그것을 탕감받았다는 사실이 얼마나 큰 것인지 이해하지 못한다면, 우리는 우리에게 사소한 잘못을 저지른 사람을 쉽게 정죄하고 용서하지 못하는 우를 범하게 된다. 주님의 이야기에서 볼 수 있듯이, 그렇게 하는 것은 결국 우리 자신에게 해를 가하는 것이다. 하나님은 그분의 백성들이 서로를 용서하기를 권고하고 계신다. 그리고 그분은 우리가 남을 용서하지 않음으로 인해 마귀에게 인질로 잡혀 있는 것을 결코 원하지 않으신다. 이 비유가 말하고 있는 것은 하나님의 '방법과 수단 위원회(committee)'에서 '옥졸들'을 불러 우리로 하여금 남을 용서하도록 만든다는 것이다.

포로 된 자와 갇힌 자

이사야는 우리가 기름부음을 받아서 "포로 된 자에게 자유를" 그리고 "갇힌 자에게 놓임"을 전파할 것이라고 예언했다(사 61:1). 그는 지금 갇혀 있는 두 종류의 사람을 이야기하고 있다. "포로 된 자"와 "갇힌 자." 갇힌 자는 판사의 판결에 의하여 감옥에 보내진 사람들이다. 그들을 놓아주기 위해서는 하늘에 계신 판사로부터 오는 법원 명령서가 필요하다. 이런 사람들은 죄와 용서치 못함을 통하여 그들의 인생의 문을 옥졸들에게 열어준 사람들이다. 그들은 자신에게 상처를 주고 학대했던 사람들을 용서해야만 한다. 그럴 때에라야 영원한 재판관이신 하나님께서 그들을 놓아줄 것을 명령하시며 마침내 그들은 옥에서 놓임을 얻게 될 것이다.

나는 악한 영들에게 고통을 당하고 있는 수많은 사람들을 몇 년 동안 도와주면서 이 진리를 거듭 강조해 왔다. 그중 한 날을 생생하게 기억한다. 집회를 위해 랜디 클락(Randy Clark)이 레딩(Redding)으로 왔다. 어느 날 밤 자유에 대하여 설교하고 있었는데 설교 도중에 그는 악한 영들을 향하여 떠나가라고 명령하였다. 그러자 몇몇 사람들이 비명을 지르며 바닥에 쓰러지기 시작했다.

40대 중반의 한 여성이 앞 쪽에 앉아 있었는데 갑자기 미친듯이 행동하기 시작했다. 사역팀원들이 그녀를 위해 기도해주려고 방으로 데려가려 했지만, 그녀는 갑자기 짐승처럼 행동하기 시작했다. 사람들을 향하여 으르렁거리더니 물고 할퀴고 나중에는 머리를 벽에다 박기 시작했다. 팀원들이 그녀를 둘러싸고는 악한 영들이 떠날 것을 기도하며 소리쳤지만 효과가 없었다. 내가 도와주려고 도착했을 때 팀원들은 여전히 그녀를 향해 소리치고 있었고, 그녀는 여전히 사람들을 향하여 으르렁거리며 할퀴려 하고 있었다. 팀원들의 노력이 안되어 보이기보다는 우스꽝스러워 보였다.

내가 물었다. "도대체 무엇을 하고 있는 중입니까?"

"우리는 이 여성을 지금 악한 영으로부터 구해주고 있는 중입니다! 안그러면 우리가 도대체 뭐하고 있는 것처럼 보이십니까?" 한 사람이 비꼬는 투로 대답했다.

"나에게는 지금 마귀가 이기고 있는 것처럼 보이는데요!" 나는 대답했다(많은 사람들의 경우 최후의 순간까지 악한 영을 쫓아내야 할 필요가 있는 경우가 있다).

"당신이 더 잘할 수 있을 것 같으면 한 번 해보시지요." 다른 사람이 낙담한 듯이 말했다.

나는 그녀에게 다가가서 더 이상 머리로 벽을 치지 못하도록 팔로 그녀를 꽉 잡았다. 그러고는 그녀의 귀에다 대고 혹시 용서하지 못하는 사람이 있는지 물었다.

그녀는 "없어요!" 하고 고함을 질러댔다. 그 순간 주님은 나에게 그녀의 아버지가 그녀를 성폭행하는 장면을 보여주셨다. 그래서 나는 그녀에게 아버지에 대해 용서할 그 무엇이 있는지 물어보았다. 그녀는 다시 소리를 질렀다. "나는 아버지를 증오해요! 아버지라면 이가 갈려요! 그는 지옥에서 썩어 버려야 할 인간이에요!"

나는 말했다. "당신이 아버지를 용서하지 않으면 내가 더 이상 당신을 도울 수가 없어요. 악한 영들이 당신을 괴롭힐 허가를 받았기 때문입니다." 나는 일어나서 걸어나가기 시작했다.

문에 거의 다다랐을 때 그녀가(여전히 미친듯이) 고함을 쳤다. "좋아요, 그를 용서할게요! 뭐든지 할게요! 저를 좀 도와주세요!" 잠시 후 나는 그녀로 하여금 아버지는 물론, 마음에 떠오르는 몇몇 사람들까지도 모두 용서하는 기도를 하도록 했다. 그러고 나서 악한 영을 그녀에게서 쫓아냈다. 악한 영들은 쫓겨났고 그녀는 일어나서 웃고 있었다.

용서는 나를 학대한 사람을 다시금 신뢰해야 한다는 것을 의미하지 않는다. 그것은 그저 그들이 나에게 행했던 못된 행실에 대해 반드시 처벌을 받아야만 한다는 생각을 내려놓고, 그들을 내 마음에서 풀어놓는 것이다. 만약 어떤 남자가 어떤 여성을 성폭행했다면 그녀는 아마도 다시는 그 남자를 신뢰하지 못할 것이다. 그러나 그녀는 반드시 그를 용서해야만 한다. 그렇지 않으면 옥졸들(악한 영들)이 그녀를 괴롭힐 것이다.

삶의 기준을 회복시키는 용서

용서는 또한 우리의 삶의 기준을 회복시킨다. 내 아이들이 모두 십대였을 때가 기억난다. 나는 아이들 앞에서 아내에게 화를 냈고 함부로 대한 적이 있었다. 다음 날 나는 아이들을 모두 모아놓고 아내와 아이들 각자에게 나를 용서해줄 것을 요청했다. 그들은 모두 그렇게 했고 우리는 그럭저럭 그날을 흘려보냈다. 일주일 정도 뒤였을까, 아들 녀석이 부엌에 와서는 엄마에게 버릇없이 말하는 게 아닌가! 나는 아들 녀석에게 엄마에게 그런 식으로 말하는 버릇이 어디에 있냐고 호통을 쳤다.

그때 아들이 말했다. "아빠도 지난번에 엄마에게 그런 식으로 말했잖아요!"

"그래. 그렇지만 너희들이 용서하지 않았니. 용서는 기준을 회복하는 거란다. 네가 아빠를 용서할 때 이미 너는 그런 잘못을 똑같이 저지를 수 있는 권리를 포기하는 거란다. 왜냐하면 용서는 아빠를 회복시켜서 존경받는 위치에 다시 서게 만들기 때문이지. 나는 회개했단다. 회개란 다시금 가장 높은 곳으로 회복되는 것을 의미한단다."

아들은 엄마에게 용서를 구했고 그녀는 아들을 용서했다. 만약 우리가 이 원리를 모른다면, 우리가 인생에서 겪었던 가장 낮은 지점, 가장 최악의 실수 혹은 가장 어리석었던 행동이 우리의 수위표(watermark)가 되어버린다. 예를 들어 만약 우리가 십대에 부도덕한 일을 저질렀다고 하자. 나중에 십대의 자녀를 키울 때 우리는 그들의 부도덕한 성적 행동에 대하여 그들을 바로 잡을 만한 자신감이 없어지게 된다. 왜냐하면 우리 자신이 먼저 그렇게 하지 못했기 때문이다. 이미 회개한 실수는 더 이상 우리가 굴복해야 할 기준이 되지 못한다. 우리가 하나님과 우리가 상처를 주었던 사람에게 용서를 구할 때 우리는 하나님께서 정해 놓으신 높은 곳으로 다시 되돌아가게 되는 것이다. 그렇게 되지 않으면 우리 인생에서의 최악의 날이 가장 높은 곳을 차지하게 된다. 진리는 이것이다. 용서는 우리 안에서, 그리고 우리를 통하여서 거룩함의 기준을 회복시킨다.

또 다른 감옥 문

시기, 질투 그리고 두려움은 우리를 목적에서 이탈시켜 지하 감옥으로 집어넣는다. 이 사실은 엄청난 원수 골리앗을 무찌르고 집으로 돌아오는 사울과 다윗의 이야기에서 아주 완벽하게 보여지고 있다.

> 여인들이 뛰놀며 노래하여 이르되 사울이 죽인 자는 천천이요 다윗은 만만이로다 한지라 사울이 그 말에 불쾌하여 심히 노하여 이르되 다윗에게는 만만을 돌리고 내게는 천천만 돌리니 그가 더 얻을 것이 나라 말고 무엇이냐 하고 그날 후로 사울이 다윗을 주목하였더라 그 이튿날 하나님께서 부리시는 악령이 사울에게 힘 있게 내리매 그가 집 안에서 정신 없이 떠들어대므로 다윗이 평일과 같이 손으로 수금을 타는데 그때에 사울의 손에 창이 있는지라(삼상 18:7-10)

주님께서 사울에게 악신을 보내신 점을 주의하여 보라. 이 이야기는 예수님께서 마태복음 18장에서 말씀하신 우리로 용서하도록 만드는 옥졸들(tormentors)의 이야기와 흡사하다. 그 악신들은 또한 우리를 시기(jealousy)의 땅으로 몰아낼 수 있다. 사울의 인생은 시기가 얼마나 우리로 하여금 현실에 눈멀게 하며 비이성적인 결론에 도달하게 만드는지를 잘 보여주고 있다. 단지 다윗이 더 유능했기 때문에 사울은 다윗이 자신의 왕권을 뒤엎을 것으로 생각했다. 그는 하나님의 왕국이 능력 위주의 왕국이 아니라는 사실을 몰랐다. 능력이 있어서 우리가 리더의 자리에 있는 것이 아니다. 리더로서 '부르심'을 받았기 때문이다.

왕자와 공주들은 그들이 지도하는 사람들이 하나님 안에서 모든 가능성에 이르는 것을 바라보도록 위임받은 사람들이다. 이것이 의미하는 바는 이렇다. 우리가 들을 수 있는 가장 위대한 찬사는 바로, 우리가 지도하는 사람들이 우리보다 더 위대하다는 소리를 듣는 것이다. 만약 우리가 자기 자신이 가장 유능하기 때문에 지도자가 되었다고 생각한다면 무의식적으로 다른 사람의 성취와 성과를 평가절하하게 될 것이다.

사울 왕의 삶은 또한 의심이 어떻게 분별로 가장하여 우리를 속박에 빠지게 하는지를 잘 보여주고 있다. 의심은 분별의 한 형태로서 두려움의 영에 의해 사용되어진다. 그것은 혹독하게 만들고, 용서하지 못하게 만들며, 고통을 준다. 그리고 결국 우리를 영적 감옥에 집어넣어버리는데 그곳에서는 모든 경비가 어두운 세계를 위하여 일하는 곳이다. 이 감옥의 문을 경비하는 영들은 질병, 낙담, 미움, 그리고 살인과 같은 이름을 가지고 있다.

포로 된 자에게 자유를

이사야는 또한 "포로 된 자"들에 관하여 이야기했다. 포로 된 자들은 전쟁 중에 붙잡혀 죄수들로서 구금되어 있는 사람들을 말한다. 이런 사람들은 마음속에 용서하지 못하는 것을 가지고 있지 않다. 그러나 대신 그들은 그들이 믿고 있었던 거짓말에 의해 속박되어 있다. 예수님은 말씀하셨다. "진리를 알지니 진리가 너희를 자유케 하리라"(요 8:32). 여기에서 진리의 의미는 '현실'이란 말이다. 우리 중 많은 사람들이 '가상현실'에 살고 있다. 실제와 같이 느껴지고 보이지만 그것은 실제가 아니다. 그저 환영(illusion)일 뿐이다. 우리가 마귀의 거짓말이 진실이라고 믿기 때문에 그에게 우리를 형벌하도록 허락하는 것이다. 거짓말 때문에 우리가 고통을 당할 때 우리는 하나님의 진리를 드러낼 필요가 있다. 그래야 자유로 탈출할 수가 있다.

다음의 간증이 핵심 포인트를 아주 분명하게 만들어줄 것이다. 어느 날 나는 사역 학교(School of Ministry)의 2층에서 한창 가르치고 있는 중이었다. 설교한 지 절반의 시간이 흘렀을 때 어떤 이가 긴급한 메시지를 가지고 달려왔다. 함께 상담자의 사무실에 도착해서 보니, 약 여덟 명의 사람들이 문 밖에서 간절히 기도하고 있었다. 사무실 문을 여니 놀라운 장면이 눈에 들어왔다. 매우 큰 체구의 여성이 얼굴을 땅에 댄 채 바닥에 엎드려 있고, 힘센 건물 수리공 남자 하나가 그녀를 움직이지 못하도록 꼭 붙들고 있었다. 상담원 두 사람은 벽에 기대어 서서 다리로 그 여성의 팔을 감싸 누르고 있었다. 그리고 그 여자는 그들의 신발을 물어뜯으며 으르렁대고 있었다.

내 마음에 떠오른 첫 질문은 이것이었다. '왜 악한 영들이 이 여성을 괴롭힐 구실을 얻었을까? 그녀는 죄 때문에 갇혀 있는 자인가? 아니면 누구를 용서하지 못해서 그런가, 아니면 거짓말을 믿고 있는 포로 된 자란 말인가? 나는 바닥에 엎드려서는 성령님께 그녀의 문제에 관한 통찰력을 구하기 시작했다.

갑자기 그분의 말씀이 들렸다. "어렸을 때 그녀는 자신이 성령님을 모독했기 때문에 반드시 지옥에 가게 될 거라는 말을 들었다." 성령님은 계속 말씀하셨다. "그것은 거짓말이다. 나는 이미 그녀를 용서했다."

나는 몸을 굽혀 그녀의 귀에다 대고 속삭였다. "마귀가 당신에게 당신이 어렸을 때 성령님을 모독했기 때문에 반드시 지옥에 갈 거라고 그랬는데 그것은 거짓말입니다! 당신은 절대로 지옥에 가지 않습니다. 그 거짓말을 소멸시켜버리세요!" 그녀는 그 즉시 안정을 되찾고 웃기 시작했다. 몇 초 후에 그녀는 완전히 악한 영들에게로부터 자유함을 얻었다. "진리를 알지니 진리가 너희를 자유케 하리라!"

우리는 감옥을 뒤에 남겨두고 왕궁으로 돌아가야 한다. 왕족들은 그들의 부르심에 초점을 맞추며 살아간다. 그들은 자신에게 해를 끼친 사람들을 용서하며, 적의 거짓말을 거부하고, 진리를 끌어안는 사람들이다. 그들은 더 이상 감옥의 속박 안에서 살지 않고 왕궁의 완전함 속에서 산다. 이 왕족의 여정을 이제 시작하도록 하자!

Chapter 4

왕의 감격 _빌 존슨
A Royal Flush

용서는 우리의 역사를 다시 쓴다!

하나님의 손길이 우리의 과거를 만지실 때
    우리가 예수 그리스도의 보혈을 떠나서 인생의 여러 가지 사건들을 되돌아볼 때마다 우리는 속이는 영들의 영향 아래로 우리 자신을 속박하게 된다. 실제로 나의 죄악 된 과거는 더 이상 존재하지 않는다. 하나님의 어린 양이 피로써 값을 지불하고 나를 사셨기 때문에 나의 죄에 대한 하늘의 기록은 영원히 사라져버렸다. 예수 그리스도의 보혈이 내 죄를 완전히 씻었기 때문에 그것은 다시 드러나지 않는다. 우리를 파괴하는 죄의 권능은 더 강력한 실제인 용서의 권능에 의해 파괴되어버렸다.
    하지만 마귀는 우리의 과거에 대한 기록을 보관하고 있다. 그 기록이 우리의 동의 없이는 전혀 효력이 없음에도 말이다. 그는 밤낮 형제를 참소하는 자인 반면, 우리 주 예수님은 우리의 변호자가 되신다. 우리가 그리스도의 보혈을 떠나 과거를 돌아볼 때마다, 우리는 참소자와 계약을 맺게 된다. 우리가 마귀에게 동의할 때 우리는 그에게 능력을 주게 된다. 그는 능력을 힘입으면 곧바로 우리를 삼켜버린다.

한편 하나님께 동의하면 우리는 능력을 받는다. 그 능력으로 우리는 거짓의 권능을 이기고 하나님의 뜻대로 살 수 있게 될 힘을 얻는다. 이 능력은 하나님과 절대 동떨어진 것이 아니다. 하나님이 함께하시기 때문에 얻게 되는 능력인 것이다. 우리가 하나님께 동의할 때 우리는 진리의 능력, 즉 십자가의 능력 안으로 한 걸음 들어가는 것이다. 진리는 이미 우리 편이다. 왜냐하면 왕 되신 예수께서 우리를 위해 죽으셨기 때문이다. 그분은 단순히 우리를 위하여 죽으신 것이 아니라, 먼저 우리처럼 되신 다음 우리를 위해 죽으셨다. 하나님께 동의하는 것은 항상 우리 믿음 생활의 핵심이며, 우리로 하여금 진리의 열매를 거두도록 해준다. 그리고 그 열매는 바로 자유이다! 믿음은 중심에서 하나님과 동의할 때에 점점 자라간다.

겸손으로 가는 길

종교는 과거를 기억나게 해서 우리를 겸손하게 만든다. 그러나 겸손해지기 위해 과거의 죄들을 다시 기억하는 것은 배역(perversion)이다. 그것은 수치심을 조장할 뿐이며 수치심은 겸손의 초라한 모조품에 불과하다. 수치심은 진리를 거스르는 굴욕(humiliation)의 열매이다. 우리를 더욱 겸손하게 만들기 위하여 과거의 죄를 계속적으로 의식하도록 만드는 것은 종교의 영이 하는 잔인한 활동이다. 그리고 그것은 하나님이 기억하시지 않는 것을 계속 우리로 기억하게 만든다. 사실 대가 없이 용서받은 자유함 속에서 살아가는 것이 우리를 더 겸손하게 만든다. 용서받는다는 것은, 왕이 우리에게 마치 전에 전혀 죄를 지은 적이 없었던 것처럼 살아갈 수 있도록 허락하는 것과 같은 것이다.

용서함 속에서 살아가는 것이 과거를 다 잊게 해주는 것을 의미하지는 않는다. 오히려 예수 그리스도의 보혈을 통해 내 과거를 바라보는 것이 내 입술에 찬양을 가져오며, 죄책감에 눌린 내 마음의 짐을 덜어주어 진정한 자유를 가져다준다. 예수님은 영원부터 영원까지 하나님의 어린 양으로 알려지실 것이다. 그래서 우리를 영원히 구속하신 것은 흠도 없고 점도 없는 어린 양의 예비하심이었다는 것을 우리는 늘 기억하게 될 것이다.

나의 개인적인 이야기

나는 오랜 세월 동안 이 진리를 가지고 고민했었다. 수치심과 낙담은 나의 가까운 친구들이었다. 더 많은 기도와 공부, 그리고 과거의 훌륭했던 신앙인들의 삶을 기록한 책을 읽으면서 그런 감정들을 이겨보려고 애썼다. 이리 저리 상담도 해보고 그들이 하라는 대로 최선을 다해 보았지만 문제는 풀리지 않았다. 그러던 중 한 가지 사실을 발견했는데, 그것은 우리의 관점이 잘못되었을 때에는 더 많은 공부와 기도가 오히려 낙담과 수치심을 더 가중시킨다는 사실이다. 모든 전기문들이 도전을 주었지만 한편으론 나를 절망시켰다. 그들 모두가 너무 완벽했기 때문이었다. 그들이 하나님을 만난 대목에서는 나와의 어떠한 접촉점도 발견하지 못했다. 마치 하나님이 그들을 특별히 사랑했던 것처럼 보였고 나는 그저 존재하는 것 그 이상으로도 느껴지지 않았다. 어느 날 데이빗 윌커슨(David Wilkerson) 목사님의 '당신의 실패에 대응하라' 란 설교 테이프를 들었다. 그 설교에서 목사님은 '위대한 하나님의 사람들' 도 실패와 약점이 있었음을 이야기했다. 그는 또 자신의 투쟁과 실패에 대해서도 이야기했다. 그 설교는 그때까지 내 인생에서 결코 들어본 적이 없는 신선한 메시지였다. 나를 바라보는 시각에 변화가 오기 시작했다. 그러나 종교의 영은 그렇게 나를 쉽게 놓아주려고 하지 않았다.

나는 내 주변의 열정적인 부흥의 사람들과 가까이 지내기 시작했다. 전에는 사실 이런 주제와 친하지 않았었다. 나는 오로지 먹고 자고 기도만 했다. 그렇지만 과거의 부흥을 공부한 우리들에게 '우리는 아직 충분하게 거룩하지 못하다' 라는 생각은 상식이었다. 그래서 나는 끊임없이 나 자신의 동기와 개인의 경건을 살피면서 늘 부족함을 느꼈다. 하나님을 향한 나의 열정은 살아 있었다. 그것도 아주 많이. 그러나 나의 개인적인 경건의 노력은 완전히 나의 피를 말렸다. 이 사실을 인정하는 것이 부담스럽지만, 실질적으로 나아질 때까지 나는 몇 년 동안 목사로 사역했었다. 매주 나는 나의 무가치함, 그리고 희망 없음의 느낌을 내 속에 자꾸만 파묻어두곤 했다. 감사하게도 나는 주일이 되기까지는 '믿음으로 극복' 할 수 있어서 주일 날 내가 목회하는 사람들에게 건강한 양식을 먹일 수 있었다.

나의 친한 친구이자 멘토인 데롤 블런트(Darol Blunt)는 은혜의 삶을 살았다. 그에게 인생이란 참 쉬워 보였다. 내가 걸려 넘어졌던 지나친 자기반성에 빠지지 않으면서도 성공적으로 그의 삶을 영위하여 나에게 좋은 모델을 보여주었다. 자주 웃었고 상스럽지 않으면서도 재미있게 즐길 수 있는 법을 알고 있었다. 그리고 그것은 나에게 아주 새로운 것이었다. 왜냐하면 나는 나 자신의 선함에 대해서는 너무나 심각했었기 때문이다. 나는 하나님을 완전히 따르기 위해 내가 알고 있던 모든 다른 것들에서 다 돌아섰다. 그러나 불행하게도 나는 내가 누구인가 하는 중요한 정체성의 한 부분을 그만 나의 개인 경건의 도마 위에 남겨놓음으로써 엉뚱하게도 영성의 잘못된 이미지를 갖게 되었다. 그것은 전혀 도움이 되지 않았다.

어떻게 하나님께서 나를 변화시키기 시작하셨을까? 모든 것을 송두리째 변화시킨 극적인 만남은 없었다. 그렇지만 여러 가지 일들이 연속적으로 일어났고 하나님께서 나를 그분 안에서 만드시기 위한 작업을 하셨으며 나를 묶고 있던 종교의 영들을 제거하기 시작하셨다. 물론 회개가 필요했다. 회개는 나에게 있어서 주요한 주제 중 하나였다. 진정한 회개는 '우리가 생각하는 방식을 바꾸는 것'이다. 나는 내 생각을 움직여서 내 마음이 용서하시는 하나님께로 다시 향하도록 만드는 회개가 필요했다. 당시 은밀한 죄를 짓고 있지는 않았다. 내 양심으로 수치심을 느끼게 할 만한 부끄러운 습관도 내게는 없었다. 다만 나의 수치심은 나의 인간성에 관한 것이었고, 내가 진정 원하는 모습이 아닌 데서 오는 낙담에서 기인했다. 어떤 면에서 본다면 나는 실제로 왕이신 예수께서 행하신 일이 충분하다는 것을 믿어야만 했다. 지금은 너무나 간단하게 들리지만 당시 나의 수치심은 주님의 속죄 사역을 부인하고 있었다. 나의 낙담은 너무나 충분하기 그지없는 왕의 약속을 저버리고 있었다.

자기반성에 빠지지 않는다

시간이 좀 걸렸지만, 마침내 나는 최고의 순간(정신적, 감정적, 영적)이 그저 내가 최선을 다하고 난 다음 자기반성에 빠지지 않을 때라는 것을 깨달았다. 이것은 나에게 쉽지 않은 일이었다. 왜냐하면 내게는 자기반성이 언제나 더 큰 꿈-즉, 부흥운동가가 되는 것-으로 나아가기 위해 치러야 하는 통과의식 같은 것이었기 때문이었다. 개인 경건의 문제를 놓고 오랜 세월 동안 씨름한 후 나는 다음과 같은 기도를 드리게 되었다.

하나님 아버지,
스스로 내면을 들여다보는 것이 잘하는 것이 아님을 주님은 아십니다. 그래서 이제부터는 그렇게 하지 않겠습니다. 이제 내가 보아야 할 필요가 있는 것들을 주님께서 가르쳐주시기를 원합니다. 주님 말씀 안에 거할 것을 약속드립니다. 주님의 말씀은 검이라고 하셨으니, 그 검으로 저를 더욱 철저하게 다루어주옵소서. 내 속에서 주님을 기쁘시게 하지 않는 것들을 다 드러내 주옵소서. 또한 저에게 은혜를 주사 그것들을 다 버리게 하옵소서. 또한 이

제부터 매일 주님 앞에 나갈 것을 약속드립니다. 주님의 임재는 불과 같습니다. 내 안에서 주님을 기쁘시게 하지 않는 모든 것들을 다 태워주옵소서. 내 마음을 녹여 예수님의 마음과 같이 되게 하옵소서. 저에게 자비를 베풀어주옵소서. 또한 주님의 백성들과 늘 교제를 나눌 것을 약속드립니다. 철이 철을 단련한다고 주님께서 말씀하셨습니다. '친구의 상처'를 싸매어주시는 주님을 기대하며 제가 혹 주님을 거부할 때에 그것을 즉시 알아차리게 하옵소서. 주님, 이 모든 것들로 내 삶을 단련하사 오직 내 안에 예수님만이 홀로 보이게 하옵소서. 주님께서 제게 주님의 마음과 생각을 부어주셨음을 믿습니다. 주님의 은혜로 이제 나는 새로운 피조물이 되었습니다. 이 사실이 실제로 내 삶 속에서 늘 드러나게 하옵시고, 오직 예수님의 이름만이 가장 높은 영광을 받기를 원합니다.

변화되는 역사

용서는 사실상 과거를 변화시키는 것이다. 하나님의 일기장에는 우리의 삶이 그분의 용서하심과 우리의 믿음의 관점에서 기록이 된다. 그분의 기억의 책(Book of Remembrance)은 우리의 죄와 어리석음에 대한 것이 기록되어 있지 않다. 아브라함의 아내 사라를 생각해보라. 창세기 18장에서 그녀는 웃으면서 이렇게 말했다. "내가 노쇠하였고 내 주인도 늙었으니 내게 무슨 즐거움이 있으리요?"

그러자 주님이 아브라함에게 말씀하셨다. "사라가 왜 웃으며 이르기를 내가 늙었거늘 어떻게 아들을 낳으리요 하느냐."

그러나 사라는 두려움에 부인하며 자신은 웃지 않았다고 말했다.

하지만 주님은 "아니다. 네가 웃었다"라고 말씀하셨다.

이 구절에 나오는 '웃었다'라는 단어의 원어적 의미는 수줍어서 킥킥거리며 웃는 듯한 인상을 주지 않는다. 그녀는 실제로 하나님과 그분이 말씀하신 것을 비웃었고, 설상가상으로 자신이 그러지 않았다고 거짓말까지 했다. 그러나 히브리서 11장 11절은 이렇게 기록하고 있다. "믿음으로 사라 자신도 나이가 많아 단산하였으나 잉태할 수 있는 힘을 얻었으니 이는 약속하신 이를 미쁘신 줄 알았음이라."

지금 똑같은 사라의 이야기를 하고 있는 것이다. 그런데 무슨 일이 벌어졌는가? 분명 그녀는 회개했다. 그리고 하나님께서 선포하신 것이 자신의 운명이 되도록 그녀의 마음을 돌이켰다. 그렇게 하는 과정에서 하나님은 그녀의 역사를 다시 쓰셨다. 성경에 기록되어 있는 죄를 빼버리신 것이다. 히브리서 11장에 기록된 것은 그분의 기억의 책에 우리의 삶이 어떻게 기록되어 있는가를 잘 보여주고 있다. 하나님은 그분을 가장 기쁘시게 한 것-그녀의 믿음-을 강조하는 식으로 그녀의 역사를 기록하셨다. 이것은 천국에서 하나님이 사라에 관해 이렇게 자랑하며 말씀하시는 것과 같다. "너희들은 사라의 용기와 그 큰 믿음을 보았느냐? 아기를 도저히 가질 수 없었던 사라였지만 내 말이 신실하다는 것을 확실히 믿었다!" 또한 당신은 기록하는 천사에게 하나님께서 이렇게 말씀하시는 것을 볼 수 있을 것이다. "분명히 이렇게 기록해라…. '역시, 내 딸이로구나! 다른 사람은 안 믿었지만 사라는 내 말을 믿었어. 역시 사라구나!'"

하나님께서 믿는 자들의 역사를 그렇게 보시는데 누가 과연 다른 말을 할 수가 있겠는가? 실제적으로 그분의 보혈이 우리의 역사(history)를 그분의 이야기(His Story)로 변화시킨다. 몇 년 전 내 마음을 무척 감동시킨 예언적 메시지를 들었다. 그 메시지 가운데 하나님이 이렇게 말씀하셨다. "나는 너의 삶에서 상처를 제거하지는 않겠다. 대신 그것들을 다시 재배치해서 아름답게 정제된 수정에 새겨진 모양처럼 만들어주겠다." 그것이 바로 하나님의 사랑이다. 멸시 당하던 것들이 하나님의 은혜의 간증으로 변한다. 너무나도 아름답게 말이다!

우리의 사고방식

육신의 생각은 사망이요 하나님과 원수가 된다. 그것은 '새로워지지 않은' 마음이다. 새로워진 마음은 본질상 그리스도의 마음이다. 그 마음이야말로 하나님의 뜻을 드러내며, 주기도문에도 가장 잘 나타나 있다. "뜻이 하늘에서 이룬 것같이 땅에서도 이루어지이다"(마 6:10). 성경이 권면하는 바는 분명하다. "너희 중에 이 마음을 품으라 이는 곧 예수 그리스도의 마음이니"(빌 2:5). 마음이 새로워지는 것은 십자가에서 획득한 우리의 새로운 정체성과 더불어 시작된다. 우리는 한때 죄의 종이었지만 지금은 의의 종이 되었다. 우리의 생각도 역시 마찬가지이다. 사도 바울은 로마에 보내는 편지에서 이 부분을 강조하고 있다. "이와 같이 너희도 너희 자신을 죄에 대하여는 죽은 자요…"(롬 6:11). 그것은 태도, 사고방식 그리고 회개의 증거이다.

생각은 우리의 행동에 긍정적 혹은 부정적으로 영향을 미칠 힘을 지니고 있지만, 우리의 본질을 변화시킬 힘은 없다. 본질이 변화되는 것은 오로지 우리가 거듭날 때에라야 가능한 것이다. 거듭난다는 것은 내면에서부터 변화되는 것이다. 먼저 변화되어야 할 것은 겉으로 드러난 외면적인 것이 아니다. 하나님께서는 우리의 마음에 자리 잡고 거하셔서 우리를 변화시키시는데 그것이야말로 진짜 내면의 작업이다. 한편 종교는 바깥, 즉 외면적인 것들을 변화시킨다. 그것이 어떤 일치를 가져올지는 모르지만 변화를 이끌어내기에는 역부족이다.

"대저 그 마음의 생각이 어떠하면 그 위인도 그러한즉"(잠 23:7). 우리 자신을 죄에 대하여 죽었다고 생각하라는 말씀은 단지 우리의 변화를 긍정적으로 생각하라는 제안 정도가 아니다. 그것은 오직 십자가를 통해서만 얻을 수 있는 극적인 세계로의 초대인 것이다. 이렇게 생각하는 가운데 초자연적인 능력이 풀어져 우리로 자유의 삶을 만들어내게 한다. 어떻게 이것이 가능한가? 왜냐하면 그것이 진리이기 때문이다. 내가 죄를 지었다고 말하는 것은 진실이다. 그리고 나는 죄로부터 자유하다는 말은 훨씬 더 진실이다. 새로워진 마음은 초자연적인 삶을 맛보는 데 꼭 필요하다. 그리고 이것이야말로 하나님께서 모든 그리스도인들에게 의도하신 바이다.

하나님은 우리를 어떻게 생각하시는가

구약시대의 왕들에게 선지자가 필요했듯이 오늘날에도 왕 같은 제사장인 우리에게 주님의 종들이 필요하며, 그들은 우리의 삶에서 하나님의 목적을 완성하도록 도와준다. 내게 하나님이 마음에 부어주신 격려의 말을 아낌없이 해준 그리스도의 몸 된 교회의 많은 지체들에게 얼마나 감사한지 모른다. 이것이 바로 예언사역의 진수이다. 무언가가 그분으로부터 말미암았다면 성령님께서 그 즉시 확신을 주신다. 그리고 바로 그때 나는 그 예언의 말씀들을 얼마나 소중하게 간직하는지 모른다. 나는 그것들을 받아 적어놓고 필요할 때마다 꺼내서 음미해보곤 한다. 그것들 중 대부분은 인덱스 카드로 기록되어 내 서류 가방에 항상 보관되어 있다. 어떤 것은 20년 전 것도 있는데 여전히 나에게 생명을 불어넣어주고 있다. 나는 내 인생에 대하여 하나님이 생각하시는 것과 다르게 생각할 능력이 전혀 없음을 느낀다. 내 인생에 관하여 하나님께서 특별히 성경말씀으로 조명을 해주신 것이든, 아니면 유명한 예언자를 통하여 주신 예언의 말씀이든, 나는 그 말씀들이 내 생각과 동일하게 될 때까지 계속 음미하고 또 음미한다.

약속은 마치 배의 방향타와 같다. 방향타가 배가 가는 방향을 결정한다. 그렇듯 하나님의 약속을 가지고 내가 무엇을 하느냐가 내 생각의 방향을 결정하며, 결국 내 현실에 큰 영향을 미친다. 그러므로 내 인생의 목적을 이루기 위하여 하나님이 나에 대하여(그리고 다른 사람들에 대하여) 어떻게 생각하시는가를 아는 것은 무엇보다도 우리 자신에게 필요하다. 어떠한 환경에서도 하나님의 말씀은 진리이다. "그럴 수 없느니라 사람은 다 거짓되되 오직 하나님은 참되시다 할지어다 기록된 바 주께서 주의 말씀에 의롭다 함을 얻으시고 판단 받으실 때에 이기려 하심이라 함과 같으니라"(롬 3:4). 다시 말하지만 우리는 하나님이 우리 자신에 대하여 생각하시는 것과 다르게 우리 자신에 대하여 생각할 능력이 전혀 없다.

> 이는 하늘이 땅에서 높음같이 그를 경외하는 자에게 그의 인자하심이 크심이로다 동이 서에서 먼 것같이 우리의 죄과를 우리에게서 멀리 옮기셨으며(시 103:11-12)

> 그들이 다시는 각기 이웃과 형제를 가리켜 이르기를 너는 여호와를 알라 하지 아니하리니 이는 작은 자로부터 큰 자까지 다 나를 알기 때문이라 내가 그들의 악행을 사하고 다시는 그 죄를 기억하지 아니하리라 여호와의 말씀이니라(렘 31:34)

> 나는 목마른 자에게 물을 주며 마른 땅에 시내가 흐르게 하며 나의 영을 네 자손에게 나의 복을 네 후손에게 부어 주리니 그들이 풀 가운데에서 솟아나기를 시냇가의 버들같이 할 것이라 한 사람은 이르기를 나는 여호와께 속하였다 할 것이며 또 한 사람은 야곱의 이름으로 자기를 부를 것이며 또 다른 사람은 자기가 여호와께 속하였음을 그의 손으로 기록하고 이스라엘의 이름으로 존귀히 여김을 받으리라(사 44:3-5)

> 너희 안에서 착한 일을 시작하신 이가 그리스도 예수의 날까지 이루실 줄을 우리는 확신하노라(빌 1:6)

> 그들을 주신 내 아버지는 만물보다 크시매 아무도 아버지 손에서 빼앗을

수 없느니라(요 10:29)

그런즉 누구든지 그리스도 안에 있으면 새로운 피조물이라 이전 것은 지나갔으니 보라 새 것이 되었도다(고후 5:17)

이것들은 단지 하나님이 우리에 대하여 생각하시는 것의 일부분에 지나지 않지만, 반드시 우리의 사고체계의 한 부분이 되어야만 하는 것들이다. 당신 스스로 목록을 만들어서 변화를 시도해보라.

최고의 비밀

"나는 내 영광을 다른 자에게 주지 아니하리라"(사 42:8). 이 성경구절에 대한 가장 일반적인 이해는 하나님은 너무나 영화로우신 분이시며 우리는 그렇지 않다는 것이다. 그런데 사실 "다른 자"들이 우리를 말하는 것은 아니다. 당신은 왜 하나님께서 우리를 그분의 몸의 각 개별 지체로 만드셨다고 생각하는가? 그분의 몸의 가장 작고 천한 지체일지라도 흑암의 세계의 정사와 권세보다 훨씬 더 영화롭다. 하나님께서 인간을 창조하신 본래의 목적은 바로 우리로 하여금 그분의 영광 안에서 살며 거하도록 하기 위함이었다. "모든 사람이 죄를 범하였으매 하나님의 영광에 이르지 못하더니"(롬 3:23). 십자가는 그분의 목적에 장애가 되는 것들을 다 제거하며 우리를 그분의 본래의 의도대로 회복시킨다. 종교적인 마음으로는 우리가 진정 그분의 형상대로 창조되었다는 것을 인정하기 어렵다. 그리고 우리가 거듭났다는 사실은 우리를 절대적인 순결의 위치로 회복시킨다.

예수님은 그분의 제사장적 기도에서 이것을 덧붙이셨다. "내게 주신 영광을 내가 그들에게 주었사오니 이는 우리가 하나가 된 것같이 그들도 하나가 되게 하려 함이니이다"(요 17:22). 잠언서에는 지혜가 우리로 영광의 면류관을 얻게 한다고 기록되어 있다. 심지어 우리의 육체도 그분의 영광 안에서 살도록 디자인되었다. 우리가 그분의 영광의 임재에 점점 더 익숙해짐에 따라 심지어 우리 육체도 하나님의 영광의 임재에 점점 더 목말라하게 된다. 하나님의 실제적인 영광 가운데에서 엄청난 시간을 보냈던 고라 자손들은 실제로 그들의 육체에 나타난 하나님의 영광을 목도했기 때문에 이렇게 노래하였다. "내 영혼이 여호와의 궁정을 사모하여 쇠약함이여 내 마음과 육체가 살아 계시는 하나님께 부르짖나이다"(시 84:2).

하나님의 손길이 우리의 삶을 어루만질 때, 우리는 그분의 영광 안에 살도록 창조되었다는 것을 발견하게 된다. 이제 더 이상 과거의 속박에 머물지 않게 된다. 더 이상 매일의 삶에 나타나는 우리의 행위나 다른 사람들과의 비교에 얽매이지 않고, 그저 단순히 하나님이 사랑한다는 사실 안에서 우리의 가치를 발견하게 된다. 그리고 바로 그것에서부터 이 땅에서 진리를 발견하지 못한 사람들을 위한 계시와 생수의 강이 흘러나온다!

Chapter 5

왕궁의 도마뱀

Lizards in the Palace

당신이 받아들인 선입견이 당신의 인생을 형성한다.

당신의 이름은?

아내와 나는 두 명의 손자들을 데리고 수족관에 다녀온 적이 있다. 당시 세 살이었던 엘리야와 다섯 살이었던 조카 메사를 데리고 호텔 룸의 침대에 앉아 있을 때였다.

아이들은 TV에서 방영되는 내셔널 지오그래픽 다큐멘터리를 보고 있었는데, 프로그램이 끝나자 메사가 엘리야를 쳐다보며 말했다. "우리 악어 도마뱀 놀이 하자!"

엘리야는 비록 메사보다 어렸지만 더 힘이 셌다. 엘리야는 "좋아" 하고 대답했다.

메사가 말했다. "내가 악어 하고 너는 도마뱀 해."

엘리야도 덩달아 신이 나서 좋다고 말했다.

갑자기 아이들이 침대에서 벌떡 일어나더니 뒤엉켜서 씨름을 하기 시작했다. 1분도 채 지나지 않아서 엘리야가 메사를 침대에 넘어뜨렸다.

"엘리야, 너 그렇게 하면 안 돼!" 메사가 불평하기 시작했다. "나는 악어고 너는 도마뱀이란 말이야!"

메사가 항의하자 엘리야는 메사를 일으켜 세우며 물었다. "도마뱀은 어떻게 하는 건데?"

"도마뱀은 혓바닥으로 물건을 핥기만 하는 거야. 이렇게." 그러고는 즉시로 엘리야의 뺨을 핥으면서 도마뱀 흉내를 냈다.

"좋아." 엘리야는 곧바로 순응했다.

몇 초가 흘렀을까. 메사는 엘리야로 하여금 엎드리게 한 다음 그 위에 올라 앉아서는 "크아! 크아!" 하면서 악어처럼 소리를 질러댔다. 엘리야를 꼼짝 못하게 붙들고는 메사는 계속 악어처럼 소리를 질렀다.

엘리야가 메사를 밀어 떨어뜨리려고 할 때마다 메사는 말했다. "엘리야. 너는 도마뱀이잖아. 나는 악어란 말이야! 너는 그렇게 하면 안 돼. 너는 단지 혀만 사용할 수 있어."

십 분 정도가 지나자 메사 밑에서 모기만한 엘리야의 소리가 흘러나왔다. "할아버지. 나 이 놀이 이제 안 할래요."

이 이야기는 나에게 인생의 게임을 떠오르게 해준다. 마귀는 우리에게 이름을 준 다음 우리를 무력화시켜버린다. 우리는 단지 혀밖에 사용할 수 없는 도마뱀이 되어버린다. 그리고 마귀는 강력한 악어가 되어버린다. 그러면 우리는 그의 법칙에 따라 우리의 삶을 허비하며 보내게 된다. 왜냐하면 우리는 우리의 잘못된 이름을 믿고 있기 때문이다.

마귀는 참소자이다. 종종 마귀는 다른 사람들을 이용하여 우리에게 가짜 정체성(이름)을 부여하곤 한다. 나의 첫 의붓아버지는 언제나 나를 "얼간이 바보"라고 불렀다. 그것은 언제나 내가 나를 바보처럼 느끼도록 만들었으며, 나의 학습능력을 현저하게 저하시켰다. 그 이름이 나에게 정신적인 장벽이 되어버려서는 심각한 독서장애를 가져왔던 것이다. 고등학교를 졸업할 때까지도 나는 단지 초등학교 3학년 수준의 글밖에는 읽을 수가 없었다.

아버지로부터 "창녀"라고 꾸지람 받던 많은 여성들이 실제로 그들의 삶을 부도덕하게 엉망으로 살아가고 있는 현실을 많이 보아왔다. 이름은 그 사람의 정체성을 결정짓는 하나의 예언적 선포이다. 왜냐하면 사람들은 자기 자신을 누구라고 믿고 있는가에 따라 행동하기 때문이며, 그런 거짓말들이 결국 그들의 행동을 결정짓기 때문이다.

우리는 자신을 바라보는 방식에 따라 환경에 반응하게 된다. 우리가 들은 말들이 결국 우리의 마음속에 지니게 되는 이름(name)이 되며, 이러한 이름은 우리의 상상 속에서 우리의 자화상을 그리게 되는데, 그것을 통해 이 세상을 바라보게 되는 것이다. 몽둥이와 돌멩이는 단지 우리의 뼈를 부러뜨릴 뿐이지만 잘못 붙여진 이름은 우리의 미래를 앗아간다!

예언적 선포로서의 이름

나쁜 이름이 사람들을 속박하여 파멸로 이끌듯이, 훌륭한 이름은 삶에서 능력을 나타내며 하나님이 계획하신 목적에 맞도록 우리의 삶을 이끈다. 성경에 나타난 많은 사람들도 그들의 이름이 바뀌기 전까지는 그저 평범한 사람들이었다. 시몬은 그의 이름이 베드로로 바뀌기 전까지는 사도가 아니었다. 사울도 바울로 바뀌기 전까지는 사도가 되지 못했다.

우리에게는 우리를 억압하는 이름이 아니라 하나님이 주신 이름에 따라 사는 것이 너무나 중요하다. 우리는 세상에 의해 주어졌던 많은 거짓 이름들을 모두 깨뜨려야만 한다. 야곱은 이 원리를 잘 알았던 사람이었다. 창세기 32장에서 그가 '얍복'이라 불리던 강가에 홀로 서 있는 것을 보게 된다. '얍복'이란 이름의 의미는 '비어 있는, 혹은 홀로 있는'이다. 피해다녔던 형을 만나야 하는 시점에 있었고, 아내들은 허구한 날 서로 헐뜯고 싸우고 있었으며, 장인은 지금 그에게 잔뜩 화가 나 있는 상태였다. 우리와 마찬가지로 야곱도 자신이 지금 큰 문제 가운데에 휩싸여 있지만 정작 자신은 그것을 변화시킬 힘이 전혀 없음을 느꼈던 것 같다. 야곱은 그의 인생에서 어쩔 수 없이 자꾸만 남을 속이게 되는 처지에 놓이게 되는데, 지난 장에서 언급을 한 바가 있듯이, 바로 그의 이름 의미 자체가 '속이는 자'였기 때문이다. 사람들이 그의 이름을 부를 때마다 그의 약점이 자꾸만 상기되었던 것이다. 우리는 우리를 누구라고 믿고 있는가에 따라 행동하게 된다. 야곱은 늘 속였다. 왜냐하면 그의 이름이 속이는 자였기 때문이다. 그의 행동은 결국 그의 주변에 속임의 문화를 만들어버렸다. 그리고 결과적으로 그의 아내들 역시 거짓말쟁이와 속이는 자가 되어버렸다.

야곱은 인생의 가장 밑바닥의 순간에 천사를 만났다. 야곱은 천사와 밤새도록 씨름을 했다. 천사가 야곱을 엉망진창으로 만들어버렸지만 야곱은 축복을 받을 때까지 절대로 천사를 놓아주려 하지 않았다. 아침이 되어서 이제는 떠나야 한다고 말했지만 야곱은 들은 척도 안했다. 그러고는 계속 간청했다.

마침내 천사가 물었다. "너의 이름이 무엇이냐?"

그가 대답했다. "내 이름은 야곱입니다."

천사가 계속 말했다. "그가 이르되 네 이름을 다시는 야곱이라 부를 것이 아니요 이스라엘이라 부를 것이니 이는 네가 하나님 및 사람들과 겨루어 이겼음이니라"(창 32:28).

당신 같으면, 천사와 밤새 씨름하고 만신창이가 되도록 실컷 두들겨 맞으면서도 어떻게 하든 축복을 받아보려고 애썼는데, 단지 당신에게 별명 하나를 지어준 것에 만족하고 천사를 보내버리겠는가? 당신이 만약 한 가지 소원 때문에 천사와 밤새도록 씨름했다면 적어도 새로운 집이나 자동차 혹은 금전적으로 보다 소중한 그 무엇인가를 구하지 않겠는가? 그가 단지 이름 하나 바꾸어주었다고 그냥 보내버리겠는가? 그러나 만약 당신이 야곱이 받았던 계시를 이해한다면 그것이 가능하다는 것을 알게 될 것이다. 그의 새 이름 '이스라엘'은 '하나님의 왕자'란 의미였다. 그 이름이 야곱을 해방시켜 그의 예언적 운명 속으로 들어가도록 한 것이다. 그의 이름이 바뀐 이후 그가 지구상에서 가장 위대한 민족 중 하나의 조상이 된 것은 결코 우연이 아니었다.

예언적 선포는 그저 단순한 말이 아니다. 왜냐하면 그 예언의 말은 그것이 이루어지도록 은혜를 풀어놓기 때문이다. 성경 속의 이름들은 모두 그들의 사명에 대한 예언적 선포로서 사람들에게 주어졌으며 그들의 부르심에 대한 특성을 풀어놓았다. 은혜와 치욕이 모두 이름을 부르는 것에서부터 풀어지기 시작한다. 은혜는 '하나님이 역사하는 힘'이다. 은혜는 하나님이 주시는 능력으로 당신이 예언적 선포를 받기 전에는 결코 상상할 수도 없었던 일들을 가능하게 만들어준다. 반면 치욕은 어둠의 세계로부터 오는 저주를 풀어놓는 힘을 가지고 있다.

창세기에 보면 하나님께서 아담에게 각종 들짐승들의 이름을 짓게 하신 것을 본다. 아담이 동물들의 이름을 부를 때 그는 단순히 무엇 무엇이라고 이름을 지어준 게 아니라, 각 동물의 특성을 결정짓는 그들만의 DNA에 관해 예언하고 있는 것이었다.

선포되어진 이름의 힘에 관해서는 또한 창세기 3장에 소개되어 있다. 여기에서 아담은 그의 아내를 '하와'라고 이름 짓는다. 하와란 '산 자의 어미'를 의미한다. 그녀는 자신의 이름이 '여자'에서 '하와'로 바뀌기 전까지는 아이를 낳지 못했었다. 아담의 예언적 선포가 있은 이후에 그녀는 가인과 아벨을 낳았다.

우리가 누구인가를 알고 나면 우리의 행동이 변한다. 왜냐하면 우리는 언제나 자신이 이해하는 '정체성'에 따라 행동하기 때문이다. 아브람은 그의 부르심을 완성하기 위하여 이름을 바꾸어야만 했다. 하나님은 아브람에게 그가 열방의 아비가 될 것이라고 예언하셨다. 그가 그의 목적을 이루기 전에 그의 이름은 '열국의 아비'란 뜻의 '아브라함'으로 바뀌어져야만 했다. 그의 이름이 그의 사명을 제한하고 있었던 것이다.

주님이 나를 만나주시고 내가 왕자가 된 거지라고 말씀해주셨을 때, 그분은 나에게 새로운 이름을 주는 중이셨다. 새 이름을 안 이후에 나는 나의 새로운 운명 안에서 걸을 수 있는 길이 열리는 것을 느꼈다. 주님이 주신 이름을 듣는 것이 우리에게는 너무나 중요하다. 그리고 그 이름이 우리의 정체성을 만들어주도록 해야 한다. 우리가 하늘나라에 갔을 때 우리는 모두 흰 돌에 새겨진 새로운 이름을 받게 될 것이며, 그 이름은 오직 자신만 알게 될 것이다. 이 이름은 정결함(흰 돌)과 친밀함(오직 당신과 예수님만이 아는)의 기초로부터 지어질 것이다. 그때 우리는 우리의 새로운 부르심에 부합하는 새로운 정체성이 필요할 것이다(계 2:17을 보라).

우리의 정체성에 걸맞게 행동하기

나에게는 우리 사회가 온통 정체성 위기에 처해 있는 것처럼 보인다. 대부분의 사람들이 자신이 누구인가에 대한 개념과 자신이 어떻게 살아가야 하는지에 대한 의식이 없다. 우리가 미국에서 자녀들을 키우는 방식은 이러한 위기를 더욱더 고착시켜버린다.

아이들이 처음 말을 배우기 시작할 때 그들은 "저게 뭐야?"라는 질문을 하루에 수천 번도 더한다.

그 다음으로 많이 하는 말은 "왜?"이다.

내게는 손자 손녀들이 무려 7명이나 된다. 손자 손녀들과 있으면 주로 이런 대화가 오고간다.

"할아버지, 저게 뭐야?"
"그건 공이야."
"왜 할아버지?"
"그걸로 우리가 즐겁게 노는 거란다."
"왜 할아버지?"
"그래야 우리가 지겨워지지 않거든."
"왜 할아버지?"

마침내 나는 아이들을 할머니에게로 보낸다. 그러면 아이들은 똑같은 질문을 다시 처음부터 던진다. 아이들이 사춘기에 이르면 그들은 다른 질문을 하기 시작한다. "내가 도대체 누구인가?" 우리 사회가 갖고 있는 문제는, 우리가 그 질문에 대한 해답을 제시하지 못한 채 아이들을 대학으로 보내서 무언가를 하는 것을 배우게 한다는 것이다. 그러면서 기대하기를 그들이 충분히 배우고 나면 그것이 아이들의 정체성 문제에 대한 해답을 찾게 해줄 거라 생각한다. 그렇지만 정체성은 교육으로부터 얻어지는 게 아니라 그냥 주어지는 것이다. 우리는 우리를 가르쳐서 정체성을 갖게 할 수는 없다. 가장 정확한 정체성은, 하늘 아버지께서 그분이 특별히 우리를 위하여 지정해 놓으신 사람들을 통해 말씀하여 주신다.

당신은 인간으로서 행동(human doing)하기 이전에 먼저 인간이란 존재(human being)가 되어야만 한다. 우리가 무엇이란 '존재'가 되기 전에 무엇인가를 '하려고' 시도할 때, 우리는 종종 돈을 벌기 위해 어쩔 수 없이 하기 싫은 일을 하고 있는 자신을 발견하게 된다. 진정한 정체성을 발견하지 못한 이러한 실패의 또 다른 결과로, 많은 사람들이 그들이 하고 있는 일에서 그들의 자존감을 얻으려고 한다. 그것은 얼마 동안은 적어도 모든 것이 잘 되어갈 때까지는 괜찮아 보일 수도 있다. 그렇지만 어떠한 이유에서든 그들이 더 이상 잘해나가지 못할 때 그들의 자존감은 곧 함정에 빠져버리고 만다.

이 사실이 전에 남태평양으로 비행기 여행을 떠났던 때를 생각나게 했다. 그때 나는 젊은 대학생 바로 옆에 앉았다. 우리는 11시간을 함께 비행했지만 서로간의 공통점이 없어 서먹서먹하기만 했다. 몇 시간이 지나 잠을 청하기 위해 눈을 감았을 때 바로 내 옆에 앉아 있는 젊은이에 대한 생각이 들었다.

나는 그에게 고개를 돌리고는 물었다. "자네는 인생에서 무엇을 하고 싶은가?"

"변호사가 되고 싶어요." 그가 대답했다.

나는 느닷없이 이렇게 대꾸했다. "자네는 돌파리 변호사가 될 게 뻔해!"

그가 잔뜩 화가 난 채 고개를 돌리며 쏘아붙였다. "지금 무슨 소리 하는 겁니까?"

나는 말했다. "변호사라면 모름지기 정의에 관해서 아주 높은 가치를 가지고 있어야 하네. 그들은 정의를 너무 지나치게 필요로 하는 나머지 그것을 얻기 위해 그들의 인간관계까지도 위반할 수도 있지. 자네는 인간관계에 정말 훌륭한 가치를 두고 있네. 자네는 사랑받고 관심받기를 원해. 자네의 우선순위 리스트에 정의에 대한 것은 아주 낮은 위치에 있네. 자네가 처음으로 법원에 가서 소송을 이기기 위해 상대방을 공격해야만 하는 날, 자네는 아마 전날 밤 잠을 거의 자지 못할 걸세."

"정말 정확하게 말씀하시네요!" 그가 말했다.

"이제 자네가 무얼 해야 하는지 알겠는가?"

"아니요. 무얼 해야죠, 그럼?" 그가 물었다.

"자네는 정말 놀라운 재능이 서로 섞여 있네. 자네는 아주 창의적인 부분을 갖고 있는데 그것은 연기(acting) 같은 분야에서 제대로 표현될 것 같네. 그리고 또한 좌뇌가 특별히 발달했기 때문에 무엇인가를 조직하고 경영하기를 좋아하지. 내가 보니 자네 침실은 정말 잘 정돈된 것 같군. 옷장의 옷들은 색깔별로 가지런히 걸려 있고. 만약 자네가 노력만 한다면 자네는 아주 훌륭한 영화감독이 될지도 모르겠군."

그는 자리에서 거의 뛸 뻔했다. 흥분된 목소리로 그가 말했다. "정말 선생님이 말씀하신 그대로예요. 저는 그렇게 제 방을 정돈하거든요. 그리고 고등학교 때에는 항상 연극반의 대표였고 언제나 감독이 되고 싶어 했었어요!"

"그게 바로 자네가 해야 할 일이라네!" 내가 말했다. "자네는 바로 제2의 스티븐 스필버그야!"

우리 중 많은 이들이 자신이 누구인지를 모른 채 엉뚱한 일을 하며 살아가고 있다. 우리의 행동이 자신이 누구인가를 표현하고 있을 때, 우리가 하고 있는 일을 얼마나 즐기고 있는가 하는 사실은 그저 놀라울 뿐이다.

죄인(sinners)에서 성도(saints)로

이제 우리는 이름이라는 것이 단지 언어상의 문제가 아니라는 것을 알았다. 그렇다면 이름이 과연 어떻게 우리에게 영향을 미치는지 좀 더 자세하게 살펴보자. 그리스도를 영접하기 전 우리 모두는 '죄인'이었다. 우리는 전문직업인이었으며 이름은 직무명세서였다. 우리는 죄를 지을 수밖에 없었다. 그러나 그리스도를 영접하고 나서는 '성도'가 되었다. 바울은 이 점을 그의 서신서에서 교회들을 향하여 성도라고 부르며 아주 분명하게 밝히고 있다. 여기에 몇몇 예들이 있다. "로마에서 하나님의 사랑하심을 받고 성도로 부르심을 받은 모든 자에게 하나님 우리 아버지와 주 예수 그리스도로부터 은혜와 평강이 있기를 원하노라"(롬 1:7), "고린도에 있는 하나님의 교회 곧 그리스도 예수 안에서 거룩하여지고 성도라 부르심을 받은 자들과 또 각처에서 우리의 주 곧 그들과 우리의 주 되신 예수 그리스도의 이름을 부르는 모든 자들에게"(고전 1:2), "하나님의 뜻으로 말미암아 그리스도 예수의 사도 된 바울은 에베소에 있는 성도들과 그리스도 예수 안에 있는 신실한 자들에게

편지하노니"(엡 1:1). 성도란 의미는 '거룩한 믿는 자들(holy believers)'이다. 당신은 죄인이면서 동시에 성도가 될 수는 없다. 여전히 죄를 지을 수밖에 없으면서 어떻게 여전히 거룩하게 믿는 자가 될 수 있겠는가?

'죄인'이란 단어의 의미는 우리가 잘못을 저지를 수밖에 없는 자라는 것이다. 만약 우리 자신을 죄인이라고 믿는다면 우리는 그 믿음으로 말미암아 죄를 지을 수밖에 없을 것이다! 전에 배웠던 것을 기억해보라. "대저 그 마음의 생각이 어떠하면 그 위인도 그러한즉 그가 네게 먹고 마시라 할지라도 그의 마음은 너와 함께하지 아니함이라"(잠 23:7). 이름 때문에 자꾸만 함정에 걸렸던 야곱처럼, 만약 우리가 자신이 죄인이라고 믿는다면 성도로서 살아갈 은혜에 접근할 수조차 없을 것이다. 그리고 용서를 얻기 위하여 선한 일을 도모하려고 애쓰게 될 것이다. 그러나 죄를 짓는 것은 더 이상 우리의 본성이 아니다. 요한일서 3장 7-9절은 말하고 있다.

> 자녀들아 아무도 너희를 미혹하지 못하게 하라 의를 행하는 자는 그의 의로우심과 같이 의롭고 죄를 짓는 자는 마귀에게 속하나니 마귀는 처음부터 범죄함이라 하나님의 아들이 나타나신 것은 마귀의 일을 멸하려 하심이라 하나님께로부터 난 자마다 죄를 짓지 아니하나니 이는 하나님의 씨가 그의 속에 거함이요 그도 범죄하지 못하는 것은 하나님께로부터 났음이라

우리는 그리스도인이다. 죄를 짓는 것은 더 이상 우리의 본성이 아니다. 우리의 본성은 변화되었다. 이제 실질적인 성도가 된 것이다. 의로움이 이제 새로운 본성의 한 부분이 되었으며, 하나님께 영광을 돌리는 것이 당연한 것이 되었다. 우리의 옛 이름은 장사되었다. 이제 더 이상 옛 무덤을 방문해서 죽은 우리 옛 사람과 대화할 이유가 전혀 없다(구약시대에는 죽은 자와 말하면 재판받고 죽임을 당하였는데 그런 관습은 '강령술'이라고 불렸다). 우리는 이제 새로운 피

조물이다. 그와 같은 행동은 이제 더 이상 우리의 본성과는 어울리지 않는 것들이다. 이제 우리는 왕자요 공주들이기 때문이다!

십자가의 능력은 우리의 죄를 용서할 뿐만 아니라 근본 본성 또한 고친다. 어떤 사람들은 중생의 경험을 영혼에만 국한시키기도 한다. 그러나 그것은 옳지 않다. 구원은 우리의 전 존재를 변화시키는 것이다! 베드로는 우리가 "신의 성품에 참예한 자들"(벧후 1:4)이라고 말했다. 생각해보라. 당신의 본질 자체가 이제 신성하다는 것이다. 바울은 이제 우리가 "그리스도 안에서 새로운 피조물"(고후 5:17)이라고 말했다. 만약 여전히 자신이 죄인이라고 믿고 있다면 우리는 주님의 보혈의 능력을 희석시키고 있는 것이다. 그러면 야곱처럼 우리의 인생을 선을 행하려고 애쓰다가 다 허비해버리게 되는 결과를 낳게 된다.

새로운 마음과 새로운 정신

진리는 우리가 새로운 마음과 새로운 정신을 받았기 때문에 선하다는 것이다(겔 36:26; 고전 2:16을 보라). 그렇다. 우리는 뇌 이식 수술을 받은 것이다. 이제 우리는 하나님처럼 생각하게 되었다. 나는 다음 성경구절이 많은 경우에 잘못 인용되는 것을 들었다.

기록된 바 하나님이 자기를 사랑하는 자들을 위하여 예비하신 모든 것은 눈으로 보지 못하고 귀로 듣지 못하고 사람의 마음으로 생각하지도 못하였다 함과 같으니라 오직 하나님이 성령으로 이것을 우리에게 보이셨으니 성령은 모든 것 곧 하나님의 깊은 것까지도 통달하시느니라 사람의 일을 사람의 속에 있는 영 외에 누가 알리요 이와 같이 하나님의 일도 하나님의 영 외에는 아무도 알지 못하느니라 우리가 세상의 영을 받지 아니하고 오직 하나님으로부터 온 영을 받았으니 이는 우리로 하여금 하나님께서 우리에게 은혜로 주신 것들을 알게 하려 하심이라 우리가 이것을 말하거니와 사람의 지혜가 가르친 말로 아니하고 오직 성령께서 가르치신 것으로 하니 영적인 일은 영적인 것으로 분별하느니라 육에 속한 사람은 하나님의 성령의 일들을 받지 아니하나니 이는 그것들이 그에게는 어리석게 보임이요 또 그는 그것들을 알 수도 없나니 그러한 일은 영적으로 분별되기 때문이라 신령한 자는 모든 것을 판단하나 자기는 아무에게도 판단을 받지 아니하느니라 누가 주의 마음을 알아서 주를 가르치겠느냐 그러나 우리가 그리스도의 마음을 가졌느니라(고전 2:9-16)

당신은 위에 인용된 구절 중 일부분이 구약성경에 나오는 구절이라는 것을 알아차렸는가? 바울은 지금 우리가 하나님이 우리를 위하여 예비하신 것들을 모른다고 이야기하고 있는 것이 아니다. 바울은 그들(구약시대의 믿는 자들)이 아직 '새로운 피조물'이 아니었기 때문에, 하나님께서 그들을 위해 예비하신 것들을 알지 못했다고 이야기하고 있는 것이다. 그렇지만 우리는 성령으로 거듭났기 때문에 이제 그리스도의 마음을 가지고 있다. 우리는 하나님처럼 생각하게 된 것이다.

물론 우리는 여전히 자유의지가 있어서 죄를 선택할 수도 있다. 하지만 성도에게 있어서 그것은 더 이상 쉬운 일이 아니다. 우리 영혼에는 하나님의 강물이 흐르고 있어서 그분의 보좌 앞으로 우리를 이끌어간다. 우리가 반대로 노를 젓지만 않는다면 결국 하나님의 집에 도달하게 되어 있는 것이다. 우리는 의롭게 되어져가고 있는 것이다. 그래서 바울은 이렇게 말했다. "내가 그리스도와 함께 십자가에 못 박혔나니 그런즉 이제는 내가 사는 것이 아니요 오직 내 안에 그리스도께서 사시는 것이라 이제 내가 육체 가운데 사는 것은 나를 사랑하사 나를 위하여 자기 자신을 버리신 하나님의 아들을 믿는 믿음 안에서 사는 것이라"(갈 2:20).

선을 행하고자 하나

많은 사람들이 로마서 7장을 잘못 이해하고 있다. 이 장에서 바울은 선을 행하고자 하나 죄를 범할 수밖에 없는 자기 자신의 고뇌에 대하여 이야기하고 있다. 만약 우리가 이 구절을 전후 성경구절에 비추어서 읽어 본다면, 바울이 지금 자신의 구속받은 이후의 삶에 대하여 이야기하고 있는 것이 아니라는 것을 알게 된다. 로마서 전체는 율법 아래에서 살던 삶과 그리스도 안에서의 새로운 삶을 대조적으로 비교하고 있는 서신서이다.

로마서 6장에서 바울은 세례를 받을 때 우리는 그리스도와 함께 죽는 것이요, 물 위로 올라올 때 그리스도의 부활하심처럼 우리도 부활에 연합하게 된다고 가르친다. 세례는 상징적이라기보다는 오히려 예언적인 행위이다. 예언적인 행위는 예언적 선포와 같이 하나님의 능력을 풀어놓아 우리의 삶에 변화를 가져온다. 세례의 경우 물속에 들어가는 것은 그리스도와 함께 죽는 행위요, 물 위로 올라오는 것은 그리스도와 함께 다시 죽음에서 부활하는 행위인 것이다! 그래서 바울은 이렇게 말하고 있다.

> 그러므로 우리가 그의 죽으심과 합하여 세례를 받음으로 그와 함께 장사되었나니 이는 아버지의 영광으로 말미암아 그리스도를 죽은 자 가운데서 살리심과 같이 우리로 또한 새 생명 가운데서 행하게 하려 함이라 만일 우리가 그의 죽으심과 같은 모양으로 연합한 자가 되었으면 또한 그의 부활과 같은 모양으로 연합한 자도 되리라 우리가 알거니와 우리의 옛 사람이 예수와 함께 십자가에 못 박힌 것은 죄의 몸이 죽어 다시는 우리가 죄에게 종 노릇 하지 아니하려 함이니 이는 죽은 자가 죄에서 벗어나 의롭다 하심을 얻었음이라 만일 우리가 그리스도와 함께 죽었으면 또한 그와 함께 살 줄을 믿노니 이는 그리스도께서 죽은 자 가운데서 살아나셨으매 다시 죽지 아니하시고 사망이 다시 그를 주장하지 못할 줄을 앎이로라

그가 죽으심은 죄에 대하여 단번에 죽으심이요 그가 살아 계심은 하나님
께 대하여 살아 계심이니 이와 같이 너희도 너희 자신을 죄에 대하여는
죽은 자요 그리스도 예수 안에서 하나님께 대하여는 살아 있는 자로 여길
지어다(롬 6:4-11)

바울은 우리에게 자신을 죄에 대하여 죽은 자요 그리스도에 대하여 산 자로 여기라고 권면하고 있다. 즉 우리는 십자가를 가지고 세례탕(침례탕)으로 들어간 다음 왕관을 쓰고 다시 나오게 되는 것이다! 그러므로 죄를 짓는 것은 우리의 새로운 본질과는 전혀 어울리지 않는다.

로마서 7장은 한 남자와 결혼한 여자의 비유로 시작된다. 여기에서 바울은 이렇게 말하고 있다.

형제들아 내가 법 아는 자들에게 말하노니 너희는 그 법이 사람이 살 동
안만 그를 주관하는 줄 알지 못하느냐 남편 있는 여인이 그 남편 생전에
는 법으로 그에게 매인 바 되나 만일 그 남편이 죽으면 남편의 법에서 벗
어나느니라 그러므로 만일 그 남편 생전에 다른 남자에게 가면 음녀라 그
러나 만일 남편이 죽으면 그 법에서 자유롭게 되나니 다른 남자에게 갈지
라도 음녀가 되지 아니하느니라 그러므로 내 형제들아 너희도 그리스도
의 몸으로 말미암아 율법에 대하여 죽임을 당하였으니 이는 다른 이 곧
죽은 자 가운데서 살아나신 이에게 가서 우리가 하나님을 위하여 열매를
맺게 하려 함이라(롬 7:1-4)

바울은 예수 믿기 전과 후의 우리의 삶을 묘사하고 있다. 우리는 율법과 결혼했었다. 율법은 우리가 잘못한 일들을 모두 우리에게 말했지만 우리를 변화시킬 능력은 없었다. 그리스도가 죽었을 때 율법은 다 이루어졌다. 그리

고 우리를 다른 남자와 결혼할 수 있도록 놓아주었다. 만약 우리가 그리스도의 죽으심 안에서 그분과 연합했다면 우리는 새로운 언약으로 들어간 것이며, 그 새 언약 안에서 예수님 자신과 약혼을 하게 된 것이다. 바울은 계속해서 율법 아래에서 몸부림치고 있는 사람들에게 자신이 과거에 율법 아래에서 싸웠던 그 몸부림을 소개하고 있다. 그러나 로마서 8장에 가서 그는 전쟁에서의 최후의 승리를 선포하고 있다. "그러므로 이제 그리스도 예수 안에 있는 자에게는 결코 정죄함이 없나니 이는 그리스도 예수 안에 있는 생명의 성령의 법이 죄와 사망의 법에서 너를 해방하였음이라"(롬 8:1-2).

믿음은 영적 세계의 촉매

하나님의 의는 믿음을 통해 우리의 삶에 들어온다. 우리가 어떤 것을 믿기 위해서는 먼저 믿을 만한 그 무엇인가가 있다는 것을 알아야만 한다. 단지 하나님의 세계뿐만 아니라 모든 영적 세계가 믿음에 의해 움직인다. 예를 들면, 두려움이라고 하는 것은 우리가 무언가 잘못된 왕국에 믿음을 두고 있다는 것을 나타내준다. 무언가 잘못될 것이라고 믿을 때 원수들에게 우리의 믿음을 주게 되는 것이다. 이렇게 함으로써 우리는 예수께서 십자가에서 이미 무장해제시켜버린 우리의 원수들에게 다시금 힘을 부여하게 되는 것이다. 그러나 하나님을 믿을 때, 우리는 성령님께 힘을 주게 되고 하나님의 뜻을 가져오는 천사들에게 힘을 실어주게 되는 것이다.

만약 그리스도를 영접한 이후에도 계속 죄인이라고 배워왔다면, 우리는 여전히 선을 행하기 위하여 끊임없이 몸부림치게 될 것이다. 왜냐하면 그것은 주님께서 십자가에서 이루신 사역 대신 실패할 수밖에 없는 우리의 능력에 믿음을 두고 있는 것이기 때문이다! 우리는 우리의 옛 이름인 '죄인'의 저주 아래에서 남은 생애를 보내든지, 아니면 이스라엘처럼 새로운 이름을 부여받아서 우리의 DNA를 변경시킬 능력을 소유할 수도 있다. 우리는 성도요, 거룩한 믿는 자들이요, 그리스도인, 즉 '작은 예수들'이다! 하나님 아버지께서는 우리를 보실 때 사랑하시는 아들의 형상을 우리 안에서 보신다.

Chapter 6

통치 훈련
Training for Reigning

당신의 기억이 당신의 꿈보다 더 크다면
당신은 이미 죽어가고 있는 것이다.

왕으로 자라남

왕자로서의 정체성을 배우기 시작한 직후 주님은 내게 특별한 사명을 보여주셨다. 그것은 내가 배운 것을 사용하여 모든 세대를 왕자와 공주로서 키우는 것이었다. 나는 우리 각자가 왕으로서의 정체성을 발견하고 왕궁의 문화를 확산시키는 것을 도와주는, 일종의 핵심 가치들을 발견하는 데 최근 몇 년의 시간을 보냈다. 그것들 중의 일부를 다음 장들에서 다룰 것이지만, 특히 이번 장에서는 우리의 삶 속에 있는 목적과 부르심을 끄집어내는 사람들을 갖는다는 것이 얼마나 중요한지를 다루고자 한다. 나는 이미 많은 사람들이 부모나 잘못된 역할 모델에 의하여 입은 온갖 부정적인 영향들을 언급하였다. 사랑은 언제나 미움보다 강력하다. 우리가 받을 수 있는 가장 강력한 영향은 우리를 격려하고 우리에게 올바른 삶의 길을 보여주는 긍정적인 모델로부터 온다.

여전히 왕궁으로 들어가는 여정 중에 있던 어느 날 밤, 주님은 내게 가장 지혜로운 사람이었던 솔로몬의 잠언 말씀들을 보여주시기 시작했다. 솔로몬은 다윗과 밧세바 사이에서 태어난 두 번째 아들이었다. 밧세바의 첫째 아들이 죽었을 때 다윗은 주님으로부터 때가 이르면 솔로몬이 다윗 왕국의 왕이 될 것이라는 말씀을 들었다. 이것 때문에 솔로몬은 태어나면서부터 왕으로 자란 성경 속의 보기 드문 지도자였다(고전 22:8-9을 보라). 그의 삶의 후반부에 쓴 잠언서는 그의 아버지 다윗의 가르침에서 받은 영향들을 많이 기록하고 있다. 다윗에게는 여러 명의 아들이 있었지만 솔로몬은 잠언서에서 이렇게 기록하고 있다. "나도 내 아버지에게 아들이었으며 내 어머니 보기에 유약한 외아들이었노라"(잠 4:3). 그는 그의 형제들 중에서 가장 뛰어났고 특별한 관심과 사랑을 받았다.

왕으로서의 삶의 핵심들이 잠언서에 기록되어 있다. 예를 들어, 잠언 23장 1-3절은 이렇게 말하고 있다. "네가 관원과 함께 앉아 음식을 먹게 되거든 삼가 네 앞에 있는 자가 누구인지를 생각하며 네가 만일 음식을 탐하는 자이거든 네 목에 칼을 둘 것이니라 그의 맛있는 음식을 탐하지 말라 그것은 속이는 음식이니라."

여기에서 솔로몬이 "만약 네가 관원과 함께 음식을 먹게 된다면"이라고 말하는 대신, "네가 관원과 함께 음식을 먹을 때"라고 말한 것에 주목해보라. "만약 왕이 너를 초대한다면"이 아니라, "왕이 너를 초대할 때"라는 의미이다. 솔로몬이 영향력 있는 인물이었으며, 다른 지도자들이나 권세 있는 자들과 많은 교류를 했다는 사실은 의심의 여지가 없다. 그는 자신이 귀하게 여김을 받지 않거나 무시당하는 현실은 상상할 수 없었을 것이다. 당연히 그는 거지(pauper)라는 삶의 개념조차도 갖고 있지 않던 사람이었다. 비록 어떤 남다른 어려움을 가졌었다고 할지라도, 그는 주변의 사람들로부터 항상 중요하게 여김을 받았고 거절이나 무시, 학대와 같은 것은 전혀 경험하지 않았을 것이다. 그렇게 양육을 받은 결과, 잠언서에 나와 있는 많은 말들은 하나님의 왕의 지혜를 반영하고 있다. 솔로몬은 잠언서에서 발견되는 지혜의 원리에 따라 그의 삶을 살았다. 그리고 그 원리들은 그의 왕궁의 특징이 되는 것들이었다.

당신이 지금 왕궁에서 자라고 있다고 한 번 상상해보라. 당신 주변의 모든 사람들이 당신은 앞으로 왕이나 왕비가 될 신분이라고 늘 말하고 있는 것을 상상해보라. 그렇다면 오늘 당신은 과연 어떤 모습으로 살아가겠는지 그리고 그것이 그렇지 않게 생각할 때의 삶과 어떻게 다른지 생각해보라. 아마 당신은 지금 미국의 대통령으로서 자라고 있다고 생각하는 것이 더 쉬울 것이다. 당신의 어린 시절이 어떠할지 생각해보라. 그리고 그것이 당신의 운명에 어떤 영향을 줄지도 생각해보라. 당신은 당신의 삶을 최고로 살고 싶지 않겠는가? 그리고 당신에게 주어진 왕으로서의 규범대로 살아가려고 하지 않겠는가? 만약 우리가 위대한 존재라는 운명을 타고난 사실을 안다면, 도대체 왜 우리가 그 길을 가기를 포기하겠는가? 왜 그 엄청난 잠재성을 무시하며 살아가겠는가?

주님은 내게 솔로몬처럼 생각하기 시작하는 것이 지금도 늦지 않았음을 말씀하셨다. 그것이 바로 우리 안에 잠재해 있는 위대함을 믿는 것이며, 하나님이 주신 지혜를 사용하는 것이다. 우리에게 영향을 끼친 주요한 사람들이 부정적인 역할 모델이었을지라도, 그리스도인으로서 우리는 이제 그리스도를 모델로 따르며, 우리를 진정한 정체성으로 이끄시는 성령님의 음성을 듣는다. 우리가 왕같이 행동하기 시작할 때, 우리 인생에서 산과 같던 문제들은 단지 우리의 인격을 나타내기 위하여 디뎌야 할 디딤돌에 지나지 않게 될 것이다.

다른 사람들을 위하여 우리의 삶을 내려놓기

우리는 흔히 에스더를 구약성경에 나오는 이방제국의 여왕으로 기억한다. 하지만 그녀는 처음부터 여왕은 아니었다. 그녀를 왕비가 될 운명으로 부른 그 누군가가 있었다는 점에서 그녀의 삶은 달랐다. 그녀의 삼촌 모르드개는 에스더의 부모가 죽자 그녀를 양녀로 입양했다. 그리고 그는 그녀로 하여금 자신이 아름답고 존귀한 자로 여기도록 양육했다는 것을 성경을 통해 분명히 알 수 있다. 모르드개의 영향이 그녀로 하여금 뛰어나도록 만들었던 것이다.

에스더는 다른 많은 처녀들과 함께 왕비의 후보로 간택되었으며 특별히 왕의 시중들에게 강렬한 인상을 주었다. 성경은 이렇게 말하고 있다. "모르드개의 삼촌 아비하일의 딸 곧 모르드개가 자기의 딸같이 양육하는 에스더가 차례대로 왕에게 나아갈 때에 궁녀를 주관하는 내시 헤개가 정한 것 외에는 다른 것을 구하지 아니하였으나 모든 보는 자에게 사랑을 받더라"(에 2:15). 에스더가 아직 왕을 뵐 준비가 되어 있지 않았더라도, 모르드개의 영향은 그녀로 하여금 다른 후궁들과의 준비기간 동안 그녀를 특별히 뛰어나도록 만들었다. 거기에서 그녀는 왕비로서의 법도를 익혔다.

그녀의 준비기간은 6개월씩 두 번에 걸쳐 나누어졌다. 첫 기간은 기름과 몰약으로 정결하게 하는 기간이었고, 두 번째 기간은 향수와 화장품으로 더욱 아름답게 가꾸는 기간이었다. 삼촌의 가르침과 최선을 다한 준비 덕분에 그녀는 결국 승리할 수 있었다. 성경은 그 사실을 이렇게 기록하고 있다. "모르드개의 삼촌 아비하일의 딸 곧 모르드개가 자기의 딸같이 양육하는 에스더가 차례대로 왕에게 나아갈 때에 궁녀를 주관하는 내시 헤개가 정한 것 외에는 다른 것을 구하지 아니하였으나 모든 보는 자에게 사랑을 받더라 아하수에로 왕의 제 칠년 시월 곧 데벳월에 에스더가 왕궁에 인도되어 들어가서 왕 앞에 나가니 왕이 모든 여자보다 에스더를 더 사랑하므로 그가 모든 처녀보다 왕 앞에 더 은총을 얻은지라 왕이 그의 머리에 관을 씌우고 와스디를 대신하여 왕후로 삼은 후에"(에 2:15-17). 이 책의 후반부에 가서 우리는 에스더가 왕비가 된 것이 왜 중요한지, 그리고 그녀가 어려운 시기에 동족을 구하기 위해 어떻게 담대하게 일어섰는지를 이야기할 것이다.

공주로 자라남

초자연적 사역학교(Supernatural School of Ministry)를 졸업한 여성인 보니(Bonnie)는 왕가의 여성에 대한 현대적 좋은 본보기이다. 졸업한 지 1년 뒤 그녀는 학교의 지도자가 되었다. 보니를 처음 만났을 때 나는 그녀에게 무언가 특별한 것이 있다는 것을 알아차렸다. 그때 나는 그녀가 우리 학교의 예비 학생으로서 가능성이 있는지를 인터뷰하고 있었다. 수년 동안 직장과 학교관계로 수백 명의 사람들을 인터뷰했었지만, 그녀는 좀 달랐다. 그녀는 단정하게 차려입고 내 사무실에 들어왔다. 그때 그녀의 손에는 종이와 펜이 있었고, 학교에 대하여 물어볼 여러 가지 질문들이 적혀 있었다.

그녀는 자신이 우리 사역학교에 오는 것을 생각 중인데, 궁금한 것은 나의 학력이라고 했다. 내가 학교의 총 감독자였기 때문에 그들은 내가 어디에서 무슨 공부를 했는지가 궁금했던 것이다. 어떻게 하든지 강한 인상을 남겨서 입학허가를 받고자 애쓰는 사람들과는 분명 달랐다. 그녀는 완전히 다른 사고방식을 소유하고 있었다. 보니와 그녀의 남편은 우리 학교가 그녀 자신이 의도하는 바를 잘 감당할 수 있을지 알고 싶어 했다. 내가 그녀를 인터뷰하고 있다고 생각했으나 실제로는 그녀가 나를 인터뷰하고 있었던 것이다! 그녀는 내가 어느 학교를 다녔으며 어디에서 신학학위를 받았는지를 알고 싶어 했다. 또 내가 어디를 통하여 라이센스를 취득했으며 어디에서 사역훈련을 받았는지를 궁금해했다.

약간의 심문을 받는 듯한 느낌 가운데 솔직히 말했다. "나는 어떤 공식적인 훈련을 받은 것은 아닙니다. 대학도 다녀본 적이 없고 학위도 없습니다." 그런 다음 그녀에게 내가 어떻게 하나님을 만났는지를, 어떻게 그분이 나로 하여금 영적인 군사들을 일으켜 황폐화된 도시들을 회복시키라고 하셨는지를 이야기했다(사 61:4을 보라).

그러자 그녀가 펜을 내려놓고 마치 내 영혼을 들여다보듯이 나를 응시하며 말했다. "정말 하나님의 역사군요. 저도 그 사역에 동참하고 싶어요."

몇 년 뒤 그녀는 학교를 졸업했고 우리는 그녀에게 학교직원이 되어줄 것을 요청했다. 언젠가 나는 학교직원들과 함께 나의 새로운 '거지에서 왕자'로의 경험을 나누고 있었다. 보니는 우리와 함께 앉아 있었고 내가 내 생각을 팀원들과 토론하는 것을 듣고 있었다. 나는 직원들에게 우리가 왕의 자녀임을 아는 것이 정말 필요하다고 강력하게 권고했다. 거지가 아니라 왕자들이라는 것을. 약 1시간에 걸친 나의 설교 후에 보니는 무언가 좀 불편해하는 눈치였다.

마침내 그녀가 말을 꺼냈다. "나는 선생님이 방금 말씀하신 것에 동의하지 않습니다. 지금 우리가 왕자와 공주라는 사실을 발견하는 것이 문제가 아니라, 오히려 다른 사람들이 그들이 누구인가를 깨닫도록 확신시켜주는 것이 문제라고 생각합니다."

내가 물었다. "왜 그게 문제라고 생각하죠? 당신은 공주로 자라났습니다. 그래서 당신은 당신에게 오는 사람들이 스스로 가치 있는 존재라고 여기도록 만드는 것이 문제일 것입니다. 하지만 나는 거지로 자라났습니다. 그렇기 때문에 나는 무엇보다도 먼저 내가 중요한 존재라는 것을 알아야만 합니다. 내가 그것을 깨닫기 전까지는 나는 다른 사람을 도울 수가 없습니다."

보니는 공주로 자라났으며 분명 지금도 주변 사람들로부터 그렇게 여김을 받고 있다. 그녀는 왕족다운 품위가 있으며, 다른 사람들도 그것을 쉽게 알아차릴 수 있다. 적어도 그녀에게는 자신이 누구인가 하는 것은 더 이상 문제가 아니었다. 따라서 그녀의 초점은 다른 사람들에게 그들이 누구인가를 깨닫게 해주는 것에 있었던 것이다. 이것이 바로 왕자와 공주의 진정한 마음자세인 것이다. 그들은 자신의 문제에 집착하여 염려하기보다 오히려 주변의 사람들을 세워주는 데 더 많은 시간을 보낸다. 왜냐하면 그들은 이미 자신의 내면의 존재가 누구인지를 알고 있으며, 바로 그 점이 그들을 이기적이지 않고 자신이 받은 것보다 더 많이 나누어주도록 만들어주기 때문이다.

다른 사람에게서 위대한 점 발견하기

우리는 솔로몬과 에스더, 그리고 보니(Bonnie)와 같은 사람들을 일으켜 세우는 문화를 개발시킬 사명을 부여 받았다. 그런 사람들을 일으켜 세워 왕으로서의 부르심에 합당하게 살도록 만드는 사명이다. 성경은 이렇게 말하고 있다. "사람의 마음에 있는 모략은 깊은 물 같으니라 그럴지라도 명철한 사람은 그것을 길어 내느니라"(잠 20:5). 하나님께서 사람의 마음에 감추어 두신 계획들을 하나씩 하나씩 끄집어내는 환경을 만들어나가야 한다. 솔로몬은 이렇게 배웠다. "마땅히 행할 길을 아이에게 가르치라 그리하면 늙어도 그것을 떠나지 아니하리라"(잠 22:6). 우리는 사람이 마땅히 행할 길을 아는 것이 중요하다. 그래야 사람들을 하나님의 부르심대로 살도록 도울 수 있기 때문이다.

예언사역이야말로 왕국문화를 개발시키는 데 너무나도 중요한 역할을 담당한다. 예언의 말씀이 선포되었다면 그것은 곧 그 사람의 진정한 정체성을 드러내준 것이다. 예언의 말씀을 통해 리더는 성령을 따라 영혼들을 이해할 수 있게 되며, 그들이 하나님의 목적에 부합한 삶을 살 수 있도록 도와준다. 사역학교의 학생인 앨리슨(Allison)이 언젠가 내게 말했다. "저는 다른 사람의 예언을 듣는 것을 좋아합니다."

"그래, 왜지?" 내가 물었다.

그때 그녀는 이렇게 대답했다. "상대방의 예언을 듣게 되면 그 시간부터 그 사람을 현재의 모습대로 판단하지 않게 되거든요. 오히려 하나님이 그 사람을 창조하신 모습으로 바라보게 됩니다."

유아부 담당목사인 카라(Carla)는 어린 아이들 가운데에 예언적 문화를 개발시켜 왔다. 유아실 표지판에는 이렇게 적혀 있다. '다스림(reigning) 훈련.' 그녀는 유아실의 모든 아이들에 대한 파일을 보관하고 있다. 유아실의 모든 직원들로 하여금 각각의 아이들에게 예언을 해주도록 훈련시켜 왔고, 그 내용을 파일에 일일이 기록해 놓았다. 아이들이 자라서 한 학년을 졸업할 때마다 파일이 다음 선생님에게로 넘어가도록 만들었다. 그래서 각각의 아이들에 대한 하나님의 특별한 계획들을 알게끔 하고 있다. 또한 우리는 아이들의 파일을 받아서 그들의 예언적 비전을 바탕으로 각각의 아이들을 지속적으로 훈련, 개발시키고 있다.

사무엘상에 나와 있는 사울의 이야기는 예언사역의 역할이 한 사람의 운명에 어떻게 영향을 미치는지를 보여주는 좋은 예이다. 사울의 아버지는 나귀를 잃어버려서 아들 사울을 보내서 그 나귀를 찾아오게 하였다. 사울 일행은 며칠을 나귀를 찾아 헤매었지만 찾지 못하자 근처에 있는 예언자를 찾아가서 물어보기로 결심한다.

이 부분을 성경은 이렇게 기록하고 있다.

사울이 오기 전날에 여호와께서 사무엘에게 **알게 하여** 이르시되 내일 이 맘 때에 내가 베냐민 땅에서 한 사람을 네게로 보내리니 너는 그에게 기름을 부어 내 백성 이스라엘의 지도자로 삼으라 그가 내 백성을 블레셋 사람들의 손에서 구원하리라 내 백성의 부르짖음이 내게 상달되었으므로 내가 그들을 돌보았노라 하셨더니 사무엘이 사울을 볼 때에 여호와께서 그에게 이르시되 보라 이는 내가 네게 말한 사람이니 이가 내 백성을 다스리라 하시니라 사울이 성문 안 사무엘에게 나아가 이르되 선견자의 집이 어디인지 청하건대 내게 가르치소서 하니 사무엘이 사울에게 대답하여 이르되 내가 선견자이니라 너는 내 앞서 산당으로 올라가라 너희가 오늘 나와 함께 먹을 것이요 아침에는 내가 너를 보내되 **네 마음에 있는 것을 다 네게 말하리라** 사흘 전에 잃은 네 암나귀들을 염려하지 말라 찾았느니라 온 이스라엘이 사모하는 자가 누구냐 너와 네 아버지의 온 집이 아니냐 하는지라 사울이 대답하여 이르되 나는 이스라엘 지파의 가장 작은 지파 베냐민 사람이 아니니이까 또 나의 가족은 베냐민 지파 모든 가족 중에 가장 미약하지 아니하니이까 당신이 어찌하여 내게 이같이 말씀하시나이까 하니(삼상 9:15-21)

이 구절에서 가장 중요한 점은 사무엘이 사울의 속(문자적으로 그의 마음속)에 있는 것을 드러냈을 때, 사울은 사무엘이 무슨 소리를 하는지 전혀 몰랐다는 것이다. 사무엘에게 그의 속의 위대한 것을 말하라고 주님이 말씀했다는 사실을 사울은 전혀 이해하지 못했다. 그의 속의 위대한 것은 사무엘이 말하기 전에 이미 사울의 내면에 존재하고 있었던 것이다.

그 다음에 무슨 일이 벌어졌는지 보자.

이에 사무엘이 기름병을 가져다가 사울의 머리에 붓고 입맞추며 이르되 여호와께서 네게 기름을 부으사 그의 기업의 지도자로 삼지 아니하셨느냐 네가 오늘 나를 떠나가다가 베냐민 경계 셀사에 있는 라헬의 묘실 곁에서 두 사람을 만나리니 그들이 네게 이르기를 네가 찾으러 갔던 암나귀들을 찾은지라 네 아버지가 암나귀들의 염려는 놓았으나 너희로 말미암아 걱정하여 이르되 내 아들을 위하여 어찌하리요 하더라 할 것이요 네가 거기서 더 나아가서 다볼 상수리나무에 이르면 거기서 하나님을 뵈오려고 벧엘로 올라가는 세 사람을 만나리니 한 사람은 염소 새끼 셋을 이끌었고 한 사람은 떡 세 덩이를 가졌고 한 사람은 포도주 한 가죽 부대를 가진 자라 그들이 네게 문안하고 떡 두 덩이를 주겠고 너는 그의 손에서 받으리라 그 후에 네가 하나님의 산에 이르리니 그곳에는 블레셋 사람들의 영문이 있느니라 네가 그리로 가서 그 성읍으로 들어갈 때에 선지자의 무리가 산당에서부터 비파와 소고와 저와 수금을 앞세우고 예언하며 내려 오는 것을 만날 것이요 네게는 여호와의 영이 크게 임하리니 너도 그들과 함께 예언을 하고 변하여 새 사람이 되리라(삼상 10:1-6)

사무엘이 사울에게 기름을 부어 왕으로 삼은 것이다! 놀랍지 않은가! 사울의 부르심은 그의 낮은 자존감 속에, 그리고 그의 주변 환경에서 온 잘못된 인식 속에 감추어져 있었다. 사무엘에게 보인 사울의 반응을 통해 알 수 있는 것은, 그가 결코 왕으로서 자라나지 않았으며 그의 진정한 가치에 대해 교육받은 적이 없었다는 것이다. "나는 이스라엘 지파의 가장 작은 지파 베냐민 사람이 아니니이까 또 나의 가족은 베냐민 지파 모든 가족 중에 가장 미약하지 아니하니이까 당신이 어찌하여 내게 이같이 말씀하시나이까." 사울이 접했던 예언적 문화가 얼마나 그를 완전히 다른 사람으로 만들었는지 한 번 주목해보라. 그는 그저 조금 다른 사람으로 변화된 것이 아니라, 처음부터 되기로 작정되었던 사람으로 완전히 변화된 것이다. 그동안 낮은 자존감과 죄, 그리고 무가치함의 늪에 빠져 지냈던 사울의 모습은 완전히 상실되어 버린 것이다. 우리도 역시 은사와 달란트, 그리고 능력을 가지고 있다. 그러나 어떤 이들은 자신 안에 있는 잠재력을 믿지 않다가 어떤 사람이 다가와서 "당신 안에 얼마나 많은 좋은 것들이 있는지 보라"는 말을 듣고 나서야 깨닫곤 한다.

많은 사람들이 삶의 쓰레기더미 속에서 진정한 자신을 잃어버리고 있다. 교회인 우리는 예언사역을 개발하여 사람들의 진정한 목적을 드러내야 하는 사명이 있다. 그렇게 할 때 사람들은 하나님께서 그들을 위해 처음부터 계획하셨던 목적을 하나하나 이루어나가도록 변화될 것이다.

폴 맨워링(Paul Manwaring)은 영국의 목회자로 몇 년 전 우리 사역팀의 스텝이 되었다. 그는 우리 사역 지체에게 위대함이 어떤 분위기를 자아내는지에 대한 실제적인 예를 보여주었다. 그는 영국에서 교도소장으로 몇 년간을 일한 적이 있다. 덕분에 영국 왕실에 몇 차례 초대를 받아서 간 적이 있었는데, 이런 자신의 경험담을 종종 우리 사역팀에서 이야기하곤 했다. 그는 왕궁 자체가 얼마나 백성들로 하여금 위대함을 자아내게 하는지에 대해 이야기했다. 성벽을 따라 영국의 역사를 장식했던 왕과 왕비의 초상화가 즐비하게 걸려 있는 모습은 그야말로 위엄을 자아낸다고 한다. 우리는 사울과 같은 지금의 세대에게 사무엘과 같은 존재가 되도록 부름 받았다. 하나님이 작정해 놓으신 모든 것을 우리의 현실에 가져오게 하는 은혜는, 때때로 다름 아닌 인생을 변화시키는 한 마디의 예언의 메시지를 통하여 온다.

가족 안에서 위대함 발견하기

어떤 면에서는 교회 안에서 왕가의 문화를 개발시키는 것은, 처음에 우리 가정에 스며든 문화에 의해 많이 좌우된다. 하나님은 우리의 가정이 왕궁이 되기를 원하신다. 그리고 그 안에서 아이들을 가르치고 훈련하여 그들의 예언적 목적을 향하여 나아가도록 지도하기를 원하신다. 그렇다고 우리의 집이 비싸거나 휘황찬란해야 한다는 의미는 아니다. 다만 그 속에서 우리는 하나님이 주신 우리의 예언적 목적을 발견하고 그것을 개발시키고 발전시킬 수 있어야 한다.

우리의 정체성은 주님으로부터 오지만, 그것은 먼저 부모와의 교통함을 통해 온다. 만약 가정이 수세대 동안 건강한 가족의 삶을 영위해 왔다면, 우리는 자신이 누구인지를 보다 더 쉽게 알게 된다. 비록 캐시와 나는 자녀들을 키울 때 우리가 누구인지에 대한 분명한 계시를 발견하지는 못했었지만, 분명 우리가 어렸을 때의 환경과는 달라야만 한다는 것을 알았다. 캐시와 나는 우리 네 명의 아이들을 왕자와 공주로 키웠다. 우리의 행동, 언어, 그리고 사랑을 통해 그들을 존중하고 있다는 것과 그들이 우리에게 너무나 소중한 존재라는 것을 분명히 보여주었다. 우리는 우리가 어릴 때 겪었던 그 어려움들을 아이들이 겪게 하고 싶지 않았다.

우리는 아이들을 통제받도록 키우기보다 오히려 능동적인 힘을 발휘하도록 키웠다. 아이들에게 그들의 의견이 소중하다는 것을 가르쳤다. 그들의 의견을 주의 깊게 들어주면서 행동으로 그것을 보여주었다. 우리가 아주 중대한 결정을 내릴 때에는 아이들도 토론에 참여하도록 허락했다. 왜냐하면 그렇게 함으로써 아이들이 스스로 중대한 결정을 내릴 때 깊이 사고하고 기도하는 법을 가르치기 위함이었다. 한편 우리가 내린 결정에 아이들도 의문을 제기하도록 허락했다. 특별히 아이들에게 영향을 줄 만한 결정일 경우에는 더욱 그렇게 했다. 물론 아이들이 올바른 태도를 유지하고 있다는 전제 하에서 말이다. 때때로 아이들은 우리가 미처 발견치 못한 점을 지적하기도 했고, 새로운 아이디어를 제공하기도 했다. 아이들이 말할 때 우리는 언제나 경청했으며 절대로 '안 돼 분위기'는 만들지 않았다.

아이들에게 능동적인 힘을 발휘하도록 가르쳤던 것에 대한 좋은 기억 중 하나는 이것이다. 제이미(Jaime)와 셰넌(Shannon)이 각각 14살과 12살 때의 일이다. 그때 아이들은 중국에 성경을 몰래 가져가는 일에 동참하도록 요청을 받았다. 즉시 캐시와 나는 "절대 안 돼!"라고 부정적 입장을 말했다. "어린 너희들이 그런 일을 하는 것은 위험하며 중국은 더더욱 가서는 안 된다." 우리의 입장은 단호했다. 그 다음 몇 주간 아이들은 자신들의 계획을 자세하게 늘어놓았다. 그리고 아이들은 우리가 언제나 가르쳤던 사실, 즉 하나님은 언제나 우리를 보호하신다, 우리가 그분을 의뢰할 때 그분은 반드시 우리를 지키신다, 그리고 심지어 우리는 목숨까지라도 드려서 주님을 영화롭게 해야 한다는 이야기들을 우리에게 상기시킨 것이었다. 수년간 그들에게 입이 닳도록 가르쳐왔던 사실을 아이들이 다시 우리에게 반복하여 가르치고 있는 것이었다. "아빠, 아빠가 전에 말씀하셨잖아요. 우리는 세상을 변화시키기 위해 이 땅에 태어났다고. 이번이 바로 그 기회예요. 하나님께서 우리를 사용하실 거예요. 하나님께서 그분의 신실하심을 입증하실 기회란 말이에요." 아이들의 말이 맞는 것은 알았다. 하지만 우리가 오랫동안 설교해왔던 것을 막상 실행에 옮긴다는 것이 결코 쉽지만은 않았다. 우리는 간절히 기도했고, 결국 아이들이 가도록 허락했다.

아이들은 3주간 여행했다. 처음에 닥친 일은 제이미와 다른 친구 하나가 국경지대에서 성경을 반입하다가 붙잡힌 사건이었다. 취조실로 잡혀갔을 때 일명 '용 부인(Dragon Lady)'이라고 알려진 중국인 여성이 그들을 수색했다. 용 부인이 손을 들어 제이미의 옷을 만질 때 다른 친구 아이가 용 부인을 손바닥으로 내리쳤고 곧 그들은 싸움이 붙었다. 그때 우리는 집에 없었기 때문에 집에 남겨진 메시지를 확인하고서야 아이들이 체포되었고, 신변은 안전하다는 사실을 알게 되었다. 그 뒤 며칠이 지나기까지 다른 어떤 소식도 듣지 못했다. 내 일생에서 시간이 그렇게 길게 느껴진 적은 없었다. 나중에 안 사실이지만 몇 시간의 협상 끝에 결국 중국정부가 성경을 압수하고는 아이들을 본국으로 돌려보냈다. 기적과 같은 일이었다.

일주일 후 셰년이 중국에서 전화를 걸어왔다. 자신이 팀원들과 떨어져서 길을 잃었다는 것이다. 셰년은 중국어를 전혀 할 줄 몰랐기 때문에 어떻게 숙소인 호텔로 돌아가야 할지조차 모르고 있었다. 아이는 울고 있었고 나는 달래며 속으로 내 속에 있는 공포를 이겨내려고 애썼다. 전화로 기도를 해주고 주님의 도움을 함께 구했다. 기도를 끝내자마자 중국 경찰이 전화 부스로 와서는 완벽한 영어로 무엇을 도와줄지를 묻는 것이 아닌가! 경찰은 세년을 호텔로 안전하게 데려다주었고 모든 것이 다 잘 되었다.

집으로 돌아오는 길에 아이들이 홍콩에 도착해서 다시 한 번 전화를 걸어왔다. 두 아이 다 울고 있었다. 우리 생각에는 집이 그리워 우는 줄 알았지만, 사실은 중국을 떠나기 싫어서 운 것이었다. 중국 사람들을 사랑하게 된 것이다. 그래서 그들에게 생명을 나누어주고 싶었던 것이다. 그때에 나는 아이들의 의견을 처음부터 존중하지 못했다는 것을 인정해야 했다. 아이들은 무사히 집으로 돌아왔고, 그 경험으로 인하여 아이들은 완전히 변했다. 그리고 우리도 역시 변했다. 이후로 아이들은 십대로서 전 세계를 누비고 다녔다. 사실 그 아이들은 남편감을 다 선교현장에서 만났다. 그리고 지금 그 아이들은 캘리포니아 해안에 위치한 두 교회에서 각각 남편과 함께 공동 목사로 사역하고 있다.

가족들에게 시간을 할애하는 것은 부모의 중요한 역할 중 하나이다. 또한 아이들이 참여하고 있는 것에 관심을 갖는 것도 중요하다. 우리는 여러 가지 다양한 방법으로 이 점을 보여주려고 했다. 혹 친구들로부터 거절의 느낌을 받았을 때는 특별히 아이들이 참여하는 이벤트에 참석함으로써 그들의 가치가 얼마나 우리에게 큰지를 보여주려고 했다. 아이들의 스포츠 이벤트에도 갔었고 과외 활동도 적극 지원했다. 아이들이 많은 일들에 참여했기 때문에(한때 우리는 네 명의 아이가 다 고등학교에 다닌 때가 있었다) 캐시와 나는 교대로 행사에 참석해야 했다. 종종 우리는 일주일에 나흘 저녁을 아이들 행사에 쫓아다녀야 했다. 세년과 제이미는 치어리더였고 소프트볼과 배구를 했다. 에디는 농구, 야구, 축구, 미식축구를 했다. 제이슨은 한 번에 두 팀에서 농구를 했고 축구, 미식축구, 야구를 했다. 우와! 우리는 혼돈의 매 순간을 즐기면서 결국 끝까지 해냈다.

모세처럼 우리 아이들은 다른 사람들에게 받아들여지지 않는 것이 어떤 것인지에 대한 개념이 전혀 없었다. 그와는 대조적으로, 난 고등학생 때 집에 있으면서 누군가가 나에게 전화해주기만을 기다렸다. 나는 매우 사교적이었지만 항상 나 자신이 보잘것없는 존재라는 느낌을 받으며 성장했기 때문에, 만약 내가 다른 사람에게 전화를 걸었을 때 아마도 그들이 나와 별로 이야기하고 싶어 하지 않을 거라고 생각했었다. 내 아들 제이슨도 역시 사교적이었다. 때때로 저녁에 제이슨은 여덟 명에서 많게는 열 명의 친구들에게 전화를 걸었다. 제이슨은 건강한 자아상과 자기확신을 가진 아이였다. 항상 자신이 먼저 시작하는 스타일이었으며, 다른 사람의 삶에 들어갈 자리를 스스로 만드는 타입의 아이였다. 그것은 상대방이 자신의 이야기를 듣고 싶어 한다고 가정하지 않고는 결코 할 수 없는 행동이었다. 결과적으로 사람들이 제이슨을 거절했던 일은 결코 일어나지 않았다. 제이슨에게는 거절에 대한 두려움이 전혀 없었다.

어느 날은 딸 제이미가 거절감으로 오는 상처를 받지 않게 하려고 내가 개입했던 한 사건이 있었다. 제이미와 셰넌은 둘 다 아름다웠다. 그렇지만 두 아이는 성격이 전혀 딴판이었다. 셰넌이 사교적이고 친구들과 잘 어울리고 그들을 자주 웃기게 했던 반면, 제이미는 주로 독서나 개인적인 운동을 하는 데 시간을 보내는 편이었다.

고등학교 때 두 아이들이 속해 있는 청소년 그룹에서 특별 저녁식사 자리를 만들었는데, 그날에 아이들은 안전한 환경 하에 이성과 어떻게 교제하는지를 배우는 시간을 가졌다. 때때로 셰넌은 데이트 요청을 한꺼번에 다섯 번까지 받은 적도 있었다. 하지만 제이미는 한 번도 데이트 요청을 받지 못했다. 그것은 아마도 제이미의 강하고 조용한 성격에 남자들이 겁을 먹었던 모양이다. 초인종이 울리고 또 셰넌이 다른 아이와의 데이트를 가려고 할 때였다. 제이미가 순간 계단을 뛰어올라가서는 자기 방의 침대에 엎드려서 엉엉 우는 것이었다. 방에 들어가서 제이미를 일으키려고 했을 때 베개에 얼굴을 파묻은 채 흐느끼면서 물었다. "아빠, 왜 난 한 번도 데이트 요청을 못 받는 거예요? 저에게 무슨 문제가 있는 거예요? 내가 그렇게 못생겼나요?"

마음이 너무나 아팠다. 나는 이렇게 위로했다. "공주님을 어떻게 데리고 나가는지를 아직 저 아이들이 몰라서 그런 거야. 어서 옷을 입으렴. 아빠가 너랑 데이트를 해주마." 우리는 시내에서 가장 좋은 곳에 가서 함께 즐거운 시간을 보냈다. 생각해보니 아내를 데리고 나간 것보다 제이미를 데리고 나갔던 적이 더 많았던 것 같다. 나는 단지 제이미에게 선택되어 함께 즐거운 시간을 보낸다는 것이 어떤 것인지를 가르쳐주고 싶었다. 이런 특별한 시간들을 통하여 우리는 함께할 수 있었고, 제이미의 자존감이 보호를 받게 되었으며, 그것이 점점 자신감으로까지 자라게 되어 어려운 순간도 능히 견딜 수 있는 힘이 생겼다. 지금의 제이미는 아주 자신감 있고 행복한 여성이자 아내요, 사역자요, 어머니가 되었다. 고등학교 때 형성되었을지도 모를 불안정과는 전혀 거리가 먼 사람이 된 것이다.

우리의 사명

우리는 하나님의 왕 같은 제사장들로서, 개인들을 가정, 교회, 직장, 그리고 나라에서 각각 왕으로서의 목적과 계획을 수행할 수 있는 문화를 발전시켜나가야만 한다. 그것이 바로 우리의 사명이다. 이것은 우리가 그들을 하나님이 창조하신 목적대로 바라보고, 그렇게 그들을 대할 때에 가능한 것이다. 이러한 지식과 사랑은 오직 하나님과의 '친밀함'에서 나오는 것이다. 이제 우리는 더 이상 그분의 종이 아니라, 그분의 친구로서 그분의 왕궁에서 왕과 왕비의 신분으로 그분 곁을 거니는 존재가 된 것이다.

불안정에 대한 나 자신의 오랜 싸움은 사람들이 나의 가치와 존엄성을 떨어뜨릴 때 그것이 나의 삶에 가져다준 부정적 영향의 증거로 나타난 것이었다. 그러나 내 아이들 안에서 보여진 힘과 용기, 자존감은 솔로몬과 에스더의 경우처럼, 우리 안에 숨겨진 위대함을 누군가가 발견해주었을 때 그것이 얼마나 그 사람을 강력하게 변화시키는지에 대한 분명한 증거이다.

하나님, 우리에게 우리의 겉모습을 넘어서 우리 안에 있는 주님이 부여해주신 그 위대함을 발견할 수 있는 안목을 주옵소서. 그리고 그것을 사람들에게 말하게 하옵소서. 우리에게 지혜를 주사 왕과 왕 같은 제사장들을 이제 일으켜 세우게 하옵소서. 그리고 사탄의 궤계를 멸할 수 있는 권세가 있게 하옵소서!

Supernatural Ways of Royalty

Chapter 7

누가 저녁 정찬에 오시는가
Guess Who is Coming to Dinner?

하나님은 우리의 마음을 새롭게 하여
우리를 향한 그분의 뜻을 행하실 수 있기를 원하신다.

종인가 친구인가

이제 당신은 당신이 왕실에 태어났다는 것이 무엇을 의미하는지 이해하기 시작했으리라고 본다. 우리가 왕의 아들과 딸이 되었다는 사실은 예수께서 "만왕의 왕이요 만주의 주"(계 19:16)라고 불리시는 이유를 설명해준다. 예수님은 단지 이 땅에 속한 세상 임금들 위의 왕이실 뿐만 아니라, 하나님 나라에서 그분과 함께 통치할 왕 중의 왕이시다. 요한계시록은 우리에 대하여 이렇게 말하고 있다. "다시 밤이 없겠고 등불과 햇빛이 쓸 데 없으니 이는 주 하나님이 그들에게 비치심이라 그들이 세세토록 왕 노릇 하리로다"(계 22:5).

여기에서 우리는 하나님께서 희생보다 순종을 더 좋아하신다는 사실을 간과해서는 안 된다. 그분은 우리에게 그분을 폐위시키거나, 무시하거나, 명예를 훼손하도록 절대 허락하신 적이 없다. 많은 사람들이 이해하지 못하는 것 중 하나는 이것이다. 그분의 아들과 딸들이 존귀함을 받을 때, 그리고 그분이 주신 권위 안에서 행할 때 하나님의 위대하심이 더욱 빛난다는 사실이다. 우리의 자녀들이 뛰어난 성공이나 업적을 이룩했을 때 그것이 가족 전체의 영광이 되는 것과 마찬가지이다.

은하계의 하나님과 친구가 된다는 사실은 우리의 자존감을 극대화시켜 주기에 충분하지 않은가? 예수님은 이렇게 말씀하셨다.

> 너희가 나의 명하는 대로 행하면 곧 나의 친구라 이제부터는 너희를 종이라 하지 아니하리니 종은 주인이 하는 것을 알지 못함이라 너희를 친구라 하였노니 내가 내 아버지께 들은 것을 다 너희에게 알게 하였음이라(요 15:14-15)

'주인과 종' 그리고 '아버지와 친구'가 어떻게 대조를 이루는지를 보라. 여기에서 주님이 분명히 대조적으로 말씀하시는 내용은, 종은 두려움에서 주인을 섬기지만, 친구는 사랑으로 아버지를 섬긴다는 사실이다. 자발적인 마음은 종과 주인의 관계에서 친구의 관계로 나아가기 위한 전제조건이다. 주님이 또 강조한 사실은, 종은 절대로 주인이 하는 것을 알지 못하지만 친구는 아버지의 일을 다 안다는 것이다. 주님은 아버지가 일하시는 것을 보았다. 그리고 그것을 우리에게 좋은 본보기로 보여주고 계신 것이다. 만약 우리가 같은 일을 하도록 부름 받았다면 분명히 깨달아야 할 것은, 주님이 아버지와 가졌던 관계와 똑같은 친구의 관계로 우리도 역시 초대를 받았다는 사실이다.

하나님과 동행하는 사람들

성경을 보면 하나님은 몇몇 사람들과 아주 특별한 관계를 가졌던 것을 알 수 있다. 출애굽기는 이렇게 기록하고 있다. "사람이 그 친구와 이야기함 같이 여호와께서는 모세와 대면하여 말씀하시며"(출 33:11). 야고보는 아브라함이 하나님의 친구였다고 말했다(약 2:23을 보라). 친구는 친구에게 영향을 주게 되어 있다. 이 두 사람이야말로 하나님과 아주 특별한 관계를 가진 사람의 좋은 본보기이다. 그리고 그 특별한 관계 속에서 주님은 그들이 주님께 영향을 미치도록 하셨다.

창세기를 보면 하나님과 아브라함의 관계에 관한 통찰력을 얻게 된다. 하나님께서 아브라함에게 말씀하셨다. "나의 하려는 것을 아브라함에게 숨기겠느냐 아브라함은 강대한 나라가 되고 천하 만민은 그를 인하여 복을 받게 될 것이 아니냐"(창 18:17-18). 이 땅에서 그의 위치가 너무나 중요하기 때문에 하나님은 아브라함에게 비밀을 이야기하신 것이다. 그리고 나서 하나님께서는 아브라함에게 곧 소돔을 멸망시킬 계획을 말씀하신다. 여기에서 아브라함의 반응은 다소 놀랍다. 그는 마치 자유롭게 하나님과 실랑이를 벌이듯 자신의 생각을 말한다. 그것은 하나님께서 그의 의견을 존중하실 것이란 믿음에서였다. 아브라함의 항변을 한번 보라.

> 아브라함이 가까이 나아가 이르되 주께서 의인을 악인과 함께 멸하려 하시나이까 그 성 중에 의인 오십 명이 있을지라도 주께서 그곳을 멸하시고 그 오십 의인을 위하여 용서하지 아니하시리이까 주께서 이같이 하사 의인을 악인과 함께 죽이심은 부당하오며 의인과 악인을 같이 하심도 부당하니이다 세상을 심판하시는 이가 정의를 행하실 것이 아니니이까(창 18:23-25)

아브라함이 한 질문도 중요한 것이지만, 그보다 더욱 중요한 것은 그가 하나님께 질문을 했다는 사실 그 자체이다. 피조물인 인간이 창조주이신 하나님께 감히 따지듯 질문할 수 있다는 생각을 아브라함은 과연 어디에서 얻은 것일까? 아브라함은 하나님께서 전혀 생각지 못한 다른 관점을 인간이 가질 수도 있다는 것을 어떻게 생각할 수 있었을까? 감히 누가 하나님께 이렇게 말할 수 있단 말인가? "하나님, 제가 볼 때 하나님의 그 생각에 좀 문제가 있는 것 같은데요." 하지만 아브라함은 실제로 그렇게 했다고 성경은 말하고 있다. 인간이 하나님과 감히 논쟁을 벌였던 것이다. 그것은 친구로서의 관계가 먼저 설정되었기 때문에 가능했다.

이와 유사한 관계를 우리는 하나님과 모세의 경우에서도 발견하게 된다. 출애굽기에 기록된 다음 장면을 한번 보라.

> 여호와께서 모세에게 이르시되 너는 내려가라 네가 애굽 땅에서 인도하여 낸 네 백성이 부패하였도다 그들이 내가 그들에게 명한 길을 속히 떠나 자기를 위하여 송아지를 부어 만들고 그것을 숭배하며 그것에게 희생을 드리며 말하기를 이스라엘아 이는 너희를 애굽 땅에서 인도하여 낸 너희 신이라 하였도다 여호와께서 또 모세에게 이르시되 내가 이 백성을 보니 목이 곧은 백성이로다 그런즉 나대로 하게 하라 내가 그들에게 진노하여 그들을 진멸하고 너로 큰 나라가 되게 하리라(출 32:7-10)

이에 대한 모세의 대답이 나를 당황하게 만든다. 모세가 말했다.

> 여호와여 어찌하여 그 큰 권능과 강한 손으로 애굽 땅에서 인도하여 내신 주의 백성에게 진노하시나이까 어찌하여 애굽 사람으로 이르기를 여호와가 화를 내려 그 백성을 산에서 죽이고 지면에서 진멸하려고 인도하여 내

었다 하게 하려 하시나이까 주의 맹렬한 노를 그치시고 뜻을 돌이키사 주의 백성에게 이 화를 내리지 마옵소서 주의 종 아브라함과 이삭과 이스라엘을 기억하소서 주께서 주를 가리켜 그들에게 맹세하여 이르시기를 내가 너희 자손을 하늘의 별처럼 많게 하고 나의 허락한 이 온 땅을 너희의 자손에게 주어 영영한 기업이 되게 하리라 하셨나이다(출 32:11-13)

그리고 바로 그 다음에 나오는 구절이 내 생각을 완전히 뒤바꾸어놓았으며, 그동안 가지고 있던 신학도 한 방에 날려보냈다. "여호와께서 뜻을 돌이키사 말씀하신 화를 그 백성에게 내리지 아니하시니라"(출 32:14).

이 기가 막힌 이야기는 인간과 하나님과의 친밀한 관계를 잘 조명해준다. 여기에 아직 구속받지 못한 한 인간 모세가 있다. 그는 여전히 과거의 언약 아래에 살고 있는 사람이다. 그런 한 인간이 온 우주를 창조하시고 전지전능하신 하나님 앞에서 그의 백성을 진멸하는 것은 결코 합당하지 못하다고 항변을 하고 있는 것이다. 하나님과 모세의 대화를 보면 상호존중이라는 깊은 개념이 드러나 있다.

이스라엘을 향하여 분노하신 하나님은 그들에 대한 책임을 모세에게 전가시키면서 이렇게 말씀하신다. "이들은 네가 애굽에서 인도하여 낸 너의 백성이다." 그와는 반대로 모세는 하나님께 이렇게 항변한다. "이들은 하나님께서 애굽에서 인도하여 내신 하나님의 백성들입니다."

이 대화를 읽는 중에 나는 과거 아내와의 사이에서 일어났던 일들이 생각났다. 밖에서 일하다가 집에 돌아오면 아내는 그날 말썽 피운 아이들에 대하여 불평을 늘어놓으며 다음과 같이 말하곤 했다. "당신 아들 제이슨이 오늘 벽에다 크레파스로 잔뜩 낙서를 해놓았어요." 말썽을 피울 때면 언제나 제이슨은 내 아들이 되었고, 착한 일을 할 때는 언제나 아내의 아들이 되었다.

하나님과 모세의 대화 속에는 더 깊은 의문이 들어 있다. 하나님께서 모세에게 이렇게 말씀하셨는가? "모세야, 나는 한 번도 저들 이스라엘이 나의 백성이라고 생각해본 적이 없다. 그리고 애굽인들이 내 명성을 어떻게 할 수 있다고 생각해본 적이 없다. 너 하나만으로 나는 참 기쁘다." 절대로 그러지 않으셨다. 나는 하나님이 우리에게 말씀하실 때에 항상 옳고 정확하기를 원치 않으신다고 생각한다. 때때로 하나님은 그분의 능력을 제한하시면서까지 우리와 관계를 갖기를 원하신다.

우정을 위한 그분의 제약

최근에 나는 하나님께서 그분의 자녀들과의 친밀한 관계를 맺기 위하여 스스로 그분의 능력을 제한시킨다는 것이 어떤 것인지를 한 사건을 통해 경험하게 되었다. 손자 엘리야가 집에 왔을 때였다. 그 녀석은 내 방으로 쏜살같이 달려와서는 "할아버지, 우리 씨름해요!" 하고 다짜고짜 말했다. 말이 끝나기 무섭게 내 침대로 뛰어오르더니만 자기 딴에는 있는 힘을 다하여 나를 때려눕히고는 손으로 치고 발로 차고 자기가 할 수 있는 모든 것을 다 했다.

그 녀석을 한 손으로 잡아서 창문을 향해 내던지는 대신, 내 힘을 최대한 억제하고 그 녀석과 재미있는 시간을 보냈다. 물론 대부분의 시간을 손자가 다치지는 않을까 전전긍긍하면서 말이다. 이와 마찬가지로, 하나님께서도 분명 우리의 지혜와 지식을 훨씬 초월하는 분이시지만, 그분은 그 능력을 최대한 제한하신 채 친구인 우리의 조언을 기꺼이 받아들일 여지를 항상 남겨두고 계신 분이다.

안타까운 것은 교회가 하나님과 우리와의 관계를 다룰 때 한 가지 관점만을 가지고 바라본다는 사실이다. 순종은 지나치게 강조하면서도 그분과의 우정의 관계는 전혀 강조하지 않고 있는 것이다. 그 결과 우리와 하나님과의 관계는 마치 로봇이나 군인같이 경직되어가고 있다. 수백 년 전 하나님의 사람들이 알고 있었던, 하나님은 종이 아니라 친구를 원하신다는 놀라운 사실을, 수세기가 지난 지금 우리는 이해하려고 노력하고 있다.

아브라함과 모세가 가졌던 하나님과의 친밀한 관계의 비결은 도대체 무엇일까? 어떻게 그들은 전능자의 비밀 계획에 참여할 수 있었을까? 출애굽기의 다음 장면이 그 질문에 대한 안목을 나타내주고 있다.

여호와께서 모세에게 이르시되 너는 네가 애굽 땅에서 인도하여 낸 백성과 함께 여기서 떠나서 내가 아브라함과 이삭과 야곱에게 맹세하기를 네 자손에게 주마 한 그 땅으로 올라가라 내가 사자를 네 앞서 보내어 가나안 사람과 아모리 사람과 헷 사람과 브리스 사람과 히위 사람과 여부스 사람을 쫓아내고 너희로 젖과 꿀이 흐르는 땅에 이르게 하려니와 나는 너희와 함께 올라가지 아니하리니 너희는 목이 곧은 백성인즉 내가 중로에서 너희를 진멸할까 염려함이니라 하시니(출 33:1-3)

그러나 모세는 하나님께 이렇게 대답했다.

모세가 여호와께 고하되 보시옵소서 주께서 나더러 이 백성을 인도하여 올라가라 하시면서 나와 함께 보낼 자를 내게 지시하지 아니하시나이다 주께서 전에 말씀하시기를 나는 이름으로도 너를 알고 너도 내 앞에 은총을 입었다 하셨사온즉 내가 참으로 주의 목전에 은총을 입었사오면 원컨대 주의 길을 내게 보이사 내게 주를 알리시고 나로 주의 목전에 은총을 입게 하시며 이 족속을 주의 백성으로 여기소서 여호와께서 가라사대 내가 친히 가리라 내가 너로 편케 하리라 모세가 여호와께 고하되 주께서 친히 가지 아니하시려거든 우리를 이곳에서 올려 보내지 마옵소서 나와 주의 백성이 주의 목전에 은총 입은 줄을 무엇으로 알리이까 주께서 우리와 함께 행하심으로 나와 주의 백성을 천하 만민 중에 구별하심이 아니니이까 여호와께서 모세에게 이르시되 너의 말하는 이 일도 내가 하리니 너는 내 목전에 은총을 입었고 내가 이름으로도 너를 앎이니라(출 33:12-17)

이 구절에서 무슨 일이 벌어졌는지 보라.

하나님이 말씀하셨다. "내가 너희 선조들에게 한 약속을 이제 이행하겠다. 내가 사자들을 너희들 앞서 보내서 너희를 보호하겠다. 하지만 나는 너희와 올라가지 않겠다." 하나님께서 주의 천사들을 보내어서 우리의 기도를 응답하신다는 사실에 많은 사람들이 기뻐할 것이다. 나는 종종 우리가 주님 자신이 아니라 주님이 보내신 천사가 우리와 함께 있었다는 사실조차도 깨닫고 있는 것인지 궁금할 때가 있다.

모세는 하나님과의 깊은 우정을 이렇게 입증했다. "만약 주님께서 친히 약속의 땅에 우리와 가지 않으신다면 나도 가지 않겠습니다!" 모세는 지금 이렇게 말하고 있는 것이다. "저의 인생에서 가지고 있던 비전이나 꿈, 약속보다 주님이 제게는 더 중요합니다." 바로 이것이 하나님 아버지와의 깊은 관계를 갖는 열쇠이다. 우리는 그분이 주시는 축복이나 그분이 행하시는 일보다도 그분 자신을 더 원해야 한다. 이 세상의 그 어떤 것보다도 예수님을 더욱 사랑하는 사람이 있는 그곳에서 진정한 우정의 기쁨이 가득함을 발견하게 될 것이다.

우리의 마음 시험하기

때때로 하나님께서 예언의 말씀을 주실 때, 그분은 그 예언을 통해 우리의 운명을 결정지으시는 것보다 더욱 우리의 마음을 시험하신다는 사실을 알아야 한다. 바울은 이것을 깨달았다. 사도행전에 보면 아가보란 선지자가 나오는데 그가 유다로부터 내려와서 바울의 띠를 가져다가 자기의 수족을 잡아매고 이렇게 말했다.

> 성령이 말씀하시되 예루살렘에서 유대인들이 이같이 이 띠 임자를 결박하여 이방인의 손에 넘겨주리라 하거늘 우리가 그 말을 듣고 그곳 사람들로 더불어 바울에게 예루살렘으로 올라가지 말라 권하니 바울이 대답하되 너희가 어찌하여 울어 내 마음을 상하게 하느냐 나는 주 예수의 이름을 위하여 결박받을 뿐 아니라 예루살렘에서 죽을 것도 각오하였노라 하니(행 21:10-13)

예루살렘에 가면 잡히기 때문에, 많은 사람들이 이 예언은 예루살렘에 가지 말라는 하나님의 지시라고 받아들일 수 있을 것이다. 하나님께서 바울로 하여금 예루살렘에서 궁극적으로는 로마 황제 앞에서 복음을 전하도록 하신다는 생각은 아마 하지 못할 것이다. 하나님에 대해 갖고 있는 잘못된 개념이 때로는 주님께서 우리에게 직접 말씀하시는 깊은 뜻을 깨닫지 못하도록 만들기도 한다. 하나님께서 예언의 말씀을 주실 때, 그분은 우리가 그것을 맹종하기보다는 오히려 그 예언에 대하여 하나님과 상호작용을 하기를 더 원하신다. 하지만 이 사실이 어떤 사람들에게는 마치 이단사상처럼 보일 수도 있다.

친구와 만날 때마다 내 방식대로만 고집한다면 그 친구와는 어떤 관계를 갖게 되겠는가? 내가 좋아하는 식당에만 가고, 내가 좋아하는 영화만 보고, 내가 하고 싶은 이야기만 나눈다면 과연 그 친구와의 관계는 무엇이 되겠는가? 그런 태도를 계속 고집한다면 아마 오래지 않아 혼자가 되고 말 것이다. 고린도전서의 그 유명한 사랑 장에 보면 사랑의 속성을 이렇게 이야기하고 있다. "자기의 유익을 구치 아니하며…"(고전 13:5). 우리는 성경에서 말하고 있는 사랑의 속성이 인간에게 적용되기 이전에, 그것이 먼저 바로 하나님의 사랑의 속성이라는 사실을 쉽게 잊어버린다. 하나님은 이기적인 분이 아니시다. 그분은 자신의 유익만을 위하여 우리와 함께 지내고 교제하지 않으신다. 그분이야말로 몸소 본을 보이는 분이시다!

구약의 또 다른 인물 중 다윗이 있는데, 그는 '하나님 마음에 합한 사람'이었다. 그의 통치는 그의 시대에만 국한된 것이 아니라, 세대를 따라 내려갔으며 무엇보다도 그는 하나님과의 깊은 우정을 세운 대표적인 사람이었다. 당시에는 하나님을 섬기는 특별한 예법이 있었다. 그것은 오직 대제사장만이 일 년에 한 번씩 지성소에 들어갈 수 있는 특권이었다. 다윗은 성막을 지었으며 법궤 앞에서 제사장들이 일 년 내내 쉬지 않고 하나님을 섬기도록 했다. 그것을 거의 30년이나 지속했다. 다윗은 비록 하나님 보시기에 악한 일을 저질렀지만, 그럼에도 불구하고 하나님 앞에 인정을 받았을 뿐 아니라, 사도행전의 기록에 보면 하나님이 그를 너무 기뻐하여 마지막 때에 다윗의 무너진 장막을 다시 지으며 그 퇴락한 것을 다시 지어 일으키신다고 했다(행 15:16-18을 보라).

하나님과 다윗의 우정은 너무나 특별했기 때문에 그는 하나님을 위하여 성전을 봉헌하고 싶어 했다. 하나님은 손으로 지은 성전에 계시는 분이 아니시지만, 아무튼 다윗의 아들 솔로몬으로 하여금 성전을 지어 봉헌하도록 하셨다. 성전 봉헌식에서 솔로몬은 하나님의 말씀을 이렇게 대언하였다.

> 내가 내 백성 이스라엘을 애굽에서 인도하여 낸 날로부터 내 이름을 둘 만한 집을 건축하기 위하여 이스라엘 모든 지파 가운데서 아무 성읍도 택하지 아니하고 다만 다윗을 택하여 내 백성 이스라엘을 다스리게 하였노라 하신지라 내 부친 다윗이 이스라엘 하나님 여호와의 이름을 위하여 전을 건축할 마음이 있었더니(왕상 8:16-17)

이것이 놀랍지 않은가? 하나님의 전을 건축하는 것이 하나님의 생각이 아니었다. 다윗을 택한 것이 하나님의 생각이었다. 그리고 하나님을 위하여 무언가를 하고 싶어 했던 것은 바로 다윗의 마음이었다. 여기에서 주목할 것은 바로 다윗이 하나님의 뜻을 좇아 행한 것이 아니라, 그 자신의 의지를 좇아 행했다는 것이다. 그리고 하나님은 그것을 기뻐하셨다. 왜냐하면 다윗의 그 마음이 바로 하나님과의 깊은 우정에서 비롯되었기 때문이다. 우정은 순종을 초월하는 것이다!

그리스도인은 아버지의 마음 안의 특별한 장소를 차지하고 있다. 하나님은 심지어 우리 그리스도인들에게 다른 사람의 죄를 용서할 수 있는 특권을 주셨다. "너희가 뉘 죄든지 사하면 사하여질 것이요 뉘 죄든지 그대로 두면 그대로 있으리라"(요 20:23). 어떤 사람에 대한 용서를 그대로 둔다면 그 결과가 어떨지 한 번 생각해보라. 하지만 주님은 그런 중대한 결정도 우리를 믿고 맡기신 것이다.

주님의 가슴에 기대어 누웠던 사도 요한이란 인물은, 하나님의 마음을 알 수 있게 해주는 또 다른 중요한 안목을 제공해주고 있다. 그는 다음과 같이 기록하고 있다. "너희가 내 안에 거하고 내 말이 너희 안에 거하면 무엇이든지 원하는 대로 구하라 그리하면 이루리라"(요 15:7). 하나님과 올바른 관계를 정립한다면 무엇이든지 주님 앞에 구할 수 있다는 사실에 주목하라. 이것을 나타내주는 말씀은 성경에 가득하다. 우리는 그동안 성경을 종의 마음으로 바라보는 데 너무 익숙해 있었다. 그래서 하나님 앞에서 우리 자신의 의견이나 생각을 가지는 것을 하나님이 좋아하신다는 사실 자체를 생각지 못하고 있는 것이다. 우리에게 생각할 두뇌를 주신 것은 바로 하나님의 생각이었음을 명심하라.

진정한 친밀함

너무나 많은 사람들이 하나님과 친밀하게 동행하는 더 높은 부르심을 받지 못한 채 살아가고 있으며, 심지어 그것이 있다는 것조차 깨닫지 못하고 있다. 이 사실이 내 친구의 가슴을 깊이 파고든 적이 있었다. 언젠가 내 친구 케빈과 자동차를 운전하며 이야기를 나눌 때였다. 그에게 사탕 하나를 건네자 케빈이 이렇게 말하는 것이었다.

"아니, 괜찮아. 7년 전에 하나님께서 나에게 설탕을 금하라고 말씀하셨어. 그래서 그때 이후로 사탕을 먹지 않아."

나는 그에게 왜 하나님께서 설탕을 먹지 말라고 하셨는지 물었다. 갑자기 차 안에 고요한 정적이 흘렀다. 그렇게 아무런 대화 없이 몇 분이 흘렀다. 케빈이 내 말을 미처 못 알아들었다고 생각했기 때문에 나는 재차 같은 질문을 했다. "케빈, 왜 하나님께서 너에게 설탕을 금하라고 하셨는데?"

"들었어. 너의 질문을 들었어. 내가 지금 깨달은 것은 내가 한 번도 하나님께 그 이유를 묻지 않았다는 사실이야. 난 그저 하나님과 나와의 관계가 순종에 기반한 것일 뿐, 우정과 관계가 있다고는 한 번도 생각해 본 적이 없었거든."

하나님은 그의 백성들의 신뢰와 존경을 받기를 원하신다. 이것이 역대하 20장 20절에 잘 나타나 있다. "유다와 예루살렘 거민들아 내 말을 들을지어다 너희는 너희 하나님 여호와를 신뢰하라 그리하면 견고히 서리라 그 선지자를 신뢰하라 그리하면 형통하리라." 이와 같은 개념이 출애굽기에서도 거듭 나타나고 있다. 하나님은 모세에게 말씀하셨다. "내가 빽빽한 구름 가운데서 네게 임함은 내가 너와 말하는 것을 백성으로 듣게 하며 또한 너를 영영히 믿게 하려 함이니라"(출 19:9). 하나님은 단지 그분을 믿게끔 하기 위하여 기사와 이적을 베푸신 것뿐만 아니라, 또한 그의 종 모세도 믿게 하기 위하여 기적을 행하셨다는 말씀이다.

이 책에서 다루고 있는 많은 가르침들에 대하여 어떤 사람들은 받아들이기가 쉽지 않을 수도 있다. 왜냐하면 하나님과의 우정의 관계에 대하여 읽을 때, 정말 하나님과 깊은 사귐을 통해 우정을 갖기보다, 오히려 그러한 관계가 무엇인지를 이해하는 데에만 너무 집착하기 때문이다. 그런 사람들은 어떤 구조나 공식, 원리나 원칙을 더 따지는 사람들이다. **진정한 우정**에 대한 '마음'이 없다면, 자칫 이 모든 가르침들이 위험하거나 파괴적이고 이상한 가르침으로 각인될 수도 있다. 만약 친구가 아닌 사람이 친구의 특권을 남용하고 있다면 그것은 잘못된 것이다. 나는 친구들에게 우리 집에 와서는 마음 편하게 지내라고 말한다. 그러나 내가 알지 못하는 사람이 집에 와서는 함부로 냉장고를 열고 음식을 꺼내 먹는다면 난 절대 참지 않을 것이다. 우리는 그런 사람들을 친구가 아니라 도둑이라고 부른다.

우리는 어린양의 혼인 잔치에 초대받았다. 그것도 그저 손님으로서가 아니라 **신부**로서. 이것은 절대 중매결혼이 아니며, 그렇다고 신랑이 머리가 텅빈 바보 하녀와 결혼하고 싶어 하는 그런 결혼은 더욱 아니다. 신랑은 잠언서 31장이 말하고 있는 여인을 찾고 있다. 신랑이 성문에서 사람들에게 자랑하고 싶은 아리땁고, 고결하며, 현숙한 신부를 찾고 있는 것이다. 그저 단순한 파트너가 아니라, 그분의 옆에서 늘 함께하며 세상에 대한 그분의 계획을 함께 상의하고 나눌 수 있는 그런 친밀한 친구를 찾고 있는 것이다. 우리가 마치 주변의 사람들과 건강하고 신뢰 깊은 관계를 갖기를 원하듯, 그분도 우리와 그런 관계를 갖기를 원하신다. 이 얼마나 놀라운 특권인가!

제 2 부

Introducing the Attributes of
Royalty

왕가의 특징 소개

이 부분은 왕의 유산에 관한 마지막 말이나 혹은 왕자로서의 법도에 관한 마지막 말을 하도록 쓰여진 것은 아니다. 오히려 어떻게 하면 왕처럼 생각할 수 있는가에 대한 촉매역할을 위해 쓰여졌다.

많은 책들이 그리스도인의 인격과 성령의 열매에 대하여 기록하고 있다. 만약 내가 하나님의 놀라운 백성에 관한 완벽한 그림을 그리기를 시도했다면, 나는 아마 시중에 나와 있는 여러 좋은 책들에 나와 있는 정보들을 포함했을 것이다. 사실 왕의 여러 가지 위대한 미덕인 사랑, 충성, 정직, 정결, 근면, 기쁨, 성실, 책임, 인내, 지혜(이 목록은 계속된다) 같은 것들은 이 책에 포함시키지 않았다.

대신 성경적 사고의 핵심이 되면서 우리가 거의 잊어버리고 있는 덕목을 강조하고 있다. 만왕의 왕이신 그분의 마음과 왕의 백성들의 마음을 더 가까이에서 들여다볼 수 있는 곳으로 여행을 떠나보도록 하자.

Supernatural Ways of Royalty

Chapter 8

성소 안의 수퍼영웅들
Superheroes in the Sanctuary

아이들은 누가 먼저 쓰레기 치우는 사람이 되느냐를 갖고 절대 싸우지 않는다.
우리는 교회 안에서도 이것을 보는데, 그것이 우리를 죽이고 있다.

수퍼영웅들의 전쟁

세 명의 손자들 간에 처절한 투쟁이 발발했을 때 내가 방으로 들어갔다. 아이들은 모두 방바닥에서 레슬링을 하며 뒤엉켜 있었다.

다섯 살 난 엘리야가 고함을 질렀다. "나는 스파이더맨이다." 그러고는 네 살짜리 이삭에게 거미줄을 쏘는 흉내를 냈다.

이삭도 소리 질렀다. "나도 스파이더맨이다!"

"안 돼! 너는 스파이더맨이 될 수 없어." 엘리야가 자기보다 어린 조카와의 사이에 서열을 매기면서 따졌다. "내가 먼저 스파이더맨이 되었으니까 넌 수퍼맨을 해."

바로 그때 엘리야의 세 살 난 여동생 라일리가 소리쳤다. "나도 스파이더맨 되고 싶어! 나도 스파이더맨 될래!"

아주 당찬 목소리로 엘리야가 말했다. "라일리, 넌 다른 게 돼야 해. 넌 스파이더맨이 될 수 없어. 내가 이미 스파이더맨이잖아!"

"할아버지! 엘리야가 자기 혼자만 스파이더맨 한대요. 엘리야는 항상 자기 멋대로만 해요! 나보고 스파이더맨 하지 말래요!" 라일리가 울면서 나에게 말했다.

"라일리!" 내가 그 애를 팔로 안으면서 말했다. "너 원더우먼 하면 어떻겠니? 원더우먼은 채찍으로 스파이더맨을 때릴 수도 있고 또 원더우먼은 너처럼 예쁘잖니?"

"알았어요." 내가 눈물을 닦아주자 라일리가 힘 있게 대답했다.

일곱 손자 손녀들이 노는 것을 바라보면서 한 가지 깨달은 사실은, 그 애들은 절대 누가 먼저 쓰레기 치우는 사람이 되느냐를 갖고 싸우지 않는다는 것이다. 아이들은 항상 누가 먼저 아름다운 공주, 베트맨, 스파이더맨, 수퍼맨 같은 수퍼영웅들이 되느냐를 갖고 싸운다. 절대로 '실패자'가 되겠다고 싸우지는 않는다.

우리 자신의 삶의 영역을 돌아볼 때 우리는 언제나 위대한 사람, 그리고 영웅으로 알려지고 싶어 한다. 예수님의 제자들도 우리와 다르지 않았다. 예수님이 잠깐 자리를 비운 사이면 그들은 여지없이 누가 크냐의 문제로 다투곤 했다. 그런 다툼은 급기야 야고보와 요한이 그들의 어머니로 하여금 예수님께 하늘 보좌 좌우편의 요직을 청탁하게끔 하는 사태로까지 발전했다! 나는 가끔 당시 그들의 모습이 어떠했을까를 상상해보곤 한다.

마태: 너 내가 어제 눈 뜨게 한 장님 보았어? 그 사람은 나면서부터 장님이었다고.

베드로: 그건 아무것도 아니야. 내가 어제 고쳐준 사람은 어릴 때 당나

귀에서 떨어진 사고로 장님은 물론, 절뚝발이가 되어 지금껏 살아온 사람이 었다고.

유다: 오, 그래? 자네들 내가 어제 걷어온 헌금 좀 볼래? (주머니에서 동전이 가득한 지갑을 꺼내며)

도마: 난 도무지 자네들을 믿을 수 없어.

야고보와 요한(우뢰의 아들이라고 불리던)이 한 목소리로: 정말 미치겠네!

아마도 예수님께서 어린 아이 같은 제자들의 싸움을 말리시느라 많은 시간을 소비하셨을 것 같다. 예수님은 어린 아이 하나를 그들 가운데에 세우시며, 어린 아이 같아야 천국에 들어갈 수 있다는 귀한 가르침을 주셨다. 어느 날엔가는 옷을 걷으시고 제자들의 발을 손수 씻기시면서 겸손을 가르치셨다. 그러시면서 주님은 그분의 나라에서는 어느 누구 하나 중요하지 않은 사람이 없음을 분명히 말씀하셨다. 그가 누구이든지, 아무리 초라한 사람이든지 간에. 바울은 예수님의 이 가르침을 그의 서신에서 반복해서 말하고 있다.

> 내게 주신 은혜로 말미암아 너희 중 각 사람에게 말하노니 마땅히 생각할 그 이상의 생각을 품지 말고 오직 하나님께서 각 사람에게 나눠주신 믿음의 분량대로 지혜롭게 생각하라 우리가 한 몸에 많은 지체를 가졌으나 모든 지체가 같은 직분을 가진 것이 아니니 이와 같이 우리 많은 사람이 그리스도 안에서 한 몸이 되어 서로 지체가 되었느니라(롬 12:3-5)

주님은 또 제자들에게 파티에 초대를 받아서 가거든 차라리 말석에 가서 앉으라고 말씀하셨다. 그럼에도 불구하고 제자들의 위대해지고 싶어 하는 욕망이 제거된 것 같지는 않다. 위대함의 욕망은 우리가 태어날 때부터 우리 안에서 자라난다. 어느 누구도 스스로 실패자가 되고 싶어 하지 않는다. 누구나 어떤 특별한 사람이 되고 싶어 한다. 그러나 불행하게도 오늘날은 교회 안에서 율법주의와 행위를 통해 사람들이 그런 욕망을 드러내고 있다. 아버지의 사랑을 얻기 위하여 우리가 할 수 있는 행위라고는 아무것도 없다. 그저 단순히 '우리 자신이 되는 것' 만으로도 우리는 그분 앞에 너무나 소중하고 영광스러운 존재인 것이다.

우리가 얼마나 그분 앞에서 특별하고 예외적인 존재인지를 이해하기 위하여, 잠시 어린 시절로 돌아가볼 필요가 있다. 정상적이고 건강한 가정에서 자란 아이라면, 누구나 그들의 부모가 자신을 얼마나 사랑하고 보호하며 자신을 위하여 무엇이든 기꺼이 한다는 것을 잘 안다. 자신이 부모의 사랑을 얻기 위하여 무엇인가를 반드시 해야 한다고 생각하지는 않는다. 왜냐하면 자신이 잉태되기 전부터 이미 부모는 자신을 사랑했다는 것을 알기 때문이다. 이와 마찬가지로 우리 아버지 하나님도 우리가 그분을 알기도 전에 먼저 우리를 사랑하셨다. "우리가 사랑함은 그가 먼저 우리를 사랑하셨음이라"(요일 4:19). 우리는 처음부터 너무나 멋지게 창조되었다. 그리고 그것이 바로 우리의 거룩한 성품의 한 부분이다!

하나님은 시간 개념에 지배받지 않으신다

우리는 시간이 존재할 때부터 영광스럽게 창조된 존재이다. 하나님의 무(無)시간 지대(timeless zone)가 어떻게 우리의 유(有)시간 지대(time zone) 안에 있는 영광스러운 하나님의 부르심에 영향을 미쳤는지를 살펴보자. 이 땅의 관점에 의하면 예수님은 2,000년 전에 십자가에 못 박혀 죽으셨다. 하지만 성경은 말씀하기를 예수님이 창세 때부터 죽임을 당했다고 했다. "그러므로 땅 위에 사는 사람 가운데서 창세 때부터 죽임을 당한 그 어린양의 생명책에 기록되어 있지 않은 사람은 모두 그에게 경배할 것입니다"(계 13:8 표준 새 번역).

하나님은 시간의 개념 밖에 존재하신다. 하나님께서 "빛이 있으라"고 말씀하셨을 때, 그분은 낮과 밤을 창조하셨을 뿐 아니라 시간도 창조하신 것이다. 영적인 세계는 시간의 개념 밖에 존재한다. 시간을 그려보되, 마치 기차가 하나님의 왕국을 통해 움직이고 있다는 개념으로 상상해보라. 엔진은 시간의 처음을 나타내고 기차의 맨 마지막 차량이 시간의 끝을 나타낸다고 상상해보자. 하나님은 그 기차의 어느 곳에든 계실 수 있다. 그분은 미래에 무엇이 일어날지를 너무나 잘 알고 계신다. 왜냐하면 그분이 이미 그곳에 계셨었기 때문이다. 하나님은 시간에 제한받지 않으신다. 베드로는 이 진리를 너무나 잘 알고 있었기에 이렇게 말했다. "사랑하는 자들아 주께는 하루가 천년 같고 천년이 하루 같은 이 한 가지를 잊지 말라"(벧후 3:8).

예수께서 십자가에서 죽으셨을 때 그분은 음부에 내려가셔서 마귀에게 잡혀 있던 모든 자들을 구원하셨다(엡 4:8-10). 그분은 3일 동안 시간 지대를 초월하여 무시간 지대를 갔다 오신 것이다. 누가복음 16장에 나와 있는 거지 나사로의 이야기를 통해 음부라는 곳이 예수께서 피 흘려 우리의 죄를 대속하시기 전에 죽은 사람들을 가두어두고 있는 처소임을 알 수 있다. 그 이야기를 보면 두 장소가 깊은 구덩이로 분리되어 있다고 나온다. 한쪽은 음부로 지옥에 가기를 기다리는 사람들을 위한 장소요, 다른 한쪽은 아브라함의 품으로 의인을 위한 장소이다. 음부는 영원한 장소이기 때문에 시간의 개념 밖에 존재하는 곳이다. 우리도 과거에 그곳에 갇혀 있던 자들이었다!

예수께서 음부에 내려가셔서 그곳에 갇혀 있던 자들을 데리고 하늘에 오르셨다. 그리고 바로 우리가 그분과 함께 하늘에 오른 자들이 되었다! 바울은 이 사실을 에베소서에서 이렇게 기록하고 있다.

> 그러므로 성경에 이르시기를 그분은 높은 곳으로 올라가셔서 포로를 사로잡으시고 사람들에게 선물을 나누어주셨다고 합니다 그런데 그분이 올라

가셨다고 하는 것은 먼저 그분이 땅의 낮은 곳으로 내려오셨다는 것을 말하는 것이 아니고 무엇이겠습니까 내려오셨던 그분은 만물을 충만하게 하시려고 하늘의 가장 높은 데로 올라가신 바로 그분이십니다(엡 4:8-10)

바울은 계속 말하기를 우리는 하늘에서 그리스도와 함께 보좌에 앉아 있다고 했다. 바로 지금 말이다. 비록 이 땅 위에 살고 있지만, 하나님은 지금 무시간 지대에서 우리에게 말씀하고 계신 것이다. 하나님은 언제나 우리에게 말씀하실 때 그것이 마치 이미 일어난 것처럼 말씀하신다. 왜냐하면 그분의 시간대에서는 이미 일어난 것이기 때문이다!

오래전 하나님께서는 영원으로부터 예레미야에게 말씀하셨다. "내가 너를 복중에 짓기 전에 너를 알았고 네가 태에서 나오기 전에 너를 구별하였고 너를 열방의 선지자로 세웠노라"(렘 1:5). 사람들은 이 구절을 가지고 온갖 이상한 교리를 가르친다. 그러나 이 구절은 간단히 말해서 하나님은 우리와 같은 시간 지대에 살고 계신 분이 아니라는 사실이다.

이것을 좀 더 쉽게 이해하기 위해 우리가 별들을 바라보는 방식을 생각해보면 도움이 된다. 빛은 1초에 30만km의 속도로 움직인다. 은하계의 별들은 대개 수천 광년 떨어져 있다. 따라서 우리가 지금 바라보고 있는 밝은 별들 중 어떤 것은 이미 오래전에 불타 사라져버리고만 것들일 수 있다. 지금 인식하고 있는 그 빛은 이미 죽은 별들로부터 온 과거의 메시지일 뿐인 것이다. 다시 말하면, 오늘 바라보고 있는 일들이 실제로는 수천 년 전에 벌어진 일이라는 것이다. 그것은 마치 우리를 그 별이 존재하던 오래전의 과거로 돌아간 듯 만들어준다.

왜 이렇게 시간이 중요할까? 하나님께서 어떻게 시간의 개념 바깥에 존재하는지를 이해함으로써, 우리를 이미 오래전에 택하시고 어떻게 우리를 그분과 같이 영광스럽게 하셨는지를 이해할 수 있게 되기 때문이다.

영광을 위하여 예정됨

문제가 생기거나 운이 나쁠 때 자주 인용되는 성경말씀이 바로 로마서 8장 28절이다. "우리가 알거니와 하나님을 사랑하는 자 곧 그 뜻대로 부르심을 입은 자들에게는 모든 것이 합력하여 선을 이루느니라." 대부분의 사람들이 이해하지 못하는 것은 왜 모든 것이 합력하여 선을 이루는가 하는 것이다. 그 다음 두 구절을 보자.

> 하나님이 미리 아신 자들로 또한 그 아들의 형상을 본받게 하기 위하여 미리 정하셨으니 이는 그로 많은 형제 중에서 맏아들이 되게 하려 하심이니라 또 미리 정하신 그들을 또한 부르시고 부르신 그들을 또한 의롭다 하시고 의롭다 하신 그들을 또한 영화롭게 하셨느니라(롬 8:29-30)

하나님은 미리 아신 자들을 또한 영화롭게 하기로 작정하신 것이다. 하나님은 이미 우리의 미래로 가셔서 우리가 더욱 영화롭게 되도록 모든 환경을 만드셨다! 바로 그 때문에 모든 것이 합력하여 선을 이루게 되는 것이다. 하나님은 이미 그분의 마음속에 마지막을 염두에 두고 우리를 창조하셨기 때문이다. 하나님은 그분이 아름답게 만든 피조물의 완성품을 보시고 "너는 참으로 놀랍구나!"라고 말씀하신 것이다.

> 만일 하나님이 그 진노를 보이시고 그 능력을 알게 하고자 하사 멸하기로 준비된 진노의 그릇을 오래 참으심으로 관용하시고 또한 영광 받기로 예비하신 바 긍휼의 그릇에 대하여 그 영광의 부요함을 알게 하고자 하셨을지라도 무슨 말 하리요 이 그릇은 우리니 곧 유대인 중에서뿐 아니라 이방인 중에서도 부르신 자니라(롬 9:22-24)

하나님은 영광을 위하여 우리를 미리 준비하셨고, 우리의 영광을 위하여 지혜를 숨기셨다. "오직 비밀한 가운데 있는 하나님의 지혜를 말하는 것이니 곧 감취었던 것인데 하나님이 우리의 영광을 위하사 만세 전에 미리 정하신 것이라"(고전 2:7). 바울은 우리가 변화되어 영광에서 영광으로 이른다고 말하고 있다. "우리가 다 수건을 벗은 얼굴로 거울을 보는 것같이 주의 영광을 보매 저와 같은 형상으로 화하여 영광으로 영광에 이르니 곧 주의 영으로 말미암음이니라"(고후 3:18).

"곧 창세전에 그리스도 안에서 우리를 택하사 우리로 사랑 안에서 그 앞에 거룩하고 흠이 없게 하시려고"(엡 1:4). 바로 이 때문에 로마서에서 "하나님이 미리 아신 자들"이라고 말씀한 것이다. 하나님은 우리가 어떻게 될 것을 미리 아시고 태어나기도 전에 작업을 하신 것이다. 그분은 우리가 어떠한 모습이 되어야 하는지를 아셨는데, 이미 그분의 세계에는 그 모든 것들이 벌어졌기 때문이다. 하나님은 우리가 그분을 선택할지를 아셨기 때문에, 그분이 먼저 우리를 택하신 것이다. 하나님은 우리를 너무나도 잘 알고 계셨기 때문에, 우리가 그분을 선택할지조차 알기도 전에 우리를 선택하신 것이다.

히브리서 기자는 말하기를 예수님께서 죽으심으로 많은 아들들을 영광으로 이끌었다고 했다. "만물이 인하고 만물이 말미암은 자에게는 많은 아들을 이끌어 영광에 들어가게 하시는 일에 저희 구원의 주를 고난으로 말미암아 온전케 하심이 합당하도다"(히 2:10). 우리는 하나님 안에서 엄청난 기업을 물려받았다. 그러나 과연 그분의 영광스러운 기업이 바로 우리라는 사실을 깨닫고 있는가? 에베소서에서 바울은 이렇게 말하고 있다. "너희 마음 눈을 밝히사 그의 부르심의 소망이 무엇이며 성도 안에서 그 기업의 영광의 풍성이 무엇이며"(엡 1:18).

본질적으로 우리는 이 성경구절이 약속하고 있는 것이 바로 우리를 위한 것이라는 것을 깨달아야만 한다. 하나님은 우리를 너무 사랑하셔서 우리로 그분의 영광스러운 기업이 되게 하셨다! 우리는 그분의 영광을 위하여 창조되었다. 이 땅의 기초가 놓이기 전에 이미 우리는 만들어졌고, 위대한 영광을 위하여 예정되었다. 왜냐하면 하나님은 이미 우리가 그분을 선택할 것을 아셨기 때문이다. 하나님은 우리의 삶을 이미 우리가 어찌할 수 없게끔 기가 막히게 인도하신 것이다. 당신은 이제 표현할 수 없을 만큼, 그리고 저항할 수 없을 만큼 놀라운 방법으로 당신이 만들어졌다는 사실을 믿을 권리가 있다! 우리를 먼저 택하심으로써 하나님은 우리에게 위대함이라는 기업을 물려주셨다. 그 기업 안에서 우리는 영광스러운 그분을 닮도록 위임을 받은 것이다. 이 얼마나 멋지고 놀라운 일인가! 하나님을 찬양하라! 그분의 사랑은 아주 간단하다. 그분은 우리를 더도 아니고 덜도 아니고 **오직 사랑**하신다.

Supernatural Ways of Royalty

Chapter 9

맨 아래에서부터 꼭대기까지
All The Way Down To The Top

하나님의 진정한 은혜는 사람을 겸손하게 하되 비굴하지 않게 하며,
사람을 높이되 교만하지 않게 한다.

누가 너의 아빠지?

최근에 사역학교에서 예언훈련 강의를 인도하고 있을 때였다. 수업 시간에 예언사역의 가장 주된 목적에 관하여 이야기를 시작했다. 그리고 예언자로서 우리가 가져야 할 가장 최우선 순위이자 목표인, 각각의 사람들에게 숨겨진 그 사람만의 독특한 하나님의 목적과 계획을 발견해내는 것에 대해 서로의 의견을 나누기 시작했다. "사람들 안에 내재되어 있는, 하나님께서 숨겨놓으신 위대함을 발견하도록 우리는 도와주어야 합니다"라고 나는 역설했다. 이런 이야기를 하고 있을 때 다른 교실에 있던 목사님 한 분이 우리 강의실에 합류했다. 전에 한 번도 그분을 뵌 적이 없었기 때문에 그분이 우리 리더십 팀의 한 일원인지 아닌지를 알지 못했다.

내가 계속 강의를 진행하려고 하자 그가 갑자기 말했다. "한 가지 질문이 있습니다."

"예. 무엇이죠?"

"저는 하나님이 위대하시다고 생각합니다."

"예, 저… 그런데 방금 제가 말한 것이 목사님께는 하나님이 위대한 분이 아니라고 하는 것처럼 들렸나요?"

"선생님은 방금 사람들이 '위대하다' 고 말씀하셨습니다. 제 생각에 선생님은 지금 사람들 속에 있는 위대함을 발견하라고 하시면서, 결국 사람들 속에 있는 교만함을 부추기는 이론을 가르치고 있다고 생각합니다."

나는 순간 좀 황당했다. 그리고 곧바로 대답했다. "나는 종교라고 하는 것이 겸손이란 이름으로 사람들을 무기력하게 만든다고 생각합니다!"

강의를 하고 있던 방에는 아름다운 그림 하나가 걸려 있었는데, 나는 그 그림을 가리키며 "목사님이 저 그림을 그린 화가라고 가정해 보죠"라고 말했다.

"그러죠." 그는 그림을 똑바로 쳐다보며 대답했다.

나는 그림을 향하여 갖가지 행동을 취하며 고함을 질렀다. "정말 엉터리 그림이군! 색감이 저렇게 엉망인 그림이 또 있을까! 정말 눈으로 봐줄 수 없는 그림이군!" 나는 여기에서 잠시 멈췄다. 그리고 그에게 이렇게 말했다. "자, 제가 이렇게 그림을 모욕하는 것이 화가에게 영광을 돌리는 것입니까?"

"아니요!" 그는 대답했다.

계속해서 그를 한쪽에 세워놓고 나는 말했다. "하나님은 우리를 그린 화가이실 뿐만 아니라, 더 중요한 사실은 예수님 자신이 바로 우리를 그리기 위한 모델이 되셨다는 것입니다! 기억하십시오. 우리는 모두 하나님의 형상과 그분의 모양대로 창조되었습니다. 우리가 우리 자신을 만든 것이 아닙니다. 하나님께서 우리를 직접 만드신 것입니다. 우리는 그분의 작품입니다. 우리가 우리 자신을 망가뜨리는 것은 겸손한 것이 아니라, 어리석은 짓입니다!"

그는 놀라는 표정으로 말했다. "난 세 개의 신학학위를 가지고 있습니다만, 이런 가르침은 평생에 처음 듣는군요."

교만 vs 하나님의 높이심

이 사건은 내게 많은 그리스도인들의 마음에 여전히 거짓말이 살아 있다는 것을 다시 한 번 일깨워주었다. 그 거짓말은, 우리로 하여금 그리스도 안에서 우리의 완전한 정체성을 회복하여 그분과 함께 동행하는 것을 전략적으로 방해하고 있다. 이 거짓말은 우리의 능력이나 선함에 관한 어떠한 인정도 교만이라고 가르친다. 그리고 그 교만을 제거하는 길은 오로지 겸손이라는 이름 하에 우리 자신의 인격과 품위를 떨어뜨리는 것밖에 없다고 가르친다. 진리는 이것이다. 우리의 능력을 인정하는 것도 교만이 아니며, 우리의 품격을 떨어뜨리는 것도 겸손이 아니다. 이런 거짓 겸손이 성도들로 하여금 여전히 어둠에 거하도록 하며, 결국 진정한 목적을 향하여 우리가 나아가지 못하도록 만든다.

바로 앞장에서 다루었던 것을 기억하라. 로마서 3장 23절은 우리가 "하나님의 영광에 이르지 못하였다"고 말씀한다. 그럴지라도 우리가 하나님의 영광을 위하여 창조된 존재라는 사실은 분명하다. 감사한 것은 예수님께서 십자가에서 죽으셨을 때 그분은 단지 우리의 죄만을 용서하기 위하여 죽으신 것이 아니라는 것이다. 그분이 죽으심으로 말미암아 우리의 본래 창조 목적이 회복된 것이다. 예수님이 십자가 상에서 지불하신 그 값어치가, 바로 그분이 피로 사신 사람들의 가치를 결정지은 것이다. 우리는 하나님의 영광을 함께 나누며 그분에게 또한 영광을 돌리는 존재로 창조되었다. 결국 누가 더 위대한가? 수많은 머저리들 위에 군림하는 왕인가? 아니면 그들의 왕을 섬기는 데 자부심과 긍지를 가지고 있는 수많은 군대들 위에 군림하는 왕인가?

왕의 백성들의 위대함이 결과적으로 왕 자신에게 영광이 되는 것이 사실 아닌가?

다니엘서 4장에 나와 있는 느부갓네살 왕의 꿈 이야기가 우리에게 시사해주고 있는 것은, 겸손을 배운다는 것이 결코 우리 자신을 부정적으로 생각하는 것이 아니라는 것이다. 꿈에서 느부갓네살 왕은 커다란 나무가 그루터기만 남겨둔 채 찍히는 것을 본다. 왕이 가장 신뢰하는 꿈 해석가인 다니엘이 그에게 그 꿈에 대하여 이렇게 이야기한다. 바로 왕 자신이 그 나무요, 교만으로 인하여 왕이 그 나무처럼 곧 찍혀버릴 것이라고. 하나님께서 왕을 겸손하게 만들기 전에 속히 자신을 겸손하게 하라고 다니엘이 왕에게 충고했다.

열두 달이 지난 후 느부갓네살 왕은 성의 지붕 꼭대기에서 혼자 중얼거리며 자신이 얼마나 대단하며 자신의 손으로 이룩한 것들이 얼마나 놀라운 것들인지를 자랑한다. 그때 갑자기 그의 정신이 이상해졌다. 그리고 들로 나가서는 짐승처럼 풀을 뜯으며 7년을 보내게 된다. 마침내 7년 간의 정신 이상 기간이 끝나자 하나님께서는 그의 정신을 정상으로 회복시키신다. 그가 다시 평소처럼 말을 하게 되었을 때 가장 처음으로 그의 입에서 나온 말이 우리를 당황스럽게 한다.

> 그 동시에 내 총명이 내게로 돌아왔고 또 내 나라 영광에 대하여도 내 위엄과 광명이 내게로 돌아왔고 또 나의 모사들과 관원들이 내게 조회하니 내가 내 나라에서 다시 세움을 입고 또 지극한 위세가 내게 더하였느니라
> (단 4:36)

만약 잘 알지 못한다면 아마도 이 말 때문에 바로 하나님께서 그를 겸손하게 낮추도록 만들었던 것이 아닌가라고 생각할 수 있다. 그는 또다시 "나는

대단한 존재야"라고 말하고 있는 것이다. 그러나 그 다음 구절을 한 번 보라! 그는 이렇게 말하고 있다. "그러므로 지금 나 느부갓네살이 하늘의 왕을 찬양하며 칭송하며 존경하노니 그의 일이 다 진실하고 그의 행하심이 의로우시므로 무릇 교만하게 행하는 자를 그가 능히 낮추심이니라"(단 4:37).

이제 이해가 가는가? 지금 느부갓네살 왕은 "나는 위대하다. 그러나 하나님은 그보다 훨씬 더 위대한 분이시다"라고 말하고 있는 것이다. 느부갓네살이 가지고 있는 위대함 자체에 대하여 하나님께서 문제를 삼으신 것이 아니라, 자신이 가지고 있는 위대함에 대한 모든 영광을 먼저 하나님께 돌리지 않은 것을 문제 삼으셨던 것이다. 그가 이것을 깨달았기 때문에 하나님께서는 다시 그 전의 모든 영광을 회복시켜주셨다. 핵심은 이것이다. 우리가 우리의 위대함이 어디에서 오는지를 분명히 인식하고 있는 한 교만의 위험에 빠지지 않는다는 것이다. 위대하지 않다고 말함으로써 우리가 하나님께 영광을 돌리는 것이 아니라, 하나님이야말로 모든 영광의 근원이심을 인정함으로써 하나님께 영광을 돌리는 것이다. 겸손은 우리를 평가절하시키는 것이 아니라, 오히려 하나님을 높이는 것이다.

'겸손'은 우리를 '아무것도 아닌 존재'라고 확신하는 것이라고 말함으로써, 많은 기독교 지도자들은 하나님의 백성들을 소위 신학적 노예로 팔아버리고 있다. 이러한 믿음을 가지고는 교만을 치유할 수 없을 뿐 아니라, 오히려 하나님의 백성들에게 있는 자신감을 파괴하는 결과만 초래할 뿐이다. 진정한 겸손은 자신감의 부재가 아니라, 능력의 제한이다. 우리가 진정으로 겸손해지는 유일한 길은 하나님 앞에서 우리 자신을 정직하게 평가하는 것이다. 만약 우리가 집 안에서 가장 높은 자리에 앉을 수 있는 위치임에도 불구하고 오히려 낮은 자리에 앉는다면 우리는 자신을 겸손히 낮춘 것이다. 만약 우리가 낮은 자리에 앉을 수밖에 없기 때문에 낮은 자리에 앉는다면 그것은 겸손이라고 부를 수 없다. 만약 어떤 위치에 앉아야 할지 모르면서 앉아야 할 자리보다 조금 낮은 자리에 앉게 되었다면 그것은 운이 좋은 것이다. 왜냐하면 적어도 집 주인이 우리보고 더 낮은 자리로 옮기라고 면박을 주지는 않을 것이기 때문이다. 겸손은 마음의 문제이다. 우리는 우연히 어쩌다가 겸손할 수는 없다. 우리는 우리 자신이 위대한 존재라는 것을 마음으로 깨달아야 하지만, 절대로 위대한 그 이상으로 우리를 높여서는 안 된다. 성경은 "이 사람 모세는 온유함(겸손함)이 지면의 모든 사람보다 승하더라"고 기록하고 있다(민 12:3). 흥미로운 사실은 성경의 처음 다섯 권을 기록한 사람이 바로 모세이다. 그렇다면 그가 바로 이 구절도 기록했다는 말이다. 그는 하나님 앞에서 정직하고 영감 있는 자기판단을 했던 사람이었다. 그래서 그는 자신을 지면의 모든 사람보다 온유(겸손)하다고 기록하는 것에 대하여 전혀 거부감이 없었던 것이다.

우리는 겸손하면서도 여전히 우리가 누구인지에 대해 주님 안에서 자신감을 가질 수 있다. 그런데 안타까운 것은 자신감이 어떤 사람들에게는 항상 교만으로 비쳐진다는 것이다. 여기에 바로 진짜 문제가 있다. 내가 믿기는 거짓 겸손 뒤에는 항상 자신과 다른 모든 사람들이 결코 가치 있는 존재가 아니라는 확신이 숨어 있다. 그리고 그런 확신이 어떤 기독교 지도자들에 의해 조장된다는 것이다. '자신의 능력에 대한 정확한 진단' 하에 사람들은 여전히 자신을 타락한 존재로만 인식한다. 그것은 또 다른 이름의 거지근성이 그 속에서 작용하고 있는 것을 보여주는 좋은 예이다. 우리는 우리의 낮은 자존감을 마치 영적인 것인 양 고착시키려고 하는데, 그것은 분명 잘못된 것이다!

하나님은 교회에 위대한 부르심을 주셨다. 그 부르심을 이루기 위해서는 그것을 감당할 만한 사람들이 필요하다. 만약 우리가 우리의 위대함을 찾는 데 실패한다면 우리의 부르심을 결코 이룰 수 없다. 거지근성과 거짓된 겸손이 많은 교회들을 영향력 없는 무기력한 교회로 만들어버렸다. 세상에 대하여 당연히 가져야 할 비전과 영향력을 축소시켜버리고 말았다. 우리가 주님의 지상 대명령을 추구해나갈 때 이러한 사실들을 분명히 깨닫게 된다. 마태복음 28장에서 예수님은 어떻게 전 세계적인 부흥이 일어날 것인지 그 지침을 주셨다. 그것은 다름 아닌 바로 믿는 자들이 온 세상으로 하여금 제자를 삼을 때 가능하다는 것이다. 이렇게 위대한 주님의 지상 대명령을 그저 우리가 편안함을 느끼는 아주 작은 그 무엇으로 축소시켜버리고 말았다. 온 세상을 품기보다 그저 개개인을 위해 사역하는 데에만 급급해하고 있는 것이다. 나중에 이것에 대해 더 자세히 말하겠다. 우리의 주 관심사가 한 개인의 영향력이나 그의 영적인 신분에 관한 것이라기보다는 그의 재정적인 문제 혹은 상처받은 심령에 더 쏠려 있는 것이 현실이다. 우리의 불안정이 결국 우리로 하여금 부유한 사람들, 교육 수준이 높은 사람들, 그리고 권력을 쥐고 있는 사람들에게 접근하지 못하도록 막고 있는 것이다.

이 세대의 영웅들

성경에 보면, 그들에게 주어진 영향력을 알고, 하나님께서 전략적으로 그런 위치를 주셨다는 것을 깨달았던 많은 사람들이 나온다. 그들의 위대함은 그들 자신들의 유익을 위한 것이 아니라, 세상으로 하여금 하나님 나라를 맛보도록 하기 위함이었다. 오늘날, 과거 요셉처럼 바로 왕의 '아버지'가 되었으며 온 세상으로 하여금 하나님의 손에 빠져들어가도록 만들었던 인물이 어디에 있는가(창 45장을 보라). 예언적 메시지의 선포로 역사를 바꾸었으며 세상 왕들 앞에 당당히 맞섰던 엘리야 같은 사람들에게 무슨 일이 일어났는가? 다니엘같이 당대의 가장 강력한 왕국에서 당당히 하나님을 드러냈던 사람들이 어떻게 되었는가? 오늘날 우리의 파괴된 도시를 다시 재건할 느헤미야 같은 사람들은 어디에 있는가? 낙태, 동성애, 인종차별, 범죄, 타락 같은 거인들이 이 세상을 배회하며 우리 아이들에게 엄청난 폐해를 가져오는데도, 왜 하나님의 사람들은 교회 의자에 앉아서는 정부가 이 거대한 녀석들을 어떻게 해주기만을 기다리고 있는가?

우리는 열방을 향하여 어떻게 이러한 거인들의 활동을 중지시킬지, 어떻게 기근 중에도 풍요를 누릴 수 있는지를 가르치도록 부름 받았다. 그리고 도시를 재건하며 부모 없는 아이들에게 부모를 되찾게 하도록 부름 받았다! 다윗이나 요셉과 같은 사람은 항상 자신감이 흘러 아무리 모호한 상황 하에서도 역사의 흐름을 바꿀 수 있다. 요셉의 형들이나 다윗의 형들 같은 교회의 지도자들은 그런 사람에게 '교만' 이라고 하는 딱지를 붙일지도 모른다. 그래서 나름대로 가르치려고 들지도 모른다.

그들이 가르치려고 하는 것은 언제나 '십자가를 지고 가기' 같은 수업이다. 우리는 십자가를 지는 것을 하루의 사건이 아니라 평생의 직업으로 만들어버렸다. 이러한 사실은 우리가 구원받을 때 우리에게 일어난 일들을 심각하게 잘못 이해했기 때문에 나타난 결과이다. 예수님께서 우리에게 십자가를 지고 자신을 따르라고 말씀하셨을 때, 그분은 우리보고 평생 동안 십자가를 지라고 말씀하신 것이 아니다. 그분 자신도 그렇게 십자가를 지지는 않으셨다. 우리는 세례 받는 곳까지 십자가를 지고 주님을 따른다. 그리고 바로 그곳에서 우리는 그분의 죽음에 동참을 하는 것이다. 바울은 이렇게 말하고 있다.

> 우리가 알거니와 우리 옛 사람이 예수와 함께 십자가에 못 박힌 것은 죄의 몸이 멸하여 다시는 우리가 죄에게 종노릇 하지 아니하려 함이니 이는 죽은 자가 죄에서 벗어나 의롭다 하심을 얻었음이니라 만일 우리가 그리스도와 함께 죽었으면 또한 그와 함께 살 줄을 믿노니 이는 그리스도께서 죽은 자 가운데서 사셨으매 다시 죽지 아니하시고 사망이 다시 그를 주장하지 못할 줄을 앎이로라 그의 죽으심은 죄에 대하여 단번에 죽으심이요 그의 살으심은 하나님께 대하여 살으심이니(롬 6:6-10)

세례와 더불어 우리는 십자가를 지고 사형장으로 간다. 그리고 면류관을 쓰고 그 사형장을 다시 나오게 된다. 그 면류관이란 바로 '그의 죽으심을 본받는 것'이다. "주의 어떠하심과 같이 우리도 세상에서 그러하니라"(요일 4:17). 여기에서 "주의 어떠하심과 같이"라는 현재형 표현을 쓴 점에 주목하라. 예수님은 더 이상 십자가를 지고 가는 고난 받는 종이 아니시다. 그분은 다시 오실 왕이시다. 우리는 이 땅에서 그분의 영광을 드러내야 할 자들이다. 바울은 고린도 교인들에게 이 점을 강조하고 있다. "너희가 이미 배부르며 이미 부요하며 우리 없이 왕 노릇 하였도다 우리가 너희와 함께 왕 노릇 하기 위하여 참으로 너희의 왕 노릇 하기를 원하노라"(고전 4:8).

구원받는다는 것이 무엇인지 완전히 이해하려면, 과거 옛 사람이 완전히 죽었고, 이 땅에서 그리스도의 영광을 드러내는 것이 바로 현재의 우리라는 사실을 분명하게 깨달아야 한다. 그리스도 앞에 처음 나올 때에는 우리 자신을 죄인으로 정직하게 바라보는 것이 바로 겸손이었다. 그런데 아직도 우리가 그런 존재라고 계속 말하는 것은 그리스도께서 우리를 위해 하신 사역을 부인하는 것이다. 그것은 더 이상 겸손이 아니다. 그것은 바로 하나님께서 그분과 같이 살 수 있도록 우리에게 주신 부활의 권세를 점점 약화시키는 행동일 뿐이다.

거짓 겸손

몇 해 전 교회에 주어졌던 예언이 하나 있었는데 지금도 그 예언이 교회 안에 돌아다니고 있다. 그 예언은 이렇다. "마지막 때의 부흥은 '**이름도 없고 빛도 없는 세대**'에 의해 일어날 것이다." 나는 이 예언이 분명 하나님은 유명하든 무명하든 그것에 관계없이 모든 사람을 들어서 사용하실 것이라는 점에 있어서 정확한 예언이라고 생각한다. 그리고 하나님은 분명 우리 모두를 통해 세상을 흔들기를 원하신다는 점에 동의한다. 그러나 염려하는 것은 종종 교회에서 선포되어지는 예언들이 여전히 거지근성에 바탕을 두고 있다는 점이며, 그것은 곧 거짓 겸손을 만들어낸다는 것이다. 하나님 나라에는 결코 작은 자나 무명한 자가 없다. 그곳에는 정복자보다 더 뛰어난 아들과 딸들만이 있을 뿐이다!

우리는 하나님께서 '우리와 같은 작은 자(무명한 자)'를 사용하기를 원하신다고 말하는 대신, 모든 사람이 하나님께 쓰임 받을 수 있다고 말해야 하며, 무엇보다 그들 모두에게 왕의 자녀로의 부르심을 상기시켜주어야만 한다. 결국 하나님은 성경을 통하여 인류의 역사적 사건을 담당할 그의 백성들을 세대를 거쳐 만들고 발굴하셨음을 우리는 깨달아야 한다. 하나님은 심지어 예수 그리스도도 인류의 족보에 근거하여 요셉의 전체 가계에 그의 이름을 올리도록 하셨다(요셉은 그분의 진짜 아버지가 아니었지만). 그러나 위에서 언급한 예언은 부흥이 '이름도 없고 빛도 없는 세대'에서 비롯될 것이라고 말한다. 거짓 겸손은 우리의 이름을 훔쳐가고 우리의 정체성을 빼앗아가버려, 결국 우리로 하여금 어둠의 세력 앞에 무력한 자로 만들어버린다.

하나님께서 엄청난 일로 우리를 부르실 때, 그분은 결코 우리의 작고 보잘것없음을 상기시키시지 않는다. 반면 우리로 하여금 용기를 갖도록 "너는 강한 용사다. 너는 열방의 아버지야. 너야말로 이스라엘이 기다리는 자다"라는 엄청난 찬사를 보내신다. 그런데 이런 하나님과는 달리 전형적인 그리스도인 문화는 스스로를 작고 보잘것없는 존재로 여기는 것을 당연시하고 있다. 그 결과 우리는 대적 마귀보다 더 작은 존재로 여겨져서 진정한 정체성이나 권위를 잃어버린 채 마귀와 싸우도록 방치되어 버린다. 우리는 하나님의 높은 부르심을 붙잡아야만 한다. 그래서 바울은 빌립보서 3장 14절에서 이렇게 이야기하고 있다. "푯대를 향하여 그리스도 예수 안에서 하나님이 위에서 부르신 부름의 상을 위하여 좇아가노라."

그리스도의 몸 된 교회가 거룩하지 못한 낮은 자존감으로부터 벗어나는 것이 너무나 중요하다. 우리는 성경을 통해서, 사람들이 하나님으로부터 그 정체성을 회복한 후에는, 과거에는 희미했던 삶의 목적으로 곧바로 나아가는 것을 수없이 볼 수 있다. 기드온은 역사의 흐름을 바꿀 운명을 갖고 있는 젊은이였다. 그 역시 마찬가지로, 낮은 자존감으로 인하여 거짓 겸손이 그의 삶을 지배하고 있었다. 그래서 그저 보잘것없이 겨우 생계를 유지하는 삶을 살아가고 있었다. 그의 이야기를 한번 보자.

> 여호와의 사자가 기드온에게 나타나 이르되 큰 용사여 여호와께서 너와 함께 계시도다 기드온이 그에게 대답하되 나의 주여 여호와께서 우리와 함께 계시면 어찌하여 이 모든 일이 우리에게 미쳤나이까 또 우리 열조가 일찍 우리에게 이르기를 여호와께서 우리를 애굽에서 나오게 하신 것이 아니냐 한 그 모든 이적이 어디 있나이까 이제 여호와께서 우리를 버리사 미디안의 손에 붙이셨나이다 여호와께서 그를 돌아보아 가라사대 너는 이 네 힘을 의지하고 가서 이스라엘을 미디안의 손에서 구원하라 내가 너를 보낸 것이 아니냐 기드온이 그에게 대답하되 주여 내가 무엇으로 이스라엘을 구원하리이까 보소서 나의 집은 므낫세 중에 극히 약하고 나는 내 아비 집에서 제일 작은 자이니다 (삿 6:12-15)

천사는 이스라엘의 구원이 기드온의 자존감을 불러일으킬 수 있는 그의 능력에 달려 있음을 알았다. 기드온처럼, 많은 이들이 주변을 감싸고 있는 악한 것들에 싫증이 나 있으면서도, 정작 기도하고 있는 기적이 이미 우리 안에 내재하고 있다는 사실을 미처 깨닫지 못하고 있다. 하나님께서 기드온을 '큰 용사'라고 부르셨을 때, 비로소 기드온은 그토록 갈망했던 정의 실현이라고 하는 부르심으로 한 걸음 나아갈 수 있게 되었다. 여기에서 중요한 사실이 있다. 비록 겉으로 보기에는 미디안 사람들이 이스라엘의 압제자인 것처럼 보였지만, 사실 진짜 억압은 바로 기드온의 내면에 있었던 것이다.

천사의 말에 대한 기드온의 대답을 보면 그의 두려움의 근본 원인이 무엇인지를 알 수 있다. 그는 이렇게 말했다. "나의 집은 므낫세 중에 지극히 약하고 나는 내 아버지의 집에서 가장 작은 자가 아닙니까." 그의 문제는 그의 대적이 얼마나 크고 두려운가에 있었던 것이 아니라, 바로 그 자신이 얼마나 작은 자라는 것에 있었다. 당신은 문제 앞에서 사람이 얼마나 크게 낙담하는가를 보면 그 사람의 정체성의 크기가 얼마나 작은지를 알 수 있게 된다. 하나님의 백성들이 미디안과 싸울 때에 외치기를 "여호와와 기드온의 칼이여"(삿 7:20)라고 말한 것을 보면 흥미롭다. 기드온이 하나님이 그에게 작정하셨던 지도자의 위치에 오르자, 사람들은 하나님과 기드온에게 동시에 충성하게 된 것이다.

거짓 겸손이 그리스도의 몸 된 교회에 현재 만연해 있다! 어떤 사람이 교회에서 놀라운 찬양을 부른 직후 우리는 흔히 이런 장면을 보게 된다. 사람들이 훌륭한 찬양이었다며 칭찬을 하면 보통 그 사람은 이렇게 대답한다. "그건 제가 한 것이 아닙니다. 예수님이 하신 것입니다." 그런 사람들에게 나는 종종 "당신 오늘 별로 잘 부르지 못했어요!"라고 말하고 싶어진다. 사람들은 자기 안에 어떤 좋은 것이 있다는 것을 생각하는 것조차 원하지 않기 때문에, 칭찬을 받을 때 애써 그것을 부정하려고 한다. 사실 이런 마음 자세가 우리를 죽이고 있는 것이다. 이것이 바로 기드온이 경험했던 것과 같은 일종의 억압인 것이다.

우리 주변에서 벌어지고 있는 전쟁

내면에서의 싸움에서 승리할 때 또 다른 전쟁이 우리 주변에서 시작되는데, 그것은 바로 원수가 두려움을 통해 우리를 무력화시키려 하는 것이다. 느헤미야의 삶이 이것을 아주 잘 보여주고 있다. 기드온과는 달리 느헤미야는 그가 하나님 안에서 어떤 존재인지를 알았다. 그리고 그의 부르심이 예루살렘 성벽을 다시 건축하고 이스라엘 정부를 재건함으로써 역사를 변화시키는 것임을 알았다. 이스라엘 백성들이 여러 해 동안 예루살렘 성벽을 재건하기 위해 노력했지만, 원수들이 그들에게 두려움을 심어주어 다시금 뒤로 물러가도록 만들어버렸다. 느헤미야와 그를 비난하는 자들의 대화를 살펴보자.

오노(Ono)는 '힘'을 의미하며, 그것은 바로 적의 세력이 있는 골짜기를 나타낸다. 중요한 것은 바로 적의 계략에 빠져서 그의 세력이 있는 골짜기로 내려가지 않는 것이다. 만약 당신이 그래도 모험을 감수하면서 그곳으로 내려간다면, 왜 그곳이 '오 노(Oh No!)'라고 불리는지를 알게 될 것이다. 느헤미야는 이 문제의 골짜기에서 벗어나는 길을 잘 말해주고 있다. 그는 그의 대적을 향하여 이렇게 선포한다. "내가 이제 큰 역사를 하니 내려가지 못하겠노라 어찌하여 역사를 떠나 정지하게 하고 너희에게로 내려가겠느냐"(느 6:3). 와! 이것은 결코 교만이 아니다. 하나님을 아는 사람, 자신이 누구인지 아는 사람, 그리고 그의 사명이 무엇인지 아는 사람에게서 나오는 자신감 바로 그것이다.

나중에 원수는 느헤미야를 붙잡으려고 거짓 예언으로 유혹한다. "저희가 너를 죽이러 올 터이니 우리가 하나님의 전으로 가서 외소 안에 있고 그 문을 닫자 저희가 필연 밤에 와서 너를 죽이리라"(느 6:10). 그때 느헤미야는 이렇게 대답했다.

> 내가 이르기를 나 같은 자가 어찌 도망하며 나 같은 몸이면 누가 외소에 들어가서 생명을 보존하겠느냐 나는 들어가지 않겠노라 하고 깨달은즉 저는 하나님의 보내신 바가 아니라 도비야와 산발랏에게 뇌물을 받고 내게 이런 예언을 함이라 저희가 뇌물을 준 까닭은 나를 두렵게 하고 이렇게 함으로 범죄하게 하고 악한 말을 지어 나를 비방하려 함이었느니라 내

하나님이여 도비야와 산발랏과 여선지 노아댜와 그 남은 선지자들 무릇 나를 두렵게 하고자 한 자의 소위를 기억하옵소서 하였노라(느 6:11-14)

거짓 겸손과 낮은 자존감의 늪에서 뒹굴 때 우리는 사탄의 공습을 저지할 능력이 없게 된다. 사탄은 '겸손의 교리'를 들고서 우리의 자신감을 뭉개어버리며, 하나님의 사람들을 마비시켜버린다. 이 거짓 교리가 가르치는 것은, 우리가 하나님의 위대한 일을 하고 있다고 믿는 자신감 자체를 교만이라고 말한다. 이러한 믿음의 시스템이 결국 이런 말을 하도록 만든다. "그건 제가 아니에요. 바로 주님이세요." 그러나 이 말은 결코 사실이 아니다! 예수님은 우리에게 그분과 함께 일하도록 위임을 하셨다. 그분은 우리가 그분과 함께 다스리도록 우리를 부르셨다.

원수는 또 우리를 두렵게 만드는 '노아댜' 예언을 가지고 오늘날 예언 사역의 공기를 많이 오염시키고 있다. 소위 노아댜 같은 예언자들이 전 세계 도처에서 어둠의 메시지를 예언하고 있으며, 그리스도의 몸 된 교회를 겁먹은 어린 아이들로 만들어버리고 있다.

사탄은 교회가 다시 자신감을 회복하여 타락한 도시를 재건하는 것을 가장 두려워하고 있다. 그래서 그는 쉬지 않고 계속 우리 가운데 역사하며 온갖 거짓말로 훼방하고 있다. 거짓으로 훼방하는 말들은 얼마나 교회가 연약하며, 얼마나 세상이 어두우며, 하나님께서 우리에게 얼마나 화가 나 있으신가 하는 것들이다. 우리는 이 엉터리 거짓말에 속아서는 안 된다!

겸손의 정의

나는 여기서 자만이나 교만 혹은 건방짐을 조장하려는 것이 결코 아니다. 진정한 겸손이 무엇인지 정의를 내리고 싶을 뿐이다. 어느 누구도 자기 자신만을 위하는 사람 곁에 있고 싶어 하지 않는다. 자기중심적이고 자신이 스스로 뭔가 된 것인 양 생각하는 사람과 가까이 있는 것은 그 자체가 고통이다. 반면 우리가 자신에 대하여 나쁜 감정을 갖고 있을 때에도, 우리는 결국 자신을 관심의 주 대상이 되도록 만들어버린다. 이것은 사람들에게 자신이 얼마나 다른 사람보다 괜찮은 사람인가를 떠들고 다니는 사람의 교만과 거의 진배 없다.

　　진정한 겸손은 하나님의 위대함을 아는 것에서 시작되며, 충만한 감사의 마음 안에서 자라나고, 그분의 우리를 향한 열정적인 사랑에 대한 경외함 안에서 성숙되어진다. **기도**는 겸손의 한 행동이다. 왜냐하면 기도하는 사람이야말로 하나님의 도움의 필요성을 깨닫는 사람이며, 창조주와의 교제가 무엇인지 아는 사람이기 때문이다. 기도하지 않는 것이야말로 교만의 극치이다. 진정한 겸손은 하나님 아버지의 필요성을 아는 것이다. 겸손은 또한 다른 사람의 삶 속에서 이루어지는 하나님의 놀라운 역사를 볼 수 있는 눈을 가지고 있다. 우리는 다른 사람을 도와줌으로써 그리고 우리 자신을 사랑하듯 그들을 사랑함으로써 우리 자신을 겸손하게 만든다. 어떤 사람이 이런 말을 했다. "하나님의 진정한 은혜는 사람을 겸손하게 하되 비굴하지 않게 하며, 사람을 높이되 교만하지 않게 한다!" 다음 장에서 우리는 실제적인 겸손이 무엇인지를 보게 될 것이다.

Supernatural Ways of Royalty

Chapter 10

공경-또 다른 기회

Honor-The Yellow Brick Road

고귀함은 공경의 토양 위에서 자란다.

그것은 가족의 일

내 어머니는 스페인계였으며, 어린 시절 나는 어머니의 가족들과 많은 시간을 보내며 자랐다. 자라면서 내 안에 자리 잡은 문화의 한 부분은 바로 '공경'이었다. 할아버지와 할머니는 그분들이 참석하는 어떤 가족 모임에서든지 가장 공경받는 분들이었으며, 항상 그분들을 위한 가장 좋은 자리가 미리 지정되어 있었다. 혹 어린 아이가 그 자리에 앉기라도 하는 날에는 모든 가족이 쏘아보며 "이 버릇없는 녀석아!"라고 말했다. 우리는 항상 나이 드신 분들을 먼저 섬겼으며, 대화할 때는 그분들이 동의를 하든 그렇지 않든 항상 공경과 예의를 다해 말했다. 또 항상 여자들을 위해 문을 열어주었으며, 우리 자리를 그들에게 내주었다. 어느 누구도 그렇게 하라고 일일이 지적해주지는 않았지만, 나는 그런 문화 속에서 태어나서 자연스럽게 그런 문화를 익히게 되었다.

우리가 지금 잃어버린 미덕 중의 하나가 바로 공경이다. 이 사실을 나는 초자연적 사역학교 수련회에 갔을 때 뼈저리게 느꼈다. 그 주말에 약 120명의 학생들이 참석했는데, 그들 중 몇몇 학생들이 늦은 밤 내 테이블에 와서는 질문을 하기 시작했다. 몇 분이 지나자 약 30명의 학생들이 내 테이블 근처에 모여들었다. 곧 그 자리는 시끌벅적하게 되었다. 한 젊은 친구가 바로 내 옆 벤치에 앉아 있었다. 한참 대화를 나누던 중 한 중년 부인이 도착했는데, 앉을 자리를 찾지 못한 그 부인은 내 뒤에 서서 우리의 대화를 듣고 있었다.

나는 내 바로 옆에 있던 젊은 청년에게 부탁했다. "자네가 좀 일어나고 저 부인을 좀 앉게 해줄 수 있겠나?"

곧바로 그가 대꾸했다. "내가 여기에 먼저 왔어요!"

내가 그에게 말했다. "저분은 여성이잖나. 나는 자네가 저분을 위해 자리를 양보했으면 좋겠는데." 잠시 긴장감이 돌았지만, 결국 그 젊은 친구는 자리를 양보했다.

이 젊은 친구는 우리 학교의 가장 모범생 중의 하나였으며, 좋은 마음씨를 가진 청년이었다. 하지만 그가 배운 것이라고는 "만약 네가 좋은 자리를 원한다면 다른 사람보다 먼저 그것을 차지해라!"뿐이었다. 그는 다른 사람을 공경하기보다는, '자신을 위해 항상 신경 쓰는' 가치관을 패러다임으로 삼고 자랐기 때문이다. 자신보다 더 위에 있는 사람을 배려하는 것은 아직 그의 패러다임에 자리 잡지 못했던 것이다.

이것은 단지 그 청년 하나만의 문제는 아니다. 공경이라고 하는 미덕이 우리 문화에서 사라진 지는 이미 오래다. 이 책을 읽고 있는 많은 독자들도 아마 위와 같은 비슷한 일을 겪었으리라 생각된다. 얼핏 보기에 어떤 사람들이 다른 사람보다 더 공경을 받는다는 것 자체가 불공평한 것이라고 생각할 수도 있다. 그렇지만 하나님 나라의 마인드는 완전히 다르다. 성경을 읽을 때 공경과 권위에 바탕을 둔 복종이라는 문화를 이해하지 않고서는 그 전체 내용을 받아들이기가 결코 쉽지 않다.

공경은 세대를 연합시킨다

공경의 미덕은 오랫동안 교회 안에서 사라졌었다. 그래서 종종 사람들에게 사역할 때 미처 깨닫지 못하는 사이에 사람들을 무시하기도 한다. 몇 년 전에 나는 이런 사실을 분명하게 깨달았다. 12개월 동안 다섯 명의 초청 강사가 우리 벧엘교회에 와서 '부흥은 청소년들로부터 온다' 라는 메시지로 설교했다. 처음 몇 번 동안 그 메시지를 들었을 때 내 마음은 무거웠고 내 영혼은 슬펐다. 그런데 난 도대체 왜 그런지를 몰랐다. 그해의 마지막이 가까워오고 있을 때 다섯 번째 강사가 똑같은 메시지를 선포했다. 나는 마음이 매우 불쾌했으며 교회 밖으로 나가 한참을 울었다(목사님들에게 이렇게 하라고 권유하는 것은 절대 아니다). 집에 도착해서도 마룻바닥에 누워 한참을 울었다. 여전히 내가 무엇이 문제인지를 몰랐기 때문에 나는 하나님께 물어보기 시작했다.

그때 주님이 내게 "부흥은 청소년들로부터 오는 것이 아니라 한 세대, 늙은이와 젊은이를 모두 포함한 한 세대로부터 올 것이다"라고 말씀하셨다. 주님은 사도행전의 한 구절을 기억나게 하셨다. "하나님이 가라사대 말세에 내가 내 영으로 모든 육체에게 부어 주리니 너희 자녀들은 예언할 것이요 너희 젊은이들은 환상을 보고 너희의 늙은이들은 꿈을 꾸리라"(행 2:17). 부흥은 성별, 세대, 사회적 위치와 상관이 없음을 주목하라. 하나님이 계속해서 보여주신 것은 '청소년 부흥 메시지'가 선포될 때마다, 중년과 노년의 성도들은 결국 자신들은 더 이상 중요하지도 않으며 가치 있는 존재가 아니라는 메시지를 들었다는 것이었다. 주님은 계속 말씀하셨다. 마귀는 자신이 앞으로 다가올 세계적인 부흥을 저지할 수 없다는 것을 잘 알고 있기 때문에 이제는 세대 간의 분열을 통해 이 땅을 저주하려고 몸부림을 친다는 것이다.

말라기 선지자는 이것을 이미 오래전에 보고 이렇게 예언했다. 여기 그가 마지막 때에 관하여 예언한 메시지를 보자.

> 보라 여호와의 크고 두려운 날이 이르기 전에 내가 선지 엘리야를 너희에게 보내리니 그가 아비의 마음을 자녀에게로 돌이키게 하고 자녀의 마음을 그들의 아비에게로 돌이키게 하리라 돌이키지 아니하면 두렵건대 내가 와서 저주로 그 땅을 칠까 하노라 하시니라(말 4:5-6)

이 성경구절이 분명히 말씀하고 있는 것은 세대가 서로 손을 잡는다면 이 땅에 드리워졌던 저주가 끊어질 것이라는 것이다. 주님은 계속해서 설명하셨다. "이 땅의 공중 권세 잡은 자가 현대의 사상에 영향을 주어서 젊은이들을 더 귀하게 여기도록 만들고 상대적으로 늙은 사람들을 무시하는 풍조를 자아내도록 한 것이다." 주님이 또 내게 보여주신 것 중 하나는, 성경이 의도적으로 늙은 사람들을 공경하라는 것을 더 많이 말씀하고 있다는 것이다. 그렇지만 오늘날 우리 문화는 그와는 정반대로 가고 있다. 잘못된 영이 많은 설교자들에게 영향을 주어 결과적으로 악한 자의 손에 놀아나는 결과를 초래한 것을 나는 서서히 이해하기 시작했다.

이 점은 내가 보았던 환상을 통해 더욱 분명히 확인되었다. 환상 중에 나는 두 젊은 소녀가 각각 여러 가지 다른 상황 속에서 그들의 아버지와 함께 있는 것을 보았다. 그들의 아버지는 그 두 소녀가 함께 있는 것을 볼 때마다 언제나 한 딸에게는 예쁘다고 말했지만, 다른 딸에게는 아무런 말도 하지 않았다. 그 딸은 애정결핍으로 인하여 내면이 파괴되어져가고 있었다. 나는 우리 교회에서 다른 세대들이 있는 앞에서 청소년들이 다섯 번씩이나 특별히 높임을 받을 때 내 마음이 왜 그토록 무거웠는지를 이해하기 시작했다.

나는 또한 공경이라고 하는 미덕이 남용될 때 그것이 얼마나 파괴적이 될 수 있는지를 깨달았다.

공경은 다른 사람 안에 있는 가치를 표현하는 것이다

공경은 성경 전체에 나타난 고귀함의 특징들 중 가장 위대한 것이다. 하나님 나라가 우리 안에 임할 때 자연적으로 섬김의 행동이 나타나게 되어 있다. 우리가 사람들을 공경할 때, 이는 그들이 자격이 있어서가 아니라 우리가 하나님 왕국에서 공경받는 시민이기 때문이다. 우리가 왕의 부르심 안에 거할 때, 우리의 행동은 일시적 환경에 의해 결정되는 것이 아니라 우리 안에 있는 영원한 환경에 의해 결정되는 것이다.

사람들을 공경함으로 대할 때마다, 비록 그들이 우리의 마음을 거부한다고 할지라도, 우리는 우리 안에 있는 분명한 기준을 그들에게 나타내고 있는 것이다. 그리고 이 기준은 우리 주변 사람들에 의해 결정되는 것이 결코 아니다. 우리 자신이 가치 있는 존재이기 때문에 다른 사람들을 예우하는 것이다. 그리스도인에게 있어서 공경심은 마음의 상태이지, 결코 좋은 환경의 부산물이 아니다. 다른 사람을 공경한다는 것이 반드시 우리가 그 사람한테 동의한다는 것을 의미하는 것은 아니다. 그것은 바로 그들이 하나님의 형상대로 지음 받았기 때문에, 그들을 가치 있는 존재로 바라보는 것이다.

우리는 심지어 우리의 적과 싸울 때에도 존중심을 가져야만 한다! 이 원리를 유다서에서 찾아볼 수 있다.

> 천사장 미가엘이 모세의 시체에 대하여 마귀와 다투어 변론할 때에 감히 훼방하는 판결을 쓰지 못하고 다만 말하되 주께서 너를 꾸짖으시기를 원하노라 하였거늘 이 사람들은 무엇이든지 그 알지 못하는 것을 훼방하는도다 또 저희는 이성 없는 짐승같이 본능으로 아는 그것으로 멸망하느니

라(유 1:9-10)

존중할 만한 일말의 가치도 없는 존재가 있다면 그것은 바로 마귀이다. 그러나 미가엘은 그의 대적 마귀와 싸울 때조차도 그를 무시하지는 않았다. 이 원리로써 우리는 대적-육적이든 영적이든-을 대해야 한다.

이라크 전쟁 시, 몇몇 이라크 포로가 수용소에서 학대를 당했다는 사실이 알려졌을 때 온 나라가 경악을 금치 못했다. 미국 시민으로서 이러한 불법을 참을 수 없었다. 만약 그 이라크 포로들이 전쟁터에서 죽었다면 미국 시민들이 그렇게 분노하지는 않았을 것이다. 물론 이라크 병사들이 우리 군인들을 포로로 잡았을 때 학대하고 심지어 살해한 것도 잘 알고 있다. 그럼에도 불구하고 왜 우리 군인들이 이라크 포로들을 학대한 것이 잘못일까? 대답은 간단하다. 우리의 적일지라도 존중심을 가지고 그들을 대해야 하기 때문이다. 바로 우리가 그런 존재이다. 이것이 바로 공경 받을 만한 사람이 된다는 것의 의미이다.

지도자를 공경하지 못하면

"네 부모를 공경하라 그리하면 너의 하나님 나 여호와가 네게 준 땅에서 네 생명이 길리라"(출 20:12). 생명과 섬김의 상관관계에 주목해보라. 섬김은 인생의 길을 곧게 만들며, 왕국의 문화를 창조하고 유지하는 데 가장 핵심적인 열쇠이다. 우리가 다른 사람을 섬길 때 그들의 권위를 인정하는 것이며 그들의 지위에 순복하는 것이다. 섬김은 겸손이 행동으로 나타난 것이다. 섬김의 눈을 통해서 우리는 하나님 나라의 가치기준으로 사람들을 바라볼 수 있게 된다.

섬김이라고 하는 토대가 잘 닦이면 우리 문화에서 통제의 필요성이 제거될 수 있다. 섬김이 존재하는 곳에는 형벌에 대한 두려움에서가 아니라,

위엄과 권위를 통한 자연스러운 질서가 세워지게 된다. 섬김의 토대 위에 세워진 질서는 권한(empowerment)을 만들지만, 강제로 세워진 질서는 결국 통제만을 낳을 뿐이다. 서로에 대한 존중이 없는 환경에서 나온 부정적 결과들은 결국 무질서와 혼동만을 초래하게 될 뿐이다. 사람들이 지도자를 따르는 방법에는 두 가지가 있는데, 하나는 지도자를 따르지 않았을 때 초래하게 될 지도 모를 형벌에 대한 두려움으로 인해 따르는 경우이고, 다른 하나는 지도자에 대한 존경심과 그 권위에 대한 인정으로 말미암아 따르게 되는 경우이다.

섬김이 점차 사라질 때 죽음의 문은 활짝 열린다. 서로에 대한 존경이 서서히 파괴되고 있는 우리 문화는 이 나라 지도자의 리더십이 무시당하는 결과를 초래하고 있을 뿐 아니라, 교회의 리더십에도 변화를 초래하고 있다.

최근 50년 동안 미국은 국가의 리더십이 급진적으로 변하는 엄청난 지각변동을 경험하고 있다. 이러한 문화적 패러다임 변화는 미국의 각 가정에서부터 백악관까지, 그리고 비즈니스 세계에서 교회에 이르기까지 모든 곳에 그 영향을 미치고 있다. 최근 50년을 통해 우리는 가장 믿었던 사람들이 거짓말을 하고, 사기치고, 우리의 것을 훔치고 매우 부도덕한 삶을 산 것을 알게 되었다. 동시에 우리 가정의 도덕성은 점점 침식되어 왔다. 그 결과 지금 우리 세대는 역사상 유례 없는 '아버지 없는 세대'가 되고 말았다. 그것이 결국 권위에 대해 무시하는 태도를 갖도록 우리의 문화적 사고방식을 변모시켜놓고 말았다.

구조의 변화

권위를 남용하는 사람들에 의해 야기된 신뢰의 파기에 대한 대응책으로, 많은 교회가 지도자들의 마음을 다루는 대신 교회의 행정 조직을 바꾸었다. 최근 수십 년 동안 많은 교회들이 교회의 운영을 '사각 테이블' 형태에서 '원형 테이블' 형태로 변모시켰다. 사각 테이블은 조직의 위계질서를 의미하며 원형 테이블은 수평 조직 및 평등한 인간관계를 의미한다. 원형 테이블의 리더십 아래에서 하나님에 의한 통치는 교회 임원들에 의한 통치로 대치되어 버렸다. 교회의 임원들은 모든 사람을 동등하게 대하고, 지도자들이 가지고 있는 특별한 부르심이나 기름부으심에 대해서는 아무런 지식도 가지고 있지 않다.

난 교회 임원제도에 대한 반대론자가 아니다. 하지만 여기에서 분명히 하고 싶은 것은 지도력의 남용에서 비롯된 두려움에 대한 반발로 조직을 바꾼 것에 나는 반대한다. 이런 조직은 우리의 지도자들을 공경의 자리에서 몰아내버렸다. 개인적으로 난 우리 모두가 그리스도 안에서 동등한 목소리를 내야 한다고 믿는다. 그러나 모든 사람이 동등한 투표권을 가진 것은 아니다.

원형 테이블식 구조 안에서는 가장 강조되는 것이 바로 평등이다. 조직을 바꾸는 것 가지고는 문제의 근본 뿌리를 건드릴 수 없다. 그것은 단지 또 다른 형태의 통제일 뿐이다. 따라서 리더십의 구조가 무엇이든 간에 지도력의 남용은 어떤 식으로든 생겨날 수 있다. 마음의 문제를 치유하기 위해 조직을 새롭게 만든다면, 그것이 종종 실제 질병보다 더 심각한 예방약이 될 수도 있다.

사무엘상 8장에 보면 이스라엘의 장로들이 마음의 문제를 다루는 대신 그들의 정부 조직을 변경시킨 사례가 나온다. 이스라엘 장로들은 전에 그들 앞에서 악행을 일삼았던 엘리의 아들들에 관한 아픈 역사를 갖고 있었다. 엘리는 사무엘 전에 이스라엘을 다스렸던 사사였다. 이미 엘리와 그의 아들들은 사라진 지 오래고 그의 뒤를 이어 사사가 되었던 사무엘은 죽기 직전 그의 두 아들을 사사로 임명하려고 했다. 그런데 문제는 사무엘의 두 아들 역시 사악한 이들이었다는 것이다. 이스라엘 장로들은 이미 그런 사태를 과거에 경험했었고 그 결과가 어떠한지를 목도한 사람들이었다. 그들은 악한 지도자가 지배하는 것을 더 이상 원하지 않았기 때문에, 사사 대신 그들 위에 왕을 세워달라고 요구했다.

그들의 선택을 표면적으로 보면 사무엘에게 정당한 요구를 하는 것처럼 보인다. 그런데 하나님의 말씀은 상당히 당황스러운 것이었다. 하나님은 사무엘에게 "그들이 너를 버림이 아니요 나를 버려 자기들의 왕이 되지 못하게 함이니라"(삼상 8:7)라고 말씀하셨다. 하나님께서는 지금 사무엘의 아들들이 사악한 것에 상관하지 않으시며, 그들이 이스라엘을 통치하는 것에 상관하지 않으시겠다고 말씀하고 계신가? 그렇지 않다. 하나님은 그들이 그들 마음의 문제를 해결하려고 하는 대신, 지배 구조를 바꾸려고 하는 데에 화가 나신 것이다. 엘리의 두 아들은 그들의 사악함에 보응을 받았다. 사무엘과 이스라엘 장로들은 사악한 자들로 하여금 지도자가 되지 못하도록 했어야지, 그런 문제를 다시는 야기하지 않기 위하여 정부 조직을 뜯어고치는 일을 해서는 안 되는 것이었다.

목자 운동(Shepherding Movement)은 아마도 교회 안에서 벌어진 일 중 권위를 남용하는 가장 극적인 사례 중의 하나일 것이다. 권위가 남용되도록 만든 원인은 바로 아버지의 권리들을 형에게 주어버린 것이었다. 이 책에서 앞서 말했듯 탕자의 비유에 나오는 형의 태도를 기억하는가? 형이 아버지에게 말했다. "아버지는 저 동생 녀석을 위해 살진 송아지를 잡으시면서 나에게는 염소 새끼 한 마리라도 주지 않으셨습니다."

그때 아버지가 대답한다. "나는 너의 동생을 위해 살진 송아지를 잡았지만 너는 이 농장을 다 소유하고 있지 않니"(눅 15:11-32).

오늘날 많은 교회 지도자들이 탕자의 비유에 등장하는 아버지보다는 형의 모습을 많이 지니고 있다. 그들은 자신과 하나님 아버지 그리고 자신의 형제들에 관한 거짓말을 믿고는, 그들이 인도해야 할 바로 그 사람들과 경쟁을 하고 있다. 여전히 거지근성에서 벗어나지 못한 채, 그들이 능력을 주어야 할 아들을 오히려 다스리고 부리려 필사적으로 애쓰고 있다.

　진정한 아버지는 아들을 존중한다. 그리고 아들이 잘되고 성장하기를 갈망한다. 목자 운동이 성공을 하지 못한 원인은 바로 형의 태도에 있었다. 그 운동의 지도자들은 아버지의 권리를 가르쳤지만, 그 가르침을 받는 사람들은 시기하고 불안하기 그지없었다. 문제의 원인이 가르침에 있었던 것이 아니라, 그것을 잘못 적용시켰다는 것에 있다는 사실을 많은 사람들이 인정하기를 거부했다(물론 목자 운동에 또 다른 문제점들도 있었다. 그러나 가장 근본적인 문제는 바로 통제하려는 데 있었다). 다시 말하지만, 사무엘 시대의 이스라엘 장로들처럼 오늘날 많은 사람들이 마음의 문제를 해결하려고 하기보다는 구조를 바꾸려 하고 있다.

마음을 바꾸기

　예수님의 가르침은 시스템을 바꾸는 대신, 우리의 마음을 바꾸라는 것이다. 사람들이 서로 상석을 차지하려고 우왕좌왕하던 어느 저녁 식사 시간에, 주님은 그들의 인간적인 마음과 하나님을 드러내는 겸손의 차이점을 날카롭게 대비하며 말씀하셨다.

> 청함을 받은 사람들의 상좌 택함을 보시고 저희에게 비유로 말씀하여 가라사대 네가 누구에게나 혼인 잔치에 청함을 받았을 때에 상좌에 앉지 말라 그렇지 않으면 너보다 더 높은 사람이 청함을 받은 경우에 너와 저를 청한 자가 와서 너더러 이 사람에게 자리를 내어 주라 하리니 그때에 네가 부끄러워서 말석으로 가게 되리라 청함을 받았을 때에 차라리 가서 말석에 앉으라 그러면 너를 청한 자가 와서 너더러 벗이여 올라 앉으라 하리니 그때에야 함께 앉는 모든 사람 앞에 영광이 있으리라 무릇 자기를 높이는 자는 낮아지고 자기를 낮추는 자는 높아지리라(눅 14:7-11)

세베대의 아들들의 어머니가 예수께 와서 자기 아들들이 예수님 나라에서 각각 예수님의 좌우편에 앉게 해달라고 청했을 때, 하늘나라에서의 자리 배정은 본인이 할 수 있는 것이 아니라 "아버지께서 예비한 자의 것"(눅 20:23)이라고 말씀하셨다. 성경 전체를 통하여 우리는 하나님께서 "교만한 자를 대적하시고 겸손한 자에게 은혜를 베푸시는 분"(약 4:6)임을 알 수 있다.

섬김은 겸손이 행동으로 나타난 것이다. 그것은 마음의 문제이며 다른 사람들의 가치에 대한 정직한 판단을 요구하는 행동이다. 내 친구가 언젠가 이런 말을 했다. "교만은 자신을 너무 지나치게 생각하는 것이 아니라 다른 사람을 너무 생각하지 않는 것이다." 만약 우리가 겸손한 자에게 부어주시는 하나님의 은혜를 원한다면, 하나님의 지혜를 실행에 옮겨야만 한다. "만일 누구든지 첫째가 되고자 한다면 뭇 사람의 끝이 되며 뭇 사람을 섬기는 자가 되어야 하리라"(막 9:35).

이 말씀은 하나님 나라에서 가장 기초가 되는 원리이다. 하나님은 높임을 받으시기에 합당하신 분이다. 그리고 섬김이 제대로 이루어지는 유일한 길은 먼저 섬김의 수준들이 존재하는 것이다. 그것은 우리로 하여금 다른 사람을 나보다 더 존귀하게 여기도록 해주며, 하나님께서 우리를 사랑하시도록 허락하는 것이다. 예수님도 우리를 섬기시는 것을 원하셨으며, 가르치시기를 우리 자신을 낮추어서 다른 사람들에 대한 섬김을 보이라고 하셨다. 이러한 이유로 인하여 야고보와 요한의 어머니가 그의 아들들이 남보다 더 높임 받는 자리에 앉을 수 있도록 해달라고 예수님께 부탁했을 때 주님은 "하늘에서는 모든 사람이 다 똑같은 자리에 앉게 될 것이다"라고 말씀하지 않으셨다. 그 자리에서 주님은 테이블에 앉는 자리도 각각 그 수준이 다르다는 사실을 부인하지 않으신 것이다.

하나님은 종종 사람들을 '가장 낮은 자'와 '가장 높은 자'로 구분지어 말씀하신다. 하늘나라의 통치 형태는 마치 사각 테이블과 같다. 이러한 구조를 통하여, 분명 하늘나라에서는 다른 사람들보다 더 높임을 받는 사람들이 존재함을 알 수 있다. 그리고 그런 사람들은 우리가 필요한 무엇인가를 가지고 있는 사람들임을 역시 알 수 있다. 마치 엘리사에게 필요한 것이 엘리야의 겉옷이었던 것처럼, 우리 역시 우리보다 앞서 가는 사람들로부터 많은 것을 받아야만 한다. 그들로부터 영적인 유산과 전이(impartation)를 받기 위하여, 무엇보다 그들에게 믿음과 기대감을 갖고 있어야 한다. 우리는 이것을 그들을 예우함으로써 보여주어야 한다. 그들을 예우하는 가운데 생명이 그들로부터 우리의 마음에 흘러들어오게 되는 것이다.

하나님은 리더십의 구조를 섬김의 수준을 갖고 지정해놓으셨다. 왜냐하면 이미 지적했듯이 섬김은 하나님 나라에서 생명의 흐름을 촉진시켜주기 때문이다. 그 구조를 변경시킬 때 우리는 마음의 문제를 해결하는 데 실패할 뿐 아니라, 거룩한 리더십으로부터 나오는 생명의 유익을 받아들이는 데에도 실패하게 된다. 하나님 나라의 원리를 무시하고 버리게 되면, 결국 하나님의 축복을 받지 못하게 되는 결과만을 초래할 뿐이다.

나중에 하나님께서 그의 몸 된 교회 안에 어떠한 리더십 구조를 세우기 원하시는지에 대하여 더 자세하게 살펴보도록 하겠다. 한 가지 여기에서 짚고 넘어가야 할 중요한 핵심은, 이러한 구조가 바로 섬김의 수준에 기반하여 세워졌다는 사실이다. 이러한 구조야말로 교회 안의 모든 구성원들에게 생명이 흘러들어가도록 만들어주며, 결국 각자가 받아야 할 섬김을 제대로 받도록 만들어준다.

왕궁의 문화를 유지하기

섬김이 생명의 중요한 촉매제 역할을 하기 때문에, 우리 안에 그 속성이 자리 잡도록 해야 하며, 아울러 주변에 그러한 문화가 증진되도록 해야 할 필요가 있다. 고귀함은 섬김의 토양 위에서 자란다. 서로 섬기도록 배우는 것이야말로 하나님 안에서 우리가 성장하는 중요한 비결이다.

가난한 한 여인이 옥합을 깨뜨려 그토록 아끼던 값비싼 향유를 예수님의 발에 부은 사건은 섬김에 대한 엄청난 가르침을 던져준다. 제자들은 화를 내면서 이렇게 말했다. "이 향유를 비싼 값에 팔아서 가난한 사람들에게 나누어주었다면 더 좋지 않았겠는가!"(마 26:9). 그때 예수님은 제자들에게 가난한 사람들은 항상 그들과 함께 있지만 주님은 곧 떠나야 할 것임을 상기시켜 주셨다. 그리고 그 여인에 대해 엄청난 말씀을 하셨다. "내가 진실로 너희에게 이르노니 온 천하에 어디서든지 이 복음이 전파되는 곳에는 이 여자의 행한 일도 말하여 저를 기념하리라."

거지들은 도움이 필요한 곳에 어떻게 도와줄지를 잘 알지만, 도움이 필요 없어 보이는 곳에 도움을 주는 것이 그들에게는 낭비로 보일 수밖에 없다. 예수님은 여기에서 왕궁의 문화는 완전히 다른 가치 시스템을 가지고 있음을 분명히 보여주셨다. 왕자는 도움이 필요한 사람에게 베풀 뿐만 아니라, 사람을 섬기기 위해서 베푼다.

이러한 원리가 우리가 예배하는 매 순간마다 나타난다. 우리는 하나님이 무엇인가 필요하시거나 아쉽기 때문에 그분을 예배하는 것이 절대로 아니다. 그분이 찬양과 경배를 받으시기에 합당하신 분이심에 틀림없지만, 우리는 그분의 높으심에 기인해서 찬양과 경배를 드리는 것이다.

같은 식으로 왕이나 대통령, 혹은 수상이나 총리가 서로 선물을 주고받을 때 의도적으로 받는 사람에게 필요한 것을 선물하려고 하지 않을 것이다. 어떤 지도자의 필요를 채워주기 위해 주는 것은 그의 민감한 부분을 건드리는 것이 되며 결국 그를 무시하는 처사가 될 수 있기 때문이다. 다시 말하면 지도자에게 필요한 어떤 것을 줄 때, 결국 우리는 그것을 통하여 그 지도자의 삶의 부족한 부분을 발견했다고 말하는 격이 되는 것이다. 상대방의 필요를 채울 때에 우리는 실질적으로 "당신이 가지지 못한 것을 우리가 가지고 있습니다"라고 말하는 것이다. 그러므로 위대한 지도자들은 종종 아주 값비싸고 귀한 것을 서로 교환하며 서로에 대한 존경을 나타낸다.

예수님의 제자들 마음속에는 섬김에 대한 개념이 제대로 자리 잡지 못했기 때문에, 결국 청지기 개념에 대한 이해마저도 왜곡시켜버리고 말았다. 그들의 눈에 여인이 예수님께 한 행동은 그저 낭비로밖에 비치지 않았다. 그러나 예수님은 그 여인의 엄청난 섬김이 그녀를 위대하게 만들 것이라고 말씀하셨다. 이것은 우리가 왕을 바라보는 시각을 변화시킬 것이다. 그리고 왕의 아들과 딸들에 관련된 예의범절을 바라보는 시각마저도 변화시킬 것이다.

섬김을 통한 전도

섬김은 또한 전도의 강력한 수단이 된다. 사람들이 우리에 대하여 지니고 있는 가치만큼 우리는 상대방의 삶에 영향을 미칠 수 있다. 우리 마음에 다른 사람에 대한 공경심을 지니고 있을 때, 그들의 눈에 우리의 가치는 올라가게 되고, 결국 그들 안에 우리의 영향력을 자리매김하게 된다. 물론 우리가 사람들에게 영향력을 얻고자 그들을 섬긴다면 그것은 더 이상 섬김이 아니다. 공경은 먼저 마음속에 자리 잡아야 한다. 그리고 그것이 값없이 사람들에게로 가야만 한다. 마음이 없으면서도 다른 사람을 칭찬할 때 그것은 한낱 아첨으로밖에 들리지 않을 것이다. 사람들은 마음을 원하는 대로 조장하여 물건을 팔려는 세일즈맨들의 농간에 익숙해 있다. 그들은 조그마한 태도를 통해서도 정확하게 사람들을 본다. 그러므로 마음속에 섬김의 태도를 지니고 대한다면, 사람들은 그것을 느낄 것이며 그들이 곧 우리를 존경하게 될 것이다.

특정 그룹의 사람들을 판단하고 그들에게 꼬리표를 붙이는 것은 종종 불명예를 조장하게 된다. 우리 사회의 중요한 주제 중 하나는 인종차별이다. 그런 의미에서 우리 사회는 존경과 명예를 많이 신경 쓰는 문화임에는 틀림

없다. 그러나 베푸는 것보다 그것을 얻는 것에 더 관심을 기울이는 한 진정한 섬김은 자리 잡을 수 없다. 그리고 섬김에 있어서 가장 중요한 것은 바로 상대방의 개성을 인정하는 것이고, 그들의 선택권을 존중하는 것이다. 능력을 준다는 의미는 사람들에게 그들이 건강한 선택을 하는 데 필요한 것을 주는 것을 의미한다.

그러나 불행하게도 많은 교회가 주님을 모르는 모든 사람들에게 꼬리표를 달아 왔다. 그 결과 그들에 대하여 아는 바로는 오로지 하나님을 모르는 사람들이라는 것뿐이다. 그들을 대할 때 우리는 '복음 보따리'를 풀어헤치지만 곧 그들을 식상하게 만들어버린다. 왜냐하면 그들을 단지 불쌍한 사람이라고 측은히 바라볼 뿐, 그들 개개인이 가지고 있는 가치는 보지 못하기 때문이다. 만약 그들을 한 인간으로서 존중하지 않는다면, 그들은 결코 우리가 그들을 사랑한다는 사실을 믿지 않을 것이며 우리가 전하는 것들을 의심하게 될 것이다. 많은 부흥사들이 인간에 대한 존경을 제대로 나타내는 데 실패했기 때문에, 사실 교회의 신뢰를 많이 떨어뜨렸으며 결과적으로 그들에게 다가가서 이야기할 수 없게 만들어버렸다.

내가 이야기하고자 하는 것은 이것이다. 우리는 피켓을 들고 미국의 주요 도시 곳곳을 다니며 지옥의 유황불을 외쳐댔고, 거대한 기업 상품의 구매를 하나님의 이름으로 거부하기도 했다. 그러면서 우리는 다니엘과 요셉 시대에 있었던, 온 제국을 변화시켰던 간단한 섬김의 진리를 무시해왔다. 다니엘과 요셉은 자신들이 섬기던 이방인 왕에 대한 공경을 나타냈기 때문에, 결국 바로 왕과 느부갓네살 왕으로 하여금 그들의 삶에 함께하시는 하나님을 인정하도록 했다.

벧엘교회에서 우리는 종교에 상관없이 도시에 사는 모든 사람들을 섬기기 위하여 노력해왔다. 이러한 노력의 한 예로 우리는 아메리칸 인디언들에게 그들에 대한 존경을 표현해왔다. 몇 년 전 우리 지역의 아메리칸 인디언의 부족 지도자들을 초청하여 함께 예배를 드렸다. 그 자리에서 우리의 조상들이 그들에게 저질렀던 죄악을 회개하였다. 그 인디언 부족 지도자들 대부분은 하나님에 대하여 모르는 사람들이다. 그러나 우리의 진지한 사랑에 크게 감동하였다. 시간이 흐른 뒤에 주님은 우리의 회개에 대한 열매를 거두는 것에 대하여 말씀하시기 시작했다. 또다시 우리는 그들 지도자들을 초청하여 그들을 존경하고 축복하는 취지에서 매달 500달러를 지원하기로 했다. 우리가 벧엘교회 지도자로 존재하는 한 계속해서 그들에게 한 달에 500달러를 지원한다는 계약을 체결했다.

그 이후 인디언 부족들도 여러 가지 행사를 통해 교회에 와서 우리에 대한 존경을 표시해주었다. 우리는 그들과의 좋은 관계를 발전시켜왔으며, 이제 하나님께서 그들 가운데 일하고 계심을 보고 있다! 하나님께서 어떻게 우리의 섬김을 통해 생명을 흘려보내시는지를 직접적으로 보고 있다.

생명은 섬김을 통하여 흐른다. 나는 우리 모두가 어떻게 하나님을 사랑하는지를 이해하며, 나이나 종교, 배경에 상관없이 이 세상의 모든 사람들을 어떻게 사랑할 수 있는지를 이해하기를 기도한다.

Chapter 11

왕의 사람들은 끝까지 함께 간다
Royalty Is Dying to Be Together

유다는 계약 없는 친밀함을 원했다.
그래서 그는 성만찬의 자리에서 떠나 결국 입맞춤과 함께
예수를 배반하고 말았다.

가족 안에서의 삶

어떤 사람들은 왕의 이미지를 생각할 때 엄청난 부와 권세 속에서 수많은 비빈과 첩들에 둘러싸여 쾌락만을 추구하는 이미지를 떠올릴지 모른다. 첩은 결혼계약 없이 왕과 동거하는 사람들이다. 따라서 그들에게서 난 자녀들은 왕의 이름을 가질 수 없으며 어떠한 유산도 물려받지 못한다.

우리의 왕께는 한 명의 첩도 없다! 그분은 의롭고 거룩하신 왕이다. 그리고 그분은 그분의 자녀들에게, 오직 순결의 영역 안에서만 사랑이 표현되어져야 하며 그러한 계약관계의 열매가 바로 자손들이라고 가르치신다.

어둠에 속한 잃어버린 영혼들은 그 무엇보다도 하나님과의 강력한 만남

이 필요하다. 그 만남을 통해 그들의 삶에 영원토록 지속되는 진정한 변화가 일어난다. 그들은 하나님과 하나님의 사람들과의 관계가 필요한 것이다. 하나님의 능력은 우리에게 드리워졌던 마귀의 족쇄에서 우리를 구해주며, 죄라고 하는 질병에서부터 자유케 한다. 그리고 하나님의 자녀로 다시 태어나게 하여 그분의 나라로 우리를 밀어넣는다. 중생의 경험은 단지 새로운 피조물로서의 생명의 시작일 뿐이다. 그리고 그렇게 시작된 생명은 점점 자라나기 위하여 가족들의 양육과 돌봄을 필요로 한다. 우리 육체의 생명도 분명 마찬가지이다. 하나님께서는 남편과 아내의 열정적이고 친밀한 사랑의 열매로 육체의 생명이 잉태되도록 만드셨다.

성경은 말씀한다. "아담이 자기 아내 하와와 동침하니(영어성경: Adam knew Eve) 하와가 임신하여 가인을 낳았다"(창 4:1). 여기에서 히브리어 'knew(안다)'라고 하는 말의 의미는 성적인 관계를 의미하는 것이 아니다(우리말 성경은 성적인 관계인 동침이라고 번역하고 있다-역자 주). 히브리어의 '안다'라고 하는 단어는 '야다(Yada)'이다. 이 말은 어떤 사람과의 깊고 친밀한 관계를 의미한다. 성경은 아담이 그 아내 하와와 깊고 친밀한 관계를 가졌다고 말씀한다. 바로 그 깊은 친밀함을 통해 가인이 잉태된 것이다.

하나님은 피의 계약을 만드셨다. 그것은 이 자연계에서도 분명히 보여지고 있다. 오랜 세월 동안 과학자들은 여성의 몸에 존재하는 처녀막이 도대체 왜 있는지에 대하여 궁금해했다. 그러나 오랫동안 아무런 이유를 찾지 못했다. 처녀막은 일단 파열되면 다른 신체기관과는 달리 저절로 회생되지 않는다. 하나님께서는 오직 남편과 아내의 결혼계약 관계를 통해서만 자녀들이 태어나기를 원하신다. 그렇기 때문에 그분은 자녀가 잉태되기 전 피로써 결혼관계를 확인할 수 있도록 처녀막을 만드셨다.

지금 우리 사회는 하룻밤의 데이트나 그냥 스쳐 지나가는 인연으로도 얼마든지 아이를 갖게 되는 것이 보편화되어 있다. 더 심각한 것은 성폭력을 통해서 아이들이 생긴다는 사실이다. 성폭력은 한 사람이 다른 사람에게 자기의 뜻을 강제적으로 행사하는 것이다. 우리는 지금 책임감 없는 친밀함을 원하며 계약 없이 쾌락만을 추구하려고 하는 문화 속에서 살고 있다. 그러한 욕망의 열매가 어떠한 것인지 잠시 후에 더 자세히 다룰 것이다. 내가 여기에서 말하고자 하는 것은 알지도 못하는 사이 많은 교회들이 이러한 문화에 영향을 받고 있다는 것이다. 매주마다 우리는 강단에서 새롭게 태어나는 사람들을 본다. 그러나 그들이 지금 다 어디에 있는가? 그들 대부분은 회개의 눈물을 길게 흘린 다음 곧바로 생존의 투쟁에 다시금 빠져버린다.

이러한 것은 어떠한 것도 하나님의 계획에 가까워지는 것이 아니다. 하나님의 계획은 새신자들이 그저 강단으로 나와서 사람들에게 박수나 환영을 받는 데 있는 것이 아니라, 앞으로 그들을 개인적으로 먹이고 인도할 영적인 가족들에게 환영 받으며 그들의 품에 안기는 데에 있다.

나의 계약

캐시와 내가 주님을 영접하던 그날 밤을 나는 결코 잊을 수 없다. 나는 당시 18살이었고 캐시는 15살이었다.

사실 나에게 있어서 하나님을 발견하는 여정은 그보다 3년 전에 이미 시작되었었다. 어머니가 마른버짐 때문에 굉장히 아파하셨고, 어머니의 온몸은 반점으로 가득했다. 설상가상으로 우리는 거의 1년 동안, 밤마다 우리 집 창문 주변을 배회하며 위협하는 좀도둑 때문에 몹시도 시달림을 받고 있었던 때였다. 어느 날 밤에는 그가 우리 침실 창문을 통해 들어오려고 하는 것을 발견하고는 내가 총으로 쏘았다.

일주일에도 경찰이 우리 집에 몇 번이고 왔다갔다. 어머니는 총을 잡고 소파에서 잠들곤 했다. 나는 간혹 한밤중에 깨어나서 어머니가 혼자 외롭게 삶과 처절한 사투를 벌이면서 흐느끼는 울음소리를 듣곤 했다. 이러한 경험들은 당시 열다섯 살이었던 나에게는, 더군다나 두 명의 어린 동생들을 둔 나에게는 견디기 힘든 불안함 그 자체였다. 우리 가정은 종교와는 거리가 멀었기 때문에 하나님이 있는지조차도 알지 못했었다. 어느 여름 날 밤 새벽 3시경, 정신적 압박이 그날따라 심하게 나를 짓눌렀다. 나는 잠자리에서 일어나 베개를 뒤로 하고 벽에 기대어 있었다. 칠흑같이 어두운 밤이었는데, 그날 밤도 역시 어머니가 조용히 흐느끼는 소리를 들을 수 있었다.

　나는 절망에 몸부림치며 소리쳤다. "만약 하나님이 정말로 있다면 제 어머니를 고쳐주세요. 그러면 제가 하나님이 살아 계시다는 것을 믿을 것이며 내 남은 평생 당신만을 섬기며 살겠습니다."

　그때 한 목소리가 귀에 들렸다. "나의 이름은 예수 그리스도다. 그리고 너의 기도가 응답되었다!"

　바로 다음 날 아침 어머니는 완전히 치유를 받고 자리에서 일어났다. 어머니의 마른버짐이 완전히 사라져버린 것이었다! 그리고 며칠 뒤 우리를 괴롭히던 그 좀도둑이 체포되었다. 삶이 변화되기 시작했다.

　한 일주일쯤 지난 어느 날 자정쯤 이러한 일련의 사건들을 골몰히 생각하고 있을 때 그 목소리가 다시 내 귀에 들려왔다.

　그분은 말씀하셨다. "나의 이름은 예수 그리스도이다. 너의 어머니를 고쳐주면 나를 평생 섬긴다고 하지 않았느냐? 지금 나는 너를 기다리고 있다!"

　나는 하나님을 찾아 모든 곳을 다니기 시작했다. 매주마다 다른 교회를 찾아다녔다. 그리고 예배시간 내내 맨 뒤에 서서 혹시라도 하나님이 그곳에 계신가 찾았다. 대부분 나는 실망하면서 이렇게 중얼거리곤 했다. "나에게 말씀하시던 하나님이 이곳에는 안 계셔." 3년이 지난 후 캐시와 나는 친구 집에 초대를 받아서 갔다. 젊은이들로 가득 찬 소그룹 모임이었다. 그들은 모두 예수에게 열광하고 있었다. 우리는 백여 명의 다른 젊은이들과 함께 마루에 앉았다. 예배가 시작되었고 모든 사람들이 손을 들고 열정적으로 찬양을 부르기 시작했다. 음악이 끝나자 리더 한 사람이 그리스도를 영접할 사람들을 초청했다. 캐시와 나는 손을 들고 주님께 회개하는 기도를 드리며 우리의 삶을 그분께 바치는 기도를 드렸다.

그때는 몰랐지만 그 다음에 일어난 일이 우리의 삶을 영원히 변화시켜 버렸다. 모임이 끝난 후 리더가 다시 나와서는 자신을 소개했다. 그는 구원받는 것이 무엇인지를 설명했으며 우리가 어떻게 하늘나라의 어린 아기로 새롭게 태어났는지 설명해주고, 우리에게 아버지가 필요하다는 사실을 이해시켜주셨다. 그리고 나서 그는 우리에게 세 명의 젊은이를 소개하면서 우리에게 누가 아버지가 되었으면 좋겠는지를 선택하라고 했다. 나는 당시 교회를 잘 나가지 않았기 때문에 아버지 되기가 교회 안에서 일반적으로 인식되는 것이 아니라는 사실을 잘 몰랐다. 어쨌든 우리는 아트 키퍼만(Art Kipperman)이라는 사람을 선택했는데, 그는 우리보다 3년 선배였다. 그와 그의 아내 캐시는 우리의 영적 부모가 되었다. 누군가가 우리의 멘토가 되어 우리의 삶에 조언을 해준다는 사실은 정말로 놀라운 것이었다. 그때부터 우리는 그들과 좋은 관계를 맺기 시작했다.

몇 년이 지난 후 우리는 북 캘리포니아의 트리니티 알프스(Trinity Alps)로 이사를 갔다. 그곳에서 영적인 부모로부터 오는 유익함을 얻지 못한 채 일 년을 보내야 했다. 나는 영적인 양육에 몹시도 굶주리게 되었기 때문에 하나님께 아버지를 보내달라고 울며 기도하기 시작했다.

당시 나는 자동차 정비소에서 수리공으로 일하고 있었다. 어느 날 초록색 지프(Jeep)를 수리하기 위해 차 밑에 누워 있는데 주님의 음성이 들려왔다. "네 아버지가 이 지프차의 주인이 될 것이다." 나는 그날도 내 삶의 공허함을 없애 달라고 간절히 기도했다. 그러나 정작 나는 그 차의 주인이 누구인지도 몰랐다.

그리고 그 차의 주인이 차를 찾으러 왔을 때 나는 그에게서 돈을 받고 그에게 차의 문제점과 수리한 내용을 설명해주기 시작했다. 몹시도 긴장되었다. 그는 나보다 적어도 20살은 더 먹어 보였고 매우 따뜻하고 사랑이 많은 사람처럼 보였다. 그의 차로 함께 가는 도중에도 힘써 용기를 내어서 하나님이 내게 말씀하신 것을 말하려고 애썼다. 그는 차에 올랐고 내가 말을 좀 버벅거리자 창문을 조금 내린 다음 나를 쳐다보았다.

결국 불쑥 말을 내뱉었다. "하나님께서 이 차의 주인이 저의 영적 아버지가 될 것이라고 말씀하셨습니다!" 나는 숨이 막혀 죽을 것만 같았다. 갑자기 그 사람이 차의 시동을 끄더니 문을 열고 내렸다. 그리고 팔로 나를 감싸 안으며 말했다. "당신의 아버지가 되는 게 영광입니다!" 이 사람의 이름은 빌 데리베리(Bill Derryberry)이며 그는 그때부터 지금까지 20년간 나의 멘토가 되어주고 있다. 그의 사랑과 훈련은 나의 삶을 변화시켰다. 나는 평생 그에게 빚진 자이다.

빌과 내가 서로 가졌던 사랑은 많은 사람들을 하나님의 나라로 인도했다. 그것은 나 자신의 삶에 대한 빌의 격려와 전염성을 가지고 있는 사랑의 속성 때문에 가능했던 것이다. 이와 마찬가지로 하나님이 바라시는 것은 신랑과 신부가 서로 뜨겁게 사랑하여 그 자연스런 결과로 자녀를 얻게 되는 것이다. 우리 아이들의 존재 그 자체가 바로 우리가 나누고 있는 사랑의 언약관계를 상기시켜 주고 있는 것이다. 음란이 아닌 사랑 안에서 잉태가 될 때 아이들과 부모의 자연적인 성장은 깨질 수 없고, 변화될 수 없으며, 영원한 묶임이 되는 것이다. 그때 아이들의 마음이 돌판이 되어서 그 판 위에 남편과 아내가 서로에 대한 사랑을 기록하게 되는 것이다. 이러한 관계에서 나온 결과로 아이들은 안전하게 잘 자라며 환경에 잘 적응하고, 건전한 자아상을 갖게 된다. 왜냐하면 부모가 그들을 존중하기 때문이다.

계약은 또한 그 관계에 속한 사람들이 소모자(consumer)가 되게 하는 대신 기여자(contributor)가 되도록 한다. 그리고 계약은 리더로 하여금, 그들의 양들이 모인 목적이 그저 즐기는 데 있는 것이 아니라 무언가 지도를 받기 위해 모였다는 데 있기 때문에, 그들을 위해 무언가를 해주어야 한다는 정신적인 압박감에서 자유롭게 해준다.

아버지 없는 세대

우리는 인류 역사 가운데 가장 아버지가 없는 세대에 살고 있다. 이것은 아마도 헌신된 결혼관계보다는 동거나 이혼을 택하는 현대인들의 속성 때문일 것이다. 그리고 심지어 결혼한 사람들도 가정을 어떻게 잘 이끌어나가는가보다도 돈을 더 많이 벌기에 급급한 실정이다. 하지만 여기 오래전 선지자가 미래의 비전을 잘 묘사한 약속이 있다.

> 보라 여호와의 크고 두려운 날이 이르기 전에 내가 선지자 엘리야를 너희에게 보내리니 그가 아비의 마음을 그들의 아비에게로 돌이키게 하리라 돌이키지 아니하면 두렵건대 내가 와서 저주로 그 땅을 칠까 하노라 하시니라(말 4:5-6)

약 3,000년 전 선지자 말라기는 아버지와 아들이 마지막 때 다시금 합하는 것의 중요성을 알고 있었다. 그는 계약관계의 회복이 이 땅의 저주를 산산조각내는 강력한 힘이 되는 것을 보았다. 그러므로 마지막 날의 부흥은 자연적인 그리고 영적인 가정에서 시작될 것이다.

저주는 계약이 없거나 깨졌을 때 오는 강력하고도 고통스러운 대가이다. 첫 장에서 이야기했듯이 나는 이것을 직접 경험한 사람이다. 아버지가 돌아가신 후 어머니가 동생 켈리를 낳았다. 그는 나의 첫 의붓아버지의 아들이었다. 켈리가 다섯 살 때 어머니와 의붓아버지와의 결혼생활은 끝이 나 버렸다. 그들이 이혼한 후 켈리의 아버지는 한 달에 한 번씩 술을 잔뜩 마시고는 전화를 하곤 했다.

　그는 종종 이렇게 말했다. "오늘 저녁 5시에 켈리를 데리러 가겠소." 그러면 켈리는 아버지를 본다는 것 때문에 굉장히 흥분되곤 했다. 아침 일찍부터 짐을 싸서 여행용 가방에 넣은 다음 보통 한두 시간 전부터 현관에 앉아서 아버지를 기다렸다. 찌는 듯한 더운 날도, 얼음장같이 차가운 날도 켈리는 상관하지 않았다. 그렇게 늦은 밤까지 아버지를 기다리곤 했다.

　그러면 마침내 내가 나가서는 "켈리, 이제 그만 들어오지 않겠니? 너의 아빠는 안 오실 거야"라고 말한다.

　그러나 켈리는 "아빠는 꼭 오셔. 나는 알아. 아빠는 꼭 오신다니까"라고 말했다.

　대개 켈리는 자정쯤 되어서야 그의 작은 여행용 가방 위에 엎어져 잠들곤 했다. 그러면 내가 그를 업어다가 침대에 뉘였다. 이런 식이 몇 년간 지속되었다. 그 결과 켈리의 마음에는 깊은 상처가 남게 되었다. 어쩔 수 없이 아이들은 살아남기 위해 독립적이 되고 때론 반항적이 되어버린다. 왜냐하면 그들이 배운 것은 사람들, 특별히 그들에게 권위를 행사하는 사람들을 믿을 수 없다는 것이기 때문이다.

　오늘날 전 세계적으로 너무나 많은 켈리가 있다. 그들은 모두 계약 밖에서 태어났거나 이혼이라는 것을 통한 부모의 계약 파기로 말미암아 생겨났다. 그리고 많은 부모들이 자녀를 키우는 것을 그저 단순한 취미나 부업 정도로 인식하고 있다. 그들은 오로지 성공만을 추구하고 있다. 아이들의 삶 속에 사랑의 관계가 없다면 그들의 마음속에는 다른 메시지가 새겨지게 된다. 그것은 사랑이 아닌 거절과 버림받음이라는 메시지이다. 부모의 무모하고도 함부로 하는 말들과 외롭게 지내는 많은 밤을 통해 이러한 것들이 아이들의 여린 마음에 새겨지게 된다.

　하나님 나라에서도 이와 마찬가지의 일이 벌어질 수 있다. 아버지가 없이 지냈던 내 동생 켈리의 경우처럼, 많은 교회들이 아이들을 낳아만 놓고는 아버지 없이 그냥 혼자 살아가도록 방치하고 있다. 예수님은 우리로 하여금 그리스도인을 만들도록 하신 것보다는 오히려 제자를 만들도록 하셨다. 제자란 말의 의미는 배우는 자이다. 제자의 가장 근본적인 속성은 바로 그들에게 가르치는 사람이 필요하다는 점이다.

만약 새신자가 양육을 받지 못한다면 무슨 일이 벌어지겠는가? 그들 대부분은 다시 그들이 나왔던 세상으로 돌아가버리고 말 것이다. 나중에 다른 사람이 그들을 다시 그리스도께 인도하려고 시도하려고 한다면 그것은 거의 불가능할 것이다. 그들은 이렇게 생각할 것이다. '과거에 믿어 보았지만 별로 효과가 없던 걸.' 그들이 과거에 경험했던 것은 사실 복음과는 전혀 무관한 것들이었기 때문이다. 복음은 그야말로 복된 소식이다. 소식은 소식인데 복된 소식이라는 의미는, 거듭났을 때 우리를 잘 돌봐주고 양육해주고 사랑해주는 가족을 갖게 되기 때문이지, 결코 사람을 교회에 데리고 오는 데만 온통 신경을 쓰는 그런 사람들의 무리에 속하게 되는 것이 아니기 때문이다.

마치 하룻밤 데이트로 임신을 해버린 여자처럼, 우리는 사람들을 그냥 그리스도께 인도하고 나서는 그들과는 아무런 관계도 맺지 않고, 아무런 양육도 하지 않는다. 이러한 일은 종종 우리의 예배 가운데에서도 일어난다. 우리는 음악으로 예배 분위기를 잘 만든다. 설교자는 늘 그래왔듯이 설교 대사를 기가 막히게 잘 말한다. 열정이 고조되고 바로 그때 아이들이 잉태된다. 때때로 그것은 마치 강간을 행하는 것과 같은 느낌이다. 무시무시한 말로 사람들을 겁주어서, 정확한 때에 손을 들고 화답하지 않으면 저주가 그 위에 임하는 것처럼 분위기를 몰아서, 사람들을 강제로 천국으로 끌어들이는 모습이 상상되기 때문이다. 이런 방법으로 잉태되었을 때 그들은 사생자가 된다(히 12:8을 보라). 그들은 누가 자기 아버지인지도 모른다. 분위기에 열광되어 우리는 그들에게 사랑한다고 말한다. 그러나 우리는 그것을 행동으로써 보여주지 못하고 있다. 아무도 그들을 일으켜 세워주지 않는다! 더 이상 이러한 복음의 변질을 그냥 둘 수 없다. 우리는 일어나서 그들을 돌보는 아버지와 어머니가 되어야만 한다. 이 세상의 수많은 켈리들이 지금 그들을 돌볼 부모를 기다리고 있다.

오순절 운동의 영향으로 교회 안에 성령의 역사가 회복되는 것을 보아 왔다. 1960년대 후반과 1970년대 초 예수운동을 통하여 히피문화가 변화되고 많은 도시가 회복되는 것을 보았다. 이제 마지막 때의 부흥은 예언자들에 의해 시작될 것이며, 아버지 사역을 강조하게 될 것이다. 아버지와 아들 됨의 회복 그리고 완전한 개혁이 마지막 부흥의 전형이 될 것이다. 그것이 가족 단위를 혁명적으로 변화시킬 것이며, 더 나아가 우리의 문화를 궁극적으로 변화시킬 것이다.

진정한 계약

아버지가 되는 것은 결혼으로 시작된다. 그리고 결혼은 계약으로써 성립된다. 결혼계약은 세 가지 요소로 구성되어 있다. 첫째, 그것은 오직 죽음 이외에는 결코 파기될 수 없는 상호동의라는 점이다. 둘째, 결혼계약의 본질은 서로를 위하여 죽을 수도 있다는 것이다. 그리고 마지막 요소는 그 계약 속에서 서로에게 자신의 결정에 영향을 미칠 수 있는 권리를 준다는 것이다. 다시 말해서, 상대방에게 무엇을 받기 위해서가 아니라 오히려 주기 위하여 우리는 이 결혼관계 안에 있는 것이다.

하지만 동거의 관계는 이렇게 말한다. "나는 당신으로부터 무언가를 기대하기 때문에 이 관계를 갖는 것이다. 그러므로 당신이 나를 즐겁게 할 때에만 나는 이 관계 안에 머물 것이다." 결혼하지 않고 동거하는 사람들은, 결혼은 그저 단순한 종이 계약서에 지나지 않는다고 말하며 자신들을 변명한다. 그렇지만 사실은 이렇다. 상대방에 대한 헌신의 부족은 결국 한 상대로 하여금 다른 상대가 떠나버릴지도 모른다는 불안감을 조성하게 되며, 결국 상대방을 즐겁게 해주기 위해 무엇이든 다 해주어 버리는 결과를 낳게 된다. 상호의존 속에서 그들은 영원히 지속되는 결혼계약 맺기를 원하지 않는다. 결혼이라고 하는 것이 상대방이 느낄 불안감을 제거해주게 되어 더 이상 그것으로 파트너에게 마음대로 강요할 수 없게 되기 때문이다.

동거하는 사람들은 어떤 사람에게 영원히 헌신해야 한다는 결정을 내리기가 쉽지 않다. 왜냐하면 상대방이 미래에 자기를 어떻게 취급할지에 대한 불안감이 항상 내재하고 있기 때문이다. 그러나 계약관계 안에 있는 사람들은 평생 헌신을 결정하기가 쉽다. 왜냐하면 그들이 존재하는 이유가 상대방에게 무엇을 주기 위함이라는 것을 잘 알고 있기 때문이다.

하나님은 계약을 만든 분이시다. 인간이 계명을 지킴으로써 거룩하게 될 수 있는 점(구약성경과 언약)에 근거하여, 하나님은 인간과 계약을 맺으셨다. 나중에 하나님은 인간과 맺은 계약을 바꾸기를 원하셨지만, 그 계약은 오직 죽음으로써 파기될 수 있는 것이었다. 그래서 하나님의 아들 예수 그리스도가 죽으셨고, 그 결과 바울이 로마서와 갈라디아서에서 말했듯이 계약이 변경되게 되었다.

많은 그리스도인들이 동거관계의 교회 문화에서 자라났다. 그런 문화에서는 사람들이 헌신하지도 않으며, 지도자들은 사람들을 통제하거나 혹은 기쁘게 하기 위해 애쓰며 진정한 제자도라고는 찾아볼 수가 없다. 그렇지만 우리는 그리스도를 영접함으로써 하나님과 새로운 계약관계에 들어가게 되는 것이다. 물 세례는 이 계약으로 들어가는 예언적 의식이다. 로마서 6장에 의하면, 세례 받으며 물속으로 들어갈 때 그것은 곧 우리가 그리스도와 함께 죽는다는 것에 대한 예언적 선포이다. 물 밖으로 나올 때 우리는 곧 그리스도와 함께 죽은 자 가운데서 부활하게 된다는 것을 예언적으로 선포하는 것이다(롬 6:3-11을 보라). "이제는 내가 산 것이 아니요 오직 내 안에 그리스도께서 사신 것이라"(갈 2:20).

하나님과 계약을 지킨다는 것은 진정한 제자로 살아간다고 하는 표시이다. 예수님에게는 12명의 제자가 있었다. 그분은 계속해서 그들 중 하나가 자신을 팔 것이라고 말씀하셨다. 놀라운 사실은, 예수님과 함께 3년 반씩이나 함께 거하며 먹고 마시고 능력을 행했음에도 불구하고, 11명의 제자들은 예수님의 이 말씀을 듣고도 어떻게 유다가 배신자가 될 것이라는 것을 전혀 깨닫지 못했을까 하는 것이다. 유다도 분명 다른 제자들과 마찬가지로 병자를 고치고 귀신을 내어쫓기도 했을 것이다. 만약 그렇지 않았다면 그의 능력 부족이 금방 다른 제자들에게 보여져서, 예수님의 이 말씀을 들었을 때 유다가 주님을 배반할 것이라는 것을 금세 알아차렸을 테니 말이다. 어쨌든 주님은 유월절 밤에 이렇게 제자들에게 말씀하셨다. "나와 계약을 맺자." 그리고 나서 주님은 떡을 떼시며 말씀하셨다. "이것은 너희를 위하여 주는 내 몸이라"(눅 2:19). 계약을 맺어야 할 그 순간, 유다를 덮어쓰고 있던 가면이 벗겨져 버리고 만 것이다.

유다는 거짓 사도였다. 그는 입맞춤으로 예수님을 배반했다. 왜냐하면 그가 추구했던 것은 계약 없는 친밀함이었기 때문이다(눅 22:47을 보라). 그는 예수님과의 관계에서 항상 무엇인가 이득을 보려고 했던 사람이었다. 예수님이 이제 주를 위한 희생을 요구할 것이라는 것을 깨닫자마자 그는 은 삼십에 주님을 배반하고 팔아버리고 말았다. 그는 그런 대가를 지불해야 하는 관계를 원했던 것이 아니었기 때문이다.

거짓 사도와 거짓 지도자의 본질은 그들이 진정한 아버지가 아니라는 사실이다. 그들은 무엇인가를 얻기 위하여 주님의 몸과 함께 동거하고 있을 뿐이다. 그들이 낳은 자녀들은 우연한 사고로 얻은 것이다. 그들은 결코 자녀들을 책임지려고 하지 않는다. 그리고 마침내 자기 죄에 빠질 때 그리스도의 대속의 은혜를 받아들이기보다는 스스로 속죄하려고 한다(그렇게 해서 유다는 스스로 목을 매었다).

이미 언급했듯이 이러한 유다의 영이 오늘날 우리 문화에 너무나 많이 퍼져 있다. 그것이 사람들의 정신세계를 지배하기 시작했다. 그리고 그러한 증거들이 교회 안이든 밖이든 곳곳에서 나타나고 있다. 왕자와 공주로서 우리는 이러한 영들이 우리에게 영향을 미치는 것을 단호하게 거부해야 한다. 오히려 그 반대의 영의 작용이 증폭되도록 노력해야만 한다.

몇 해 전 주님은 나를 책망하셨는데, 그것은 내가 빌 존슨에게 동거의 태도를 가지고 늘 대했기 때문이었다. 빌은 나의 선배 지도자였으며, 거의 25년 이상을 나의 담임목사로 있어 왔다. 그는 내가 여태껏 알았던 그 어떤 이보다도 뛰어나고 훌륭한 하나님의 사람이었으며, 깊이 존경하는 리더였다. 그런데 어느 날 밤 주님은 빌을 향한 나의 마음 상태를 보여주셨다. 비록 내가 그를 잘 섬기고 있으며 그를 위해 최선을 다하고 있었지만, 한 번도 그와 영원토록 함께 있어야 한다고 생각해보지는 않았었다. 나는 나 자신이 지도자가 되고, 우두머리가 되고, 첫째가 되고 싶었다. 그래서 그 목적을 위해 빌과 함께하고 있었던 것이다. 주님은 내게 "너는 언제나 계약을 이야기하고 있지만, 실제로 너의 담임목사와도 계약을 맺지 않고 있구나! 너는 그의 유익보다는 오히려 자신을 위해 단지 그를 섬길 뿐이다. 나는 네가 이제 남은 평생을 그를 섬기는 데 바치기를 원한다"라고 말씀하셨다.

와! 나는 어안이 벙벙했다. 모든 게 끝난 것 같았다. 그리고 내가 그동안 다른 사람에게 복종하기를 원하지 않아 했다는 사실을 깨달았다. 모든 신뢰에 관한 이슈가 표면에 떠오르기 시작했다. "만약 내가 내 삶 전체를 빌을 섬기는 데 바친다면 그가 그에 상응하는 보답을 해줄까? 더욱 중요한 것은 내가 다른 사람의 종으로 있는 동안 정말로 주님이 나의 마음에 열정을 주실 수 있을까? 사람들이 벧엘교회를 빌의 교회라고 알고 있는 상황에서, 내가 수고해서 이룩한 일도 그에게 공을 돌릴 텐데 내가 그것을 견딜 수 있을까?

내가 과연 일평생 대단한 사람의 그림자 밑에서 살아가기를 원하는 것일까?" 이러한 그동안의 나의 거짓된 마음들이 드러나기 시작했다.

주님의 책망은 날이 갈수록 점점 더해만 갔고, 더 이상 견디지 못하는 상황까지 가버렸다. 나 자신이 메시지가 되기 전까지 나는 어떤 메시지도 주님으로부터 받을 수 없었다. 내 인생에서 큰 변화를 겪어야 했지만 그것은 전쟁이었다.

캘리포니아 오렌지 빌에서 열리는 남성 수련회 준비를 위해 빌과 내가 함께 일하게 되었다. 바로 그 당시 나의 긴장은 최고조 상태였다. 정말 견디기 힘든 시간이었는데, 설상가상으로 우리는 같은 차를 타고 그곳까지 가야 하는 상황이었다. 그곳으로 가는 도중 나는 말을 할 수가 없었다. 이것이 빌에게는 결코 어색한 일이 아니었지만(왜냐하면 원래 그는 말이 없는 사람이다), 나에게는 거의 작은 기적과 같은 일이었다. 내 입에서 무슨 말이 튀어나올지 모르는 상황이었기 때문에 말을 꺼내기가 너무 두려웠다. 결국 더 이상 견디지 못하는 상황까지 갔다. 빌은 운전을 하고 있었는데, 나는 그를 쳐다보고는 불쑥 말을 내뱉었다. "이제부터 평생 당신을 섬기겠습니다. 이 시간 이후부터 내 인생의 주된 목표 중 하나는, 하나님께서 당신에게 주신 모든 사명을 이루는 데 내가 죽기까지 함께하겠다는 것입니다."

나는 숨이 넘어갈 것만 같았다. 왜냐하면 방금 내가 한 말에 깊은 계시가 들어 있다는 것을 깨달았으며, 나는 반드시 내가 한 말을 지키는 사람이기 때문이었다. 빌이 나를 응시하더니 "고맙네" 하고 대답했다. 내 생각에 빌은 그 말을 들었을 때 내가 늘 품고 다니던 생각을 그 순간 표현했을 것이라고 생각했을 것이다. 왜냐하면 오랫동안 그를 섬겨왔기 때문에 그는 나를 잘 알고 있었기 때문이다. 하지만 이번 경우는 그렇지 않았다. 그리고 내가 뱉었던 그 말들이 나의 삶을 변화시켰다. 그때 이후 나는 하나님 안에서 완전히 새로운 차원으로 들어가게 되었다. 내 사역은 폭발적으로 성장했고, 재정상태도 배나 축복을 받았다. 사실 이 책도 빌이 나를 소개하고 주선해준 결과로 나오게 된 것이다. 그가 직접 출판사에 전화를 걸어 내 원고를 다 읽어보도록 배려를 아끼지 않은 결과이다.

첩의 관계에서 계약관계로의 변화는 반드시 교회 안에서 일어나야 하며, 그 결과로 진정한 의미의 하나님의 가족이 다시금 생겨나야만 한다. 진정한 왕가의 표시는 다른 사람과의 계약시 왕국을 위하여 기꺼이 목숨을 내어놓을 수 있는 능력이다. 교회가 진정으로 가족이 되어 아들과 딸들을 낳으며, 신랑과의 계약을 분명히 나타내게 되면 우리 도시들의 기초가 흔들릴 것이다. 이것이 바로 세상의 정욕과 하나님의 사랑 간의 극적인 대조를 불러 일으킬 것이다. 그리고 마침내 세상이 하나님 아버지의 자녀들에 대한 초자연적이고 무조건적 사랑을 알게 될 것이다. 이제 우리가 그들에게 진정한 사랑이 무엇인지 보여주어야 할 때이다!

Supernatural Ways of Royalty

Chapter 12

왕의 신조 지키기

Defending the Decrees of the King

> 왕가의 사람들은 정의에 대한 강력하고도 특별한 감각을 지니고 있기 때문에,
> 그들의 영혼에서부터 흘러나오는 정의감에 사로잡혀
> 반드시 불의를 바로잡고자 한다.

정의의 영웅들

우리는 하나님께서 어떻게 우리를 영광으로 부르셨는지를 살펴보았으며, 어떻게 진정한 겸손과 공경이 그 영광을 나타내는 데 중요한 요소가 되는지를 살펴보았다. 겸손과 공경은 하나님과 사람에 대한 계약관계에 의거한 사랑의 마음을 이해하고 유지함으로써 지속될 수 있다. 빌 존슨은 이렇게 말한다. "당신은 사람들이 무엇을 싫어하는가를 통해서 그가 무엇을 좋아하는지를 알 수 있다." 하나님은 그분의 자녀들을 사랑한다. 그분은 질투하는 하나님이시며, 사랑의 관계를 어기는 어떠한 것도 싫어하시는 분이다. 그것이 바로 하나님이 불의라고 부르는 것들이다. 우리가 서로에 대한 그리고 세

상에 대한 그분의 마음 안에서 자라가게 될 때, 불의에 대한 미움과 경멸의 마음 또한 자라갈 것이다.

몇몇 성경의 인물을 통해 정의감이 그들 속에서 어떻게 작용했는지를 보도록 하자. 먼저 모세를 보면, 그는 자신이 히브리인이라는 것을 항상 알았다. 하지만 그는 바로의 왕궁에서 왕자로 자라났다. 언제나 그의 눈앞에서는 그의 상황과 그의 백성의 상황이 대조를 이루었다. 어느 날 그의 동족이 애굽인에 의해 학대를 당하는 것을 목격하고는 모세는 곧바로 행동을 취해 버린다(출 2:11-12을 보라). 무엇이 모세로 하여금 그의 동족을 보호하도록 만들었는가? 왜 그는 그저 왕궁에서 유유자적하면서 영화를 누리지 않았던 것일까? 왜 가진 자였던 그가 그의 안락지대를 엉망으로 만들어버린 채 고통당하는 불쌍한 영혼을 위해 들고 일어났을까?

대부분의 사람들이 옳고 그른 것의 차이를 알고 있다. 그러나 왕가의 사람들은 그들 영혼 깊은 곳에 정의에 대한 아주 강력한 감각을 지니고 있다. 그래서 그들은 불의를 볼 때 곧바로 행동을 취하게 된다. 그런 연유로 인해 모세는 자기의 동족이 부당한 취급을 받고 있는 현장에서 행동을 취하지 않을 수가 없었던 것이다. 이와 똑같이 왕의 자녀들은 정의를 추구하며, 악이 멸하여지고 공의가 세상을 지배하는 것을 간절히 보기 원한다.

사도행전 17장에 보면, 바울이 아테네에 도착했을 때 취했던 행동이 잘 나타나 있다. 그것을 통해 우리는 어떻게 정의감이 왕가의 사람들을 움직이는지를 살펴볼 수 있다. 원래 바울의 아테네 여행 목적은 그저 단순히 쉬면서 실라와 디모데를 그곳에서 기다리는 것이었다. 그러나 그 도시에 우상이 가득한 것을 목격하고는 그의 마음이 요동치기 시작했다. 16절은 이렇게 기록하고 있다. 바울이 아테네에서 그들을 기다리다가 그 성에 우상이 가득한 것을 보고 마음에 격분하여 곧바로 시장에서 가르치기 시작했다. 얼마 지나지 않아 바울은 사람들의 주목을 받게 되었고 사람들은 그로 하여금 아레

오바고에서 설교하도록 했는데, 그곳은 소위 선생이라고 불리는 자들과 철학자들이 연설하던 곳이었다. 정의를 추구하던 바울은 강단에 올라가 전체 시민들을 향하여 예수 그리스도의 복음을 전할 수 있게 되었던 것이다.

아테네에서 바울이 눈앞에서 진행되던 불의한 일들로 인하여 격분했던 반면, 기드온이라고 하는 사람은 당시 이스라엘의 눈앞에 벌어지고 있지 않던 일들로 인하여 격분하게 되었다. 사사기 6장에 소개된 기드온을 만나러 가기 전에 당시 이스라엘의 역사적 배경을 잠깐 설명하겠다. 당시는 미디안과 아말렉 그리고 동방의 군대가 이스라엘을 압제하던 때였다. 그때 하나님은 이미 한 선지자를 보내셔서 이스라엘로 하여금 그들의 조상이 어떻게 온갖 능력과 기사를 통해 애굽의 압제에서 벗어났는지를 상기시켜주셨다.

그러나 불행하게도 그러한 구원을 당시 사람들은 아직 맛보지 못하고 있었다. 그 결과 기드온이란 사람은 미디안 사람들에게 들킬까 봐 겁이 나서 밀을 포도주 틀에서 타작하고 있었다. 그때 여호와의 사자가 그에게 다가와 놀라운 말을 선포한다. "큰 용사여 여호와께서 너와 함께하시도다." 그런데 기드온의 반응이 좀 당황스럽다. "나의 주여 여호와께서 우리와 함께 계시면 어찌하여 이 모든 일이 우리에게 미쳤나이까 또 우리 열조가 일찍 우리에게 이르기를 여호와께서 우리를 애굽에서 나오게 하신 것이 아니냐 한 그 모든 이적이 어디 있나이까 이제 여호와께서 우리를 버리사 미디안의 손에 붙이셨나이다"(삿 6:13).

기드온은 포도주 틀에 숨어서 밀을 타작하는 게 너무나 지겨웠다(지겨운 일을 계속 해야 하는 견딜 수 없는 지겨움을 당신은 경험해보았는가). 그는 이스라엘의 열조가 경험했던 그 능력의 하나님에 대한 선지자의 말을 들었다. 그래서 그는 그렇게 엄청난 기적을 경험했던 과거와 지금 이렇게 나약하고 무기력한 이스라엘의 현실 사이의 엄청난 괴리가 왜 발생했는지를 알고 싶어 했다. 마치 오늘날의 우리와 마찬가지로, 기드온은 성경이 말씀하고 있는 하나님과 자신이 지금 현재 겪고 있는 하나님과 왜 그런 차이가 있는지가 궁금했던 것이다. 왕가의 사람들은 그들의 마음에 있는 모순을 그냥 넘어가지 못한다. 우리의 영혼 속에는 우리로 하여금 불의에 맞서 의연히 일어나 대처하도록 만드는 열정이 존재하고 있다. 이러한 열정이 기드온의 영혼 속에서 끓어오르고 있었다. 그래서 그는 행동을 개시하기 위해 기회를 엿보고 있었으며 주님의 격려를 기다리고 있었던 것이다.

왕의 아들이 되어서 왕궁에서 편안히 안락을 즐기면서 온갖 좋은 것들을 누리는 것이 나쁘지는 않다. 하지만 우리가 왕의 아들과 딸인 정체성 안에서 행동하기 시작하면 할수록, 불의에 노출이 될 때 우리 안에서 무언가 끓어오른 것이 있다는 것을 더욱더 분명히 깨닫게 될 것이다. 많은 이들이 여전히 해결되지 못한 불의의 한 가운데 있다는 거짓 믿음으로 인해, 정의의 필요성을 점점 자각하지 못하고 있다. 그러나 우리의 삶에서 변함없이 일하시는 하나님의 신실하심을 접하게 되면 불의에 대하여 무언가를 하지 않으면 안 될 그 무언가를 느끼게 될 것이다.

사무엘상을 통해 보면, 사울 왕의 왕으로서의 정체성이 불의가 닥쳐왔을 때 깨달아졌다는 것을 알 수 있다. 사울은 왕으로 기름부음을 받았다. 그러나 기름부음 의식이 끝나자마자 그는 이스라엘을 통치한 것이 아니라 그의 고향으로 돌아가 농장에서 일을 하였다. 왜냐하면 그는 왕으로 자라난 것이 아니라 거지로 자라났기 때문이었다. 왕이 되어 다스리는 것이 무엇인지 그는 이해하지 못하고 있었다. 이스라엘에는 당시 왕이 없었기 때문에 그에게 충분히 역할 모델이 될 만한 사람도 없던 터였다. 그런데 얼마 지나지 않아서 그는 길르앗 야베스의 장로들로부터 한 소식을 듣게 된다. 그들의 오른 눈을 다 빼야 암몬 사람이 그들과 평화 조약을 맺어준다는 내용이었다(삼상 11:1-5을 보라). 사무엘 선지자로부터 왕으로 기름부음을 받은 후, 이제 사울의 내면에 불의에 대한 분노가 생겨났다. 성경은 당시의 상황을 이렇게 기록하고 있다.

> 암몬 사람 나하스가 올라가서 길르앗 야베스를 대하여 진치매 야베스 모든 사람이 나하스에게 이르되 우리와 언약하자 그리하면 우리가 너를 섬기리라 암몬 사람 나하스가 그들에게 이르되 내가 너희 오른 눈을 다 빼어야 너희와 언약하리라 내가 온 이스라엘을 이같이 모욕하리라 야베스 장로들이 이르되 우리에게 이레 유예를 주어 우리로 이스라엘 온 지경에 사자를 보내게 하라 우리를 구원할 자가 없으면 네게 나아가리라 하니라 이에 사자가 사울의 기브아에 이르러 이 말을 백성에게 고하매 모든 백성이 소리를 높여 울더니 마침 사울이 밭에서 소를 몰고 오다가 가로되 백성이 무슨 일로 우느냐 그들이 야베스 사람의 말로 고하니라 사울이 이 말을 들을 때에 하나님의 신에게 크게 감동되며 그 노가 크게 일어나서 한 겨리 소를 취하여 각을 뜨고 사자의 손으로 그것을 이스라엘 모든 지경에 두루 보내어 가로되 누구든지 나와서 사울과 사무엘을 좇지 아니하면 그 소들도 이와 같이 하리라 하였더니 여호와의 두려움이 백성에게 임하매 그들이 한 사람같이 나온지라 (삼상 11:1-7)

그리스도의 몸 된 교회 안의 많은 사람들이 마치 사울이 처한 상황과도 같은 온갖 불의 앞에 처해 있다. 우리는 왕과 왕자로 기름부음을 이미 받았다. 우리는 온 족속을 제자 삼으라는 명령을 받은 사람들이다. 그리고 지혜와 능력과 하나님의 권세를 부여받은 사람들이다. 그러나 우리는 어떤 의미에서 마치 사울처럼, 아직도 밭에서 소를 갈고 있는 우리 자신을 발견한다. 하나님 나라를 위하여 사람들을 인도하고 가르치고 영향을 주어야 하는 소명을 받았음에도, 우리는 생존의 문제에 초점이 가 있는 자신을 발견하곤 한다.

하지만 불의는 우리의 삶에서 다시금 우리에게 왕으로의 부르심을 일깨

워준다. 우리가 얼마나 왕의 정체성을 가지고 살아가는지는 불의에 대한 반응을 통해 잘 나타난다. 우리의 영이 내면에서 분노를 일으켜서 무언가 행동을 하든지, 그렇지 않다면 그냥 덮어두고 넘어가버릴 것이다.

회복의 정의

하나님의 자녀들이 정의를 사랑하는 것은 너무나도 자연스러운 것이다. 시편 기자는 이렇게 기록한다. "구름과 흑암이 그에게 둘렸고 의와 공평이 그 보좌의 기초로다"(시 97:2). 마음에 주님의 보좌를 품고 살아가는 사람들은 모든 상황 속에서 의와 정의(공평)를 실현한다.

예수님은 불의의 근본인 죄의 문제를 십자가에서 한 번에 그리고 영원히 해결하셨다. 주님은 정의를 실현시키는 것이 무엇인가에 대한 본보기를 보여주셨다. 주님은 사람들의 죄의 문제를 다루시려고 그들을 심판하지 않으셨다는 것이다. 많은 사람들이 생각하기를 정의라고 하는 것은 잘못한 사람이 그에 상응하는 보응을 받는 것이라고 알고 있다. 그렇지만 그것은 정의의 일면일 뿐이다. 그리고 더욱 중요한 것은, 주님께서 이미 우리의 죄에 대하여 정의가 요구하는 그 대가를 십자가에서 지불하셨다는 사실이다. 우리가 받아야 할 형벌을 주님이 대신 담당하신 것이다. 그리고 이제 우리는 그 사실을 믿음으로써 생명으로 나아갈 수 있게 된 것이다.

누가복음 4장 18-19절은 예수님께서 이 땅에 실현시키신 정의가 무엇인지 묘사하고 있다.

> 주의 성령이 내게 임하셨으니 이는 가난한 자에게 복음을 전하게 하시려고 내게 기름을 부으시고 나를 보내사 포로된 자에게 자유를 눈먼 자에게 다시 보게 함을 전파하며 눌린 자를 자유케 하고 주의 은혜의 해를 전파하게 하려 하심이라

예수님의 정의는 회복의 정의이다. 그분의 정의는 죄로 인하여 잃어버렸던 것을 사람들에게 되돌려주는 것이다. 죄의 삯은 사망이라고 성경이 말할 때 단순히 문자적으로 우리 몸의 기능이 멈추어서 땅 속으로 들어가버리는 것을 의미하는 것이 아니다. 사망은 하나님으로부터 분리된 우리의 영적 상태를 말한다. 그리고 그 결과로 우리 육신의 죽음이 찾아오는 것이다. 성경은 우리가 이 세상에 태어날 때 이미 죄로 인해 우리는 죽었다고 말하고 있다. 이 사망은 우리가 육신을 입고 세상을 살아가고 있는 동안 계속 우리 가운데서 역사하고 있는 것이다. 그것은 단지 우리 육신이 죽는 그 마지막 순간에만 역사하는 것이 아니라, 삶의 모든 전반에 걸쳐 영향을 미치고 있다.

죄는 삶의 모든 영역에서 갖가지 문제를 일으키는 근본 원인이다. 그것은 우리의 건강, 관계, 재정, 우리의 생각과 감정 모든 부분에 영향을 미친다. 놀라운 사실은 예수님의 죽음이 단지 우리가 죽을 때 천국으로 갈 수 있도록 만든 것만이 아니라, 지금 이 세상을 살아가고 있는 동안에 아버지와의 회복된 관계로 인한 모든 좋은 혜택을 누리며 살아가도록 만든다는 것이다. 그분의 죽음은 죄가 그동안 우리의 삶에서 역사했던 모든 것을 거꾸로 돌려놓으신다. 그분이 이미 우리의 죄를 대신하여 형벌을 받으셨기 때문에 더 이상 질병, 가난, 깨어진 관계, 감정적 고통, 정신적 학대를 갖고 살아갈 이유가 전혀 없다. 이 모든 것들은 예수님이 흘리신 피로 인하여 제거되었으며 더 이상 우리의 삶에서 효력을 발휘하지 못한다.

우리는 이 땅에 정의를 실현하는 데 하나님과 동역하고 있다. 그리고 그것은 사람들의 삶 속에서 역사했던 죄와 사망의 모든 영향력들을 제거하는 것이다. 하나님의 정의는 회복의 정의이기 때문이다. 바울이 말한 것처럼 우리는 유일하신 참 하나님을 아는 지식을 회복하고 있다. 기드온과 같이 우리는 하나님의 초자연적인 기적을 회복하고 있다. 우리는 사람들의 몸과 영과 혼에 건강을 회복시키고 있다. 우리는 사람들의 관계와 가정을 회복하고 있다. 우리는 재정적 축복을 회복하고 있다. 우리는 정부의 도덕성을 회복하고, 이 땅을 회복하며, 예술계의 거룩성을 회복하고 있다. 그리고 우리는 더욱 많은 것들을 회복하게 될 것이다.

우리는 아직 이 땅이 죄의 영향에서 벗어난 것을 보지 못하고 있다. 왜냐하면 십자가의 능력은 오직 믿음을 통해서만 경험할 수 있기 때문이다. 믿음은 완성된 십자가 사역을 이미 영원 속에서 바라보고 있다. 그래서 그것이 실제로 이 땅의 현실에 나타나도록 싸우고 있는 것이다. 우리는 그것을 위해 싸워야 한다. 왜냐하면 그에 상응하는 저항이 있기 때문이다. 고린도후서 4장 3-4절은 이 저항에 대하여 이렇게 말하고 있다. "만일 우리 복음이 가리웠으면 망하는 자들에게 가리운 것이라 그중에 이 세상 신이 믿지 아니하는 자들의 마음을 혼미케 하여 그리스도의 영광의 복음의 광채가 비취지 못하게 함이니 그리스도는 하나님의 형상이니라." 우리에게는 도둑질하고, 죽이며 파괴하려는 원수가 있다. 그는 속임수를 쓰는 자이다. 그리고 그의 거짓말을 믿는 사람들이 결국 그에게 힘을 실어주게 되고, 그가 계속해서 사람들의 삶 속에서 역사하도록 만들어버린다.

중요한 사실은 그리스도께서 십자가에서 그 원수를 단번에 물리치셨으며 무장해제시켰다는 것이다(골 2:15을 보라). 하나님이 그 원수를 정죄하셨고, 원수에 의해 빼앗겼던 권위를 둘째 아담인 예수님께 넘겨주셨다. 작은 그리스도로서 이제 해야 할 일은, 만나는 모든 상황 속에서 그분의 대리인이 되어 심판하는 것이다. 하나님은 세상을 창조하실 때, 그 속에서 우리의 발언권이 중요하도록 만드셨고, 또한 그분의 능력을 이 땅 위에 가져오도록 하는 데 우리의 동의가 필요하도록 만드셨다. 이렇게 함으로써 그분은 우리의 자유의지를 침범하지 않으시고, 마음을 다해 그분을 사랑할 수 있는 우리의 잠재능력을 망가뜨리지 않으셨다.

한 사람의 의지가 아버지와 전적으로 동역할 때 무슨 일이 일어날 수 있는지를 예수님은 아주 잘 보여주셨다. 주님은 일생을 통해 온 세상을 복음화 시키거나 구원시키지는 않으셨다. 대신 그분은 소그룹의 제자들을 훈련시키셔서 그들이 처한 상황 속에서 정의를 실현시키도록 하셨다. 그리고 그분의 죽으심을 통해 그 능력을 믿는 자 누구나가 소유할 수 있도록 하셨다. 주님이 그렇게 만들어놓으셨기 때문에, 하나님의 영광의 지식은 오직 믿는 자들이 그 책임을 다할 때에만, 그리고 그들이 가는 곳마다 공의를 행하며 인자를 사랑하며 겸손히 하나님과 함께 동행할 때에만(미 6:8) 이 땅을 덮을 수 있을 것이다.

이사야 59-61장은 하나님께서 예수 그리스도를 통하여 이 땅에 실현시키고자 하시는 정의에 대해 말씀하고 있다. 그리고 그것을 주님의 몸 된 교회를 통해 이 땅에 확장하기를 하나님은 원하고 계신다.

진정한 영적 능력

불행하게도 많은 교회들이 세상을 바라볼 때 방어적인 위치에서 적의 왕국을 본다는 것이다. 많은 교회들이 오늘날 역사하는 골리앗-각종 범죄, 포르노, 거짓 종교, 각종 주술과 마술 따위-에 잔뜩 겁을 먹고 있다. 그들은 그저 휴거되어 이 전쟁터를 벗어날 때까지 마냥 견디고 있을 뿐이다. 정의를 위해 무언가를 해야겠다는 생각은 두려움으로 인해 완전히 파묻혀버렸다.

불의에 맞섰을 때 많은 그리스도인들이 무기력해지는 이유 중 하나는, 그들의 정체성 인식 부족과 영적 전쟁을 수행할 능력 부족이다. 그러나 하나님의 나라가 어떻게 이루어지는지를 우리는 이해해야만 한다. 누가복음 11장 19절에서 예수님은 바리새인들에게 이렇게 말씀하셨다. "만일 내가 성령을 힘입어 귀신을 쫓아내는 것이면 하나님의 나라가 이미 너희에게 임한 것이다." 하나님의 나라가 임할 때 어둠의 왕국은 자동적으로 물러가게 되어 있는 것이다.

에베소서 6장 12절 말씀은 우리에게 영적 전쟁을 상기시켜준다. "우리의 씨름은 혈과 육에 대한 것이 아니요 정사와 권세와 이 어두움의 세상 주관자들과 하늘에 있는 악의 영들에게 대함이라." 세상의 정부가 불의에 대하여 사법 기관으로, 때론 물리적인 전쟁을 통해서 그것에 대항하는 반면, 교회는 그 근본 뿌리인 영적인 전쟁을 수행해야 한다. 우리의 도시와 국가에 임한 어둠을 보면 단순히 범죄자들을 철장 속에 가두는 것만으로는 해결할 수 없다는 것을 알게 된다. 진정한 정의가 이 땅에 실현되는 것은 오직 하나님 나라가 하늘에 있는 악의 세력들을 완전히 제압할 때에만 가능하다.

세상은 지금 진정한 영적 능력이 나타나는 것을 보기를 기다리고 있다. 그리고 교회가 일어나 하나님 나라의 능력을 나타내기 전까지 세상은 어둠의 권세 아래 있을 수밖에 없다. 마치 하나님께서 과거에 엘리야를 보내사 이세벨과 대치하게 하셨던 것처럼, 그리고 모세를 보내사 바로와 대치하게 하셨던 것처럼, 지금 하나님께서는 교회로 하여금 어둠의 왕국과 대치할 수 있도록 능력을 주셨다. 모세와 엘리야 두 사람은 하나님의 능력과 권세를 세상에 나타낸 대표적인 인물이다. 그들의 능력을 통해 두 사람은 여호와만이 유일하신 참 하나님임을 나타냈으며, 여호와께서는 충실한 자들을 신원하여 주었다.

엘리야와 그의 제자가 된 엘리사는 온 땅을 두루 다니며 어둠의 세력을 물리치고 사탄의 왕국을 파하였다. 하나님께서 갈멜산 꼭대기 엘리야의 제단에 기가 막히게 불을 내리신 순간 엘리야는 850명의 바알과 아세라의 선지자들을 즉시로 물리쳤다. 하나님의 선지자들은 사악한 왕의 파괴적인 행위에 대하여 관용의 태도를 취하지 않았다. 오히려 그것을 통해 많은 사람들을 의로 이끌었다. 그들은 죽은 자를 살렸고 병든 자를 고쳤으며, 거짓 예언자들을 멸했고, 그들의 땅에 부흥이 퍼지는 것을 목격했다. 많은 사람들이 그들을 두려워했고 또 그들을 존경했다. 그들은 수준 높은 순결함을 유지했으며 하나님이 그들의 친구가 되었다.

이제 그리스도의 몸인 교회가 일어나 우리의 유산을 받아야 할 때이다! 우리의 안락지대를 벗어나야 하며 거룩함을 회복하고 우리의 선조가 행했던 큰 능력을 나타내야만 한다. 우리는 더 이상 잘 짜여진 설교, 훌륭한 음악, 그리고 친근한 예배에 만족해서는 안 된다. 우리는 어둠의 세력이 무너지는 것을 보아야 하며, 우리의 도시가 회복되는 것을 목격해야만 한다.

악이 우리 주변에 점점 기승을 부리고 있다. 우리가 사랑하는 사람들의 삶에 점점 뿌리를 내리고 있다. 그리고 결국 우리 도시의 기초를 파괴해 들어가고 있다. 사탄숭배 사상이 걷잡을 수 없는 불처럼 퍼지고 있다. 심령술사들이 교회를 비웃으며 어둠의 세력의 능력을 과시해보이고 있다. 이혼이 우리의 가정을 파괴하고 폭력이 아이들을 망가뜨리고 있다. 암과 온갖 불치의 질병이 많은 사람들의 생명을 앗아가고 있다. 그렇지만 우리 주 예수님의 말씀은 역사의 홀(hall)을 통해 여전히 메아리치고만 있다. "믿는 자들에게는 이러한 표적이 따르리니 너희가 나를 믿으면 내가 한 것도 할 것이요 이보다 더 큰 것도 하리니 이는 내가 아버지께로 감이니라"(막 16:17-18; 요 14:12).

모세의 시대에 하나님은 바로에게 그분의 능력을 나타내셨다. 바로도 그의 마술사들을 통해 하나님의 이적을 모방함으로써 반격을 가했다. 그때 모든 능력을 지니신 하늘의 하나님은 더 큰 능력을 바로에게 나타내셨다. 그러자 그의 마술사들도 "이 이적은 하나님으로부터 온 것입니다. 우리는 도저히 이렇게 할 수 없습니다"(출 8:19)라고 말했다. 결국 바로는 하나님의 능력 앞에 굴복하고 이스라엘 백성을 보내고야 말았다.

여기에서 바로는 사탄에 대한 비유로서 등장한다. 하나님은 그분의 교회를 통해 능력을 나타내심으로써 사탄의 견고한 진이 도시에서 무너지도록 역사하신다. 우리는 지금 인류 역사상 가장 큰 부흥의 중간에 있다. 그렇지만 아직 우리에게는 반드시 해야만 하는 일들이 남아 있다! 우리는 우리의 역사(history)가 하나님의 이야기(His story)가 되도록 지금 다리 역할을 하고 있는 것이다. 우리는 선지자의 자녀들이다! 병든 자, 악한 영에게 잡혀 있는 자, 가난한 자, 소경, 저는 자, 그리고 잃어버린 자들이 지금 우리가 배운 것들을 간절히 보기를 기다리고 있다. 우리는 그들을 결코 실망시켜서는 안 된다!

능력으로 무장하기

어둠을 몰아내고 하나님의 왕국을 가져오는 방법 중 한 가지는 하나님의 자녀인 우리 각자가 주님이 주신 은사를 사용하는 것이다. 우리에게 있는 은사가 단순히 교회를 강하게 하는 수단뿐만이 아니라, 영적 전쟁을 수행하는 강력한 무기라는 사실을 우리는 잘 깨닫지 못하고 있다. 1999년 12월, 주님은 나에게 있는 예언의 은사가 얼마나 강력한 영적 무기인지를 깨닫게 된 한 가지 사건으로 날 인도하셨다. 이 경험을 통해 세상 사람들에게 드리워져 있는 칠흑 같은 속박이 내 마음에 절실하게 느껴져 왔다. 더도 말고 덜도 말고 하나님이 오직 모세와 엘리야에게 행하셨던 것과 같은 강력한 능력만이 이것을 깨뜨릴 수 있다는 확신이 내 안에 들었다.

언젠가 주립대학에 초청을 받아서 기독교와 초자연적 역사라는 주제로 강의할 기회가 있었다. 그 지역의 한 목사님이 그 대학에서 강의를 맡아서 하고 있었는데, 그가 학생들에게 하나님의 능력을 보여주려는 목적으로 나를 초청한 것이었다. 우리 사역학교의 몇몇 학생들과 스텝들이 그날 함께했다.

캠퍼스로 걸어가고 있을 때 우리는 굉장히 흥분되어 있었다. 걸어가면서 그 목사님이 수업에 참석하는 학생들에 대하여 나에게 말했다. "스물한 명의 학생들이 수업을 듣습니다. 그들 중 열 명은 그리스도인이고, 세 명은 마법에 빠져 있는 아이들이고, 나머지 중 몇몇 아이들은 당신이 발음하기조차 힘든 종교에 속해 있습니다." 어떤 순간이 닥치기 전까지 도대체 무슨 일을 당하게 될지 전혀 모른다는 사실은 나에게 어쩌면 다행이었다. 왜냐하면 그것을 미리 알고 나면 아예 그 상황을 직면하려고 하지 않았을 테니까. 지적인 호기심으로 가득한 젊은 대학생들 앞에서, 그것도 몇몇 아이들은 마법에 빠져 있는 그런 강의실에서 내가 곧 강의를 하게 된다는 것을 난 미처 실감하지 못했다. 내가 받은 최고의 교육이라고는 고등학교를 턱걸이로 간신히 졸업한 것밖에 그 이상 학교를 더 다녀본 적이 없었다. 캠퍼스로 가는 동안 두려움이 점점 내 가슴에 엄습해 들어왔다.

 뒷문을 통해 건물로 막 들어서고 있을 때 주님이 내게 하시는 말씀을 들었다. "내가 오늘 나를 좀 과시하겠다!"

 과시하신다고? 난 순간 어리둥절했다. 그게 성경에 나온 말인가? "주님, 정말 주님께서 하신 말씀이십니까?" 나는 주님께 물었다. 그러나 내가 미처 대답을 듣기도 전에 나는 이미 학생들에게 소개되었다.

 나는 학생들에게 내 삶에 대해 그리고 주님께서 어떻게 3년 반의 내 삶의 기나긴 수렁에서 나를 구해주셨는지를 이야기했다. 비록 그 기간 동안에도 그리스도인이었지만 매일 나는 심하게 몸을 떨었고, 두 손을 사용하지 않고서는 물 한잔도 마시기가 어려울 정도였다. 밤에는 땀을 너무나 흘린 나머지 침대가 완전히 땀으로 젖어버리기 일쑤였다. 보통 캐시가 밤중에 두세 번 깨어나 내 침대 시트를 갈아주곤 했다. 그 기간 중의 마지막 해는 정말 지옥 그 자체였다. 악한 영들이 찾아와서는 내가 완전히 사로잡힐 때까지 나를 공격하곤 했다. 그러나 주님이 마침내 나를 구해주셨다. 내가 내 이야기를 하는 동안 학생들은 하나도 내 말을 놓치지 않는 분위기였다.

 마법을 하는 모임인 위카(Wicca)의 리더가 그 강의실에 있었다. 갑자기 주님께서 나에게 그 학생에 대한 예언의 말씀을 주셨다.

 내가 그에게 물었다. "잠깐 일어나 볼래요?" 마지못해서 일어나는 듯한, 거부하는 기색을 역력히 보이면서 그가 일어섰다. 내가 계속 말했다.

Chapter 12 왕의 신조 지키기 **189**

"주님께서 말씀하십니다. 당신은 정치가로 부르심을 받았습니다. 하나님께서는 당신에게 정치에 관한 것들을 이해하는 능력을 주셨습니다. 그래서 당신은 어릴 때부터 정치가에 대한 꿈을 갖고 있었습니다. 이리 나오세요. 내가 기도해주겠습니다."

그는 자리에 앉으며 말했다. "말도 안 됩니다!" 순간 내 긴장이 고조되었다. 그렇지만 나는 계속하기로 마음먹었다.

나는 좀 더 이야기를 계속했다. 그러자 목사님이 뒤에서 나에게 그만하라는 표시를 했다. 강의실을 빠져나오는데 학생들이 내 주변에 몰려들어서는 이것저것 물어보기 시작했다.

강의실 뒤쪽에 있던 한 젊은 여성이 말했다. "제가 선생님과 이야기를 하기로 되어 있는데요."

"그리스도인이세요?" 내가 물었다.

"아닙니다! 그렇지만 제가 선생님과 이야기를 하기로 되어 있다는 것을 저는 알아요." 그리고 그녀는 몰려 있던 학생들 틈을 비집고 나와 강의실 앞에 다다랐다.

내가 그녀에게 말했다. "아가씨 어머니는 무당이었죠?"

"예." 그녀가 대답했다.

나는 더 추가해서 말했다. "아가씨는 자신도 무당이라고 생각하고 있습니다. 그러나 당신은 예언자로 부름을 받은 사람입니다."

"네, 맞아요!" 그녀가 소리를 높였다.

"당신이 태어나던 순간부터 당신을 죽이려고 악한 영이 따라다녔습니다. 사실을 말하자면 당신은 태어날 때 거의 죽을 뻔했습니다." 내가 계속 말을 이었다.

그러자 그녀는 충격을 받은 듯했다. "예!" 그리고 계속 소리쳤다. "맞아요! 맞아요! 정말 정확합니다! 정말 내가 태어날 때 거의 죽었어요. 그리고 태어날 때부터 악한 영이 계속 나를 죽이려고 시도했어요. 그놈이 지난 밤에는 내게로 와서 나를 깔아뭉개려고 했어요(나는 그 모습이 어떠했을지 상상할 수 없었다). 그렇지만 나는 침대에서 일어나서 악한 영을 향해 이렇게 외쳤어요. '예수의 피가 나를 자유케 했다.' 그러니까 곧 떠나가더라고요!"

그날 수업에서 학생들이 예수님의 피의 능력을 배운 것은 두말할 나위가 없었다. 그녀는 비록 그리스도인은 아니었지만 어떤 이유에서든 악한 영은 그녀를 떠나갔다.

다음 수업을 들을 학생들이 몰려오는 것을 보자 우리를 인도했던 목사님이 말했다. "자, 어서 빨리 나가야 합니다!"

나는 그 아가씨에게 말했다. "그 악한 영에게서 자유로워지고 싶으세요?"

"예." 그녀가 대답했다. 우리가 그 강의실을 나올 때 그녀를 위해 기도를 해줄 양으로 그녀의 손을 붙잡았다.

내가 "예수의 이름으로"라고 말을 다 마치기도 전에 그녀는 그 자리에 쓰러져버렸다. 그러고는 거품을 문 채 엄청난 발작 증세를 보이기 시작했다. 출입문 바로 앞에서 이런 일이 벌어졌으니 나는 당황할 수밖에 없었다. 주변에 있던 학생들은 그저 아무 말도 못하고 서 있기만 했다.

갑자기 주님의 음성이 또다시 들렸다. "내가 오늘 나를 좀 과시하겠다!"

목사님의 얼굴 표정에는 나를 향해 '뭐 어떻게 좀 해보세요'라고 말하는 기색이 역력했다. 나는 과거에(나 자신의 경험을 포함해서) 악한 영에게서 해방시키는 사역을 경험한 적이 있지만 이번 경우에는 뭘 어떻게 해야 좋을지 확신이 오지 않았다.

나는 그녀에게 가까이 다가가 말했다. "예수의 이름으로 명하노니 이 사람에게서 떠나가라!" 바로 그 순간 그 아가씨가 속박에서 놓였다(그 대학의 악한 영들은 내가 전에 다루어보았던 것들보다 더 현명했다). 그녀는 마치 입신한 것 같은 상태에 있더니 갑자기 바닥에 뒹굴며 발작을 하듯 웃기 시작했다. 한마디로 정말 웃긴 광경이었다.

　　그 상황까지 가자 목사님이 다급하게 말했다. "우리 빨리 저 여학생을 여기에서 데리고 나갑시다." 우리는 그녀를 끌어다 복도에 놓았다. 사람들이 주변에서 그녀가 하는 이상한 행동을 쳐다보았다. 그녀가 너무나 크게 소리치며 웃어서 그녀를 다시 뒷문 밖으로 데려갔다. 그녀는 거의 통제하지 못할 정도로 웃고 있었고 주변의 환경은 전혀 모르는 듯 마구 뒹굴고 있었다. 점점 더 많은 사람들이 모여들었다. 나는 여전히 뭘 해야 좋을지 몰랐다. 주변을 보니 거의 대부분 믿지 않는 사람들 같았는데, 신기한 것은 그들이 그녀의 몸을 통해 흘러나오는 전기나 혹은 뭔가 어떤 힘을 경험하고 있다는 것을 깨달았다. 나는 전에 그와 비슷한 것을 본 적이 있었는데 그것은 성령께서 교회 안에 있는 성도들을 강하게 만지실 때였다. 하지만 당시는 교회 안도 아니었고 더군다나 그 사람들은 그리스도인들도 아니었다!

　　내가 기억하기로 그 다음에 내가 한 일은 군중 가운데 한 청년을 가리키며 이렇게 말한 것이다. "당신도 이런 걸 원하십니까?"

　　"아니요, 잘 모르겠어요!" 그가 대답했다.

　　"가져가세요!" 내가 말했다. 바로 그 즉시 그 청년이 땅에 고꾸라져서 뒹굴며 웃기 시작했다. 나는 곧 다른 사람을 가리키며 똑같이 말했고 같은 일이 벌어졌다. 몇 분이 지나지 않아 여러 명의 사람들이 땅바닥에 뒹굴며 웃기 시작했다. 다른 사람들은 그저 어안이 벙벙해서 바라보고만 있었다.

　　약 50야드 정도 떨어진 거리에 젊은 남녀가 서로 손을 잡고 벽에 기대어 서 있었다. 내가 그 젊은이를 향해 소리쳤다. "당신, 그리스도인입니까?" 그 남자의 얼굴이 사색으로 변했다.

　　"아니요!" 이렇게 말하고는 벽 뒤로 얼른 숨으려고 했다.

　　"당신 여자 친구는" 내가 계속 말했다. "그녀는 당신이 구원받기를 지금까지 기다리고 있었습니다. 당신이 구원 받으면 당신과 결혼할 수 있을 것입니다!" 그러자 그 여자가 땅바닥에 주저앉더니 그 남자의 다리를 붙잡고 울기 시작했다.

내가 그 남자에게 다가가서 말했다. "당신 부모는 분명 그리스도인이었습니다. 왜냐하면 당신 아버지가 당신이 태어났을 때 당신을 들어서 주님께 바치는 것을 내가 보았기 때문입니다."

"예." 그가 대답했다. "제 부모님 두 분 다 그리스도인이셨습니다. 우리 다섯 형제 중 아직 저만 유일하게 구원을 받지 못했습니다." 그때 나는 바로 그 앞에 서 있었고 그의 여자 친구는 우리 둘의 다리를 붙잡고 남자 친구의 구원을 위해 기도하기 시작했다.

내가 그에게 물었다. "이름이 뭐죠?"

그가 대답했다. "여호수아입니다."

"여호수아라고요!" 내가 말했다. "여호수아란 이름의 뜻은 구원이란 뜻입니다! 나와 같이 기도합시다." 나는 계속 기도했다. 그리고 그는 바로 그 날 예수님을 영접했다.

바로 그 다음 날이었다. 전날에 내가 강의실에서 정치인으로의 부르심이 있다고 말했던 그 친구가 내게 달려왔다. 그리고 말했다. "어제 제게 말씀하신 것 기억하세요?"

"예." 내가 말했다.

"사실 제가 그동안 과거에 정치학을 공부했었다는 사실을 잊어버렸었거든요. 저는 늘 정치인이 되고 싶었습니다."

와! 마법을 하던 모임의 리더였던 사람이 하늘에 계신 하나님께서 그의 삶에 대해 특별한 계획을 갖고 계셨다는 사실을 내게 와서 인정한 것이다.

거짓 표적

지금까지의 이야기는 내게 있는 은사를 사용하여 불의에 대항한 경험들 중 하나이다. 나는 이런 비슷한 경험들을 미 전역을 다니면서 여러 번 경험해보았다. 미국 사람들은 하나님에 대하여 배고파하지 않는다고 생각하는 사람들을 나는 이해할 수 없다. 가는 곳곳마다 영적 각성을 갈망하고 하나님에 대해 목말라하는 수많은 사람들을 만났다. 그들을 위해 우리가 복음의 능력을 나타내야 하지 않겠는가!

마법에 빠져 있는 수많은 사람들은 사실 따지고 보면 교회가 감당해야 할 대가라고 생각한다. 이런 사람들은 영적 실상을 경험한 사람들이다. 그들은 교회에 와서 자기들이 경험한 영적 실상에 대해 설명을 해달라고 하지만, 정작 그들이 교회에서 발견한 것이라고는 무능한 종교인뿐이다. 슬픈 사실은 대부분의 사람들이 하나님께서 교회에 임하여 능력을 나타내주시는지조차 알지 못한다는 사실이다. 그 이유는 아주 극소수의 교회만이 그런 하나님의 역사를 경험하고 있기 때문이다. 예수님은 믿는 자들이 그렇게 무능하게 살아가기를 절대 기대하지 않으셨다. 그래서 주님이 이렇게 말씀하시지 않았는가? "만일 내가 내 아버지의 일을 행치 아니하거든 나를 믿지 말려니와"(요 10:37). 교회에서 그런 능력을 경험하지 못한 사람들은 이상한 종교집단이나 마법 집단에 가서 사탄의 거짓 능력을 경험하려고 한다. 비록 그 능력이 어둠의 왕국에서 왔지만 그것은 분명 실제하기 때문에 거기에 빠져버리는 것이다. 그렇기에 그들이 교회에 와서 초자연적인 하나님의 능력을 경험하지 못하면, 다시 그들은 과거에 속해 있던 곳으로 돌아가버릴 것이다. 잠언 27장 7절은 말씀한다. "배부른 자는 꿀이라도 싫어하고 주린 자에게는 쓴 것이라도 다니라."

지금 많은 교회들이 깨어 일어나고 있다. 우리 벧엘교회에서도 매 예배 때마다 치유와 구원의 역사가 일어나고 있다. 얼마 전 우리 사역학교에 다니는 레이시(Lacey)라는 20세 젊은 아가씨가 동네 서점에 있을 때였다. 검은 색 옷을 입은 한 젊은이가 그녀 옆에 있는 테이블에 앉아 있었다. 그 친구는 검

은색 손톱을 길게 기르고 있었으며 하고 다니는 모습도 좀 해괴망측했다. 더 괴상했던 것은 그 친구가 테이블에 놓여 있는 포크를 손도 대지 않고 정신력으로 움직이고 있었다는 것이다. 레이시는 그 옆에서 한참 그것을 지켜보았다. 그러고 나서는 그녀가 그에게 물었다. "당신, 정말로 능력이 무엇인지 보고 싶으세요?"

"무슨 뜻이죠?" 그가 물었다.

"나와 함께 우리 교회에 가 볼래요? 그러면 내가 하나님의 능력이 어떤 것인지 보여드리죠." 그녀는 이렇게 말하고 자신의 승용차에 그를 태우고는 교회로 왔다. 예배 시간에 조금 늦었기 때문에 사람들이 이미 성전에 가득한 채 찬양을 부르고 있었다. 레이시는 내가 앉아 있는 앞자리로 와서는 나에게 크게 속삭였다. "제가 오늘 마법하는 친구 하나를 데리고 왔어요. 지금 저 뒤에서 공중부양을 하고 있어요. 저 사람에게 제가 오늘 하나님의 진짜 능력을 보여준다고 했거든요. 오셔서 기도 좀 해주세요."

"그래 알았어, 곧 갈게." 내가 대답했다.

곧이어 어떤 성도 하나가 내게 달려와서는 말을 했다. "저 뒤에 마법하는 친구가 하나 있어요! 지금 공중부양을 하고 있어요!"

"저도 알아요." 내가 대답했다. 그 젊은이한테 다가가기까지 나는 몇몇 사람들로부터 같은 말을 반복해서 들어야만 했다. 그에게 다가가 기도를 해주어도 되겠느냐고 물었다. 좀 부담스럽게 느끼는 눈치였지만 그는 그렇게 하라고 했다. 그의 어깨에 손을 얹고 성령께서 오셔서 그에게 하나님의 능력을 나타내달라고 기도하기 시작했다. 기도를 시작한 지 얼마 되지 않아서 갑자기 그가 바닥에 쓰러졌다. 마치 나무 판대기같이 그의 몸이 뻣뻣해졌다. 순간 주님께서 내 마음에 그가 살아왔던 삶을 그림으로 보여주셨다. 나는 그의 어머니와 아버지가 그를 학대하는 것을 보았다. 그리고 주님께서는 그의 삶에 일어났던 아주 특별한 사건도 보여주셨다. 그는 곧 긴장을 풀었고 조용히 울기 시작했다.

그가 마법에 심취했던 것은 학대하는 부모로부터 자신을 보호하기 위함이었다. 주님께서 그의 마음 깊은 곳의 상처를 만져주셨음이 분명했다. 레이시가 다시 그 젊은이를 차에 태워서 집까지 데려다주었다. 집으로 가는 차 안에서 그 친구가 레이시에게 말했다. "당신 교회에는 심령술사가 있네요."

"아니에요. 그것이 바로 제가 말했던 하나님의 능력입니다." 레이시가 대답했다.

"정신이 아찔하던데요!" 그가 말했다. 그런 경험을 했으니 그 젊은이의 삶은 다시는 전과 같지 않을 것이다.

우리의 무기

내가 소개한 사람들 모두 그들의 삶 속에서 사탄의 속박으로 말미암은 파괴를 경험했다. 그러나 더 강력한 하나님 나라의 능력이 그들에게 나타났다. 이것이 바로 하나님의 정의가 나타날 때의 모습인 것이다. 우리의 원수는 이미 정죄를 받고 심판을 받았다. 십자가의 승리로 말미암아 무력한 존재가 되어버린 자다. 우리 개인의 삶에서 원수의 억압에 직면할 때 우리는 그저 이미 하늘에서 이루어진 결정을 집행하기만 하면 되는 것이다.

이렇게 하나님 나라가 각 개인의 삶에 임할 때, 비록 사람들이 과거에 원수의 억압으로 고통을 겪었을지라도, 곧바로 그들의 삶에 기쁨과 평화와 치유가 회복되는 것을 볼 수 있다. 나는 그저 그들을 위해 기도해주고 예언해준 것밖에 없다. 그리스도인으로서 우리가 수행하는 전쟁은 대부분 전쟁처럼 보이는 것들이 아니다. 우리는 사람들과 도시를 위해 축복하고 예언을 한다. 우리는 사람들을 사랑하고 심지어 그들이 우리를 저주하더라도 축복을 선포한다. 우리는 하늘나라가 이 땅 위에 임하도록 기도한다.

하나님은 심지어 우리의 찬양과 경배를 전쟁으로 바꾸신다. 시편 기자는 이것을 시편 149편 6-9절에서 이렇게 기록하고 있다.

그 입에는 하나님의 존영이요 그 수중에는 두 날 가진 칼이로다 이것으로 열방에 보수하며 민족들을 벌하며 저희 왕들은 사슬로 저희 귀인은 철고랑으로 결박하고 기록한 판단대로 저희에게 시행할지로다 이런 영광은 그 모든 성도에게 있도다 할렐루야

시편 8편 2절은 이렇게 기록하고 있다. "주의 대적을 인하여 어린아이와 젖먹이의 입으로 말미암아 권능을 세우심이여 이는 원수와 보수자로 잠잠케 하려 하심이니이다." 우리의 찬양이 원수를 잠잠케 하고, 그를 눈멀게 하며, 기록한 판단대로 그에게 시행하게 한다.

나는 기도하기를, 우리 모두가 하나님이 우리 손에 주신 능력을 발견하여, 가는 곳마다 정의를 이 땅에 임하게 하도록 기도한다. 사도 바울은 말했다. "우리의 싸우는 병기는 육체에 속한 것이 아니요 오직 하나님 앞에서 견고한 진을 파하는 강력이라"(고후 10:4). 마음이 상한 사람, 상처받은 사람을 볼 때, 그리고 정의가 우리 속에서 솟아올라옴을 느낄 때 우리에게는 정의를 수행할 수 있는 능력이 필요하다.

정의를 가져오는 것은 우리로 하여금 원수와 대치하도록 만들기 때문에 우리는 용기 있는 담대한 사람이 되어야 한다. 다음 장에서 살펴볼 많은 용기 있는 위대한 사람들의 발자취를 통하여, 우리는 이 용기야말로 왕가의 사람들에게 반드시 필요한 덕목임을 깨달아야만 한다. 우리는 이 은사를 끌어안고 아직 쓰여지지 않은 역사의 한 무대로 한 발짝을 내디뎌야만 한다!

Supernatural Ways of Royalty

Chapter 13

우리의 사명을 노리는 원수들
The Dogs of Doom Stand at the Doors of Destiny

겁쟁이는 수천 번 죽어도 용감한 사람은 오직 한 번만 죽는다.

죽음으로써 역사를 쓰다

캘리포니아 레딩(Redding)의 전형적인 8월의 무더운 어느 날이었다. 캐롤린은 집에 가기 전 동네의 한 옷 가게에 들러서 몇 가지 품목을 사려던 참이었다. 주차할 곳을 발견하고는 차를 그리로 몰았다. 차를 주차하고 차의 시동을 껐다. 몸을 옆으로 뻗어 운전석 옆자리의 창문을 닫으려고 하는 순간 20대 초반으로 보이는 한 젊은이가 운전석 쪽에 나타나서는 소리를 쳤다. "어서 차에서 내려!" 그의 팔은 이미 차 안으로 들어와 있었고 권총을 그녀의 옆구리에 갖다 댔다.

비교적 차분하고 온건한 성격인 50대 중반의 캐롤린이 말했다. "젊은이, 보아하니 이 차가 필요한 것 같지는 않은데 보다시피 이 차는 너무 낡았어. 그리고 지금 기름도 바닥이잖아. 거기다가 에어컨도 작동되지 않는다고!" 그러고 나서 그가 겨누고 있는 총을 가리키며 이렇게 말했다. "이게 뭐지?" "보면 몰라. 총이잖아!" 그 젊은이가 말했다. 그녀의 속에서 주님이 주시는 담대함을 느낀 캐롤린은 그 젊은이를 똑바로 쳐다보며 이렇게 말했다. "젊은이, 그래 이 총으로 뭘 할 건데?" 갑자기 그 젊은이의 몸에서 긴장이 풀렸다. 그리고 숨을 한차례 몰아쉬더니 이렇게 내뱉었다. "아무것도 안 할 겁니다."

"우리 이야기 좀 할까, 젊은이?" 캐롤린이 부드럽게 말했다. "하나님께서 젊은이가 내가 하는 이야기를 잘 듣기를 원하신다네, 자네는 들을 준비가 되어 있는 것 같군." 그가 고개를 끄덕였다. 그리고 그는 총에 총알이 없는 것을 캐롤린에게 보여주고는 총을 주머니에 집어넣었다.

강도가 될 뻔했던 그 젊은이는 캐롤린이 이야기를 시작하자 차 옆에 무릎을 꿇었다. 그 장면은 마치 어머니가 아들에게 이야기하는 것 같았다. 캐롤린은 하늘의 하나님 아버지가 얼마나 그를 사랑하는지를 설명했다. 그 젊은이는 마음을 열고 그의 삶을 캐롤린과 나누기 시작했다. 자살을 시도했었는지 캐롤린이 그에게 물었을 때, 바로 그날 아침 부모님께 유서를 써놓았다고 그 젊은이는 대답했다. 약 한 시간 동안 캐롤린은 그를 위해 사역을 했다. 고개를 숙인 그에게 손을 얹고 캐롤린은 기도하기 시작했다. 그 순간 말로 할 수 없는 사랑이 그녀의 영을 통해 그에게 흘러들어가는 것을 그녀는 느꼈다. 믿기 어려운 일 같지만 나중에는 그들이 서로 작별을 아쉬워하며 헤어졌다. 그 둘 모두 하나님의 깊은 임재 안에 그대로 잠겨 있고 싶어 했다. 아마 그 사건은 그 둘 모두가 잊지 못할 것이다.

평상시 그저 평범한 가정 주부였던 캐롤린은 실상은 하늘나라의 공주였던 것이다. 강도의 위협에도 전혀 아랑곳하지 않는, 오히려 한 젊은이의 인생을 완전히 바꾸어놓은 강력한 파워를 지닌 사람이었던 것이다.

죽음에 대한 공포를 이겨내기

사람들은 영웅 이야기를 좋아한다. 그렇지만 대부분은 자신이 과연 영웅처럼 그렇게 행동할 수 있을까 하는 것에는 의문을 제기한다. 악을 보고도 아무것도 하지 않거나, 남을 위한 희생보다는 자기 자신의 구원에만 관심을 갖는 이야기 또한 많이 존재한다.

그렇지만 왕의 아들과 딸들의 마음속에는 이러한 생존 마인드가 들어갈 자리가 없다. 예수님은 말씀하셨다. "아무든지 나를 따라오려거든 자기를 부인하고 자기 십자가를 지고 나를 좇을 것이니라"(마 16:24). 십자가의 너머에 부활의 삶이 존재한다. 그리스도의 제자가 되기 위하여 우리는 죽음의 문제를 반드시 정면으로 돌파해야 한다. 세례식이 우리에게는 십자가를 지고 주님을 따르며 죽음을 경험하는 의식이다.

> 무릇 그리스도 예수와 합하여 세례를 받은 우리는 그의 죽으심과 합하여 세례받은 줄을 알지 못하느뇨 그러므로 우리가 그의 죽으심과 합하여 세례를 받음으로 그와 함께 장사되었나니 이는 아버지의 영광으로 말미암아 그리스도를 죽은 자 가운데서 살리심과 같이 우리로 또한 새 생명 가운데서 행하게 하심이라 만일 우리가 그의 죽으심을 본받아 연합한 자가 되었으면 또한 그의 부활을 본받아 연합한 자가 되리라(롬 6:3-5)

우리가 십자가를 지고 세례를 받는 순간, 최후의 원수인 사망이 파괴되며 우리는 부활의 삶을 경험하기 시작하는 것이다. 히브리서 기자는 그것을 아주 잘 묘사하고 있다.

> 자녀들은 혈육에 함께 속하였으매 그도 또한 한 모양으로 혈육에 함께 속하심은 사망으로 말미암아 사망의 세력을 잡은 자 곧 마귀를 없이 하시며

또 죽기를 무서워하므로 일생에 매여 종 노릇 하는 모든 자들을 놓아주려 하심이니(히 2:14-15)

한 번 상상해보라! 살아 있으나 주님 안에서 '죽은' 하나님의 군대가 더 이상 죽음의 공포에 떨지 않으며, 하나님이 주신 담대함으로 가득할 때 그들이 어떠한 일을 이루겠는가? 왕의 사람들은 영원의 개념으로 살아간다. 따라서 그들은 더 이상 육신의 죽음을 끝이라고 보지 않는다. 오히려 하나님 나라의 새로운 차원으로 들어가는 관문이라고 여긴다.

죽음에 대한 두려움 없이 살아가는 사람을 본다면, 우리는 진정으로 삶에 대하여 자유로운 사람을 만나고 있는 것이다. 나는 이것을 내 친구 밥 페리(Bob Perry)에게서 보았다. 2000년 어느 날 나는 몹시도 아팠다. 생명이 위독할 정도로 심한 질병에 걸렸었다. 그리고 그것은 나를 죽음의 공포로 몰아넣었다. 어느 날 나는 내 친구 밥에게 전화를 했다. 그는 몇해 전 신장암으로 시한부 인생을 판결받았지만, 그것을 이겨내고 살아난 친구였다.

나는 그에게 물었다. "자네 죽는 것이 두렵지 않았나?"

"전혀!" 그가 대답했다.

"왜, 어째서?" 내가 다시 물었다.

"천국 가는데 왜 겁먹어!" 그가 소리쳤다.

죽음을 이기기

죽음에 대한 두려움을 극복한 사람만이 진정한 용기를 가질 수 있다고 확신한다. 용기 있는 것처럼 보이는 사람들은 많다. 겉으로 보기에는 용기 있어 보이고 담대해 보일지라도 그들의 속은 어린 아이같이 겁먹고 있다. 아주 강하게 보이는 사람들 중 어떤 이들은 실지로 아주 연약한 사람일 때가 있다. 죽음의 문제를 극복한 사람은 위험하다. 그런 사람들을 통제할 수 있는 것이라고는 아무것도 없다. 왜냐하면 그들은 더 이상 두려울 게 없는 사람들이기 때문이다.

　이것을 아주 잘 보여주는 사례가 있다. 제이슨 맥너트는 벤엘 초자연적 사역학교의 학생이다. 그가 페루의 한 거리에서 전도를 하고 있었는데 갑자기 어떤 사람이 다가와서는 총을 머리에 갖다 댔다. 그러고는 이렇게 소리질렀다. "입 닥치지 못해! 전도 그만해! 아니면 너 죽을 줄 알아!" 그때 제이슨은 그의 눈을 똑바로 쳐다보며 대답했다. "어디 쏠 테면 쏴 봐! 나는 여기에 죽으러 온 몸이야!" 그러자 그 남자는 도망가버렸다!

이 세상 자연의 힘에 굴복하지 않기

　또 다른 학생인 바비 브라운은 이 세상 자연의 힘에 굴복하기를 당당히 거부하며 오히려 그 순간을 포착해서 역사에 기억되는 존재가 되었다. 그는 다른 60명의 학생들과 멕시코 티후아나 지역으로 사역학교의 선교여행을 떠났다. 그 도시의 경찰서장이 주님을 영접한 지 얼마 되지 않았을 때라 선교여행 팀원들에게 혁명거리의 시내 광장에서 전도할 수 있도록 허락해주었다. 팀원들이 음향 시스템 설치를 거의 다 마쳐갈 무렵 갑자기 비가 내리기 시작했다. 어떻게 해야 할지 몰라 팀원들이 동그랗게 모여서 기도를 시작했다. 갑자기 바비는 하나님께서 자신이 마이크 앞으로 가서 알리기를 원하신다는 것을 깨달았다. 곧바로 그는 무대로 뛰어올라가서는 마이크를 잡고 외쳤다. "예수님은 여러분을 사랑하십니다! 그분이 그것을 이제 비를 멈추게 하심으로써 증명해 보이실 것입니다."

　그리고 구름을 가리키며 외쳤다. "비야, 멈춰라! 구름아, 물러가라!" 일초도 되지 않아서 비가 멈추었고 구름이 뒤로 물러가버렸다. 사람들은 놀라움에 그저 바라만 보고 있었다. 길 건너편에 있던 아파트의 3층에 있던 한 여성이 스페인어로 소리를 질렀다. "나는 이 예수님을 믿고 싶습니다!" 바비가 마이크를 통해 그 여성을 그리스도께 인도하였다. 그녀는 손을 들고 하나님께 감사하였다. 바로 그때 하나님의 능력이 그녀에게 강력하게 임하여 그녀는 그대로 바닥에 쓰러졌다!

시장(market place)에서의 담대함

현재까지의 이야기 중 내가 가장 좋아하는 것은 바로 채드 대드몬(Chad Dedmon)의 이야기이다. 채드는 갓 결혼한 신혼이며 올해(2006년) 벧엘 초자연적 사역학교(BSSM)를 졸업하였다. 몇 달 전 그가 도너츠를 사려고 수퍼마켓에 갔을 때였다. 돈을 계산하기 위해 줄을 서 있는데 그는 자기 앞에 서 있는 여성이 보청기를 끼고 있는 것을 보았다. 그녀와 이런 저런 이야기를 나누던 중 채드는 그녀의 한쪽 귀가 완전히 먹었으며 다른 쪽 귀도 50% 이상 안 들린다는 것을 알아냈다. 그녀에게 기도를 해주어도 괜찮겠느냐고 물은 다음, 그녀의 허락 하에 그녀에게 손을 얹고 치유를 위해 기도를 했다. 그런 다음 그녀에게 보청기를 떼어내라고 부탁했다. 그 자리에서 그녀는 완벽하게 청력을 회복했다. 그 사실을 깨닫자마자 그녀는 울기 시작했고, 그 광경을 처음부터 끝까지 지켜보던 계산대의 점원도 같이 울기 시작했다.

채드는 그 점원에게 가서 스피커로 전체 매장에 방송을 해줄 것을 부탁했다. 그러자 점원은 흔쾌히 마이크를 채드에게 넘겨주었다.

"고객 여러분께 알려드립니다! 하나님께서 이 자리에서 방금 귀머거리 여성 한 분을 고쳐주셨습니다." 그리고 그는 고침 받은 그 여성에게 마이크를 건네주며 사람들에게 간증을 하도록 부탁했다. 그녀는 울며 자신의 간증을 마치고 다시 마이크를 채드에게 넘겨주었다.

그가 계속 말했다. "하나님께서 저에게 보여주셨는데 지금 이 매장 안에 왼쪽 골반에 문제가 있는 분이 계십니다. 하나님께서 치유해주기 원하시니 지금 즉시 12번 통로로 와 주십시오. 제가 기도해 드리겠습니다." 이 외에도 채드는 몇 가지 더 치유에 관한 지식의 말씀을 전했다. 그리고 몇 분도 채 되지 않아서 사람들이 그의 주변에 가득 모여 들었다. 전동 카트에 몸을 실은 한 여성이 채드에게 다가와 말했다. "내가 바로 왼쪽 골반에 문제가 있는 그 사람입니다. 내일 교체 수술을 받기로 되어 있습니다."

채드는 그녀를 위해 기도했고 그녀에게 일어나서 걸어 보라고 했다. 그녀는 일어나서 걷는 것을 주저했다. 꽤 시간이 흐른 다음 결국 그녀는 일어났고 마침내는 뛰며 소리치기 시작했다. "다 나았어요! 고침 받았어요!"

그날 그 사건을 통해 두 사람이 더 고침을 받았으며, 채드의 치유와 구원에 관한 메시지를 듣고 몇 사람이 그 자리에서 주님을 영접하였다. 바로 수퍼마켓 안에서 말이다.

대부분의 사람들이 하나님께서 사람들을 통해 그분의 일을 하시는 것을 바라보며 좋아한다. 그러나 그런 기회가 바로 우리 자신에게 주어질 때 그 거룩한 기회를 붙잡아서 박차고 앞으로 나가는 사람들은 많지 않다. 두려워함으로 인해 우리는 삶의 안전지대에 앉아서는 절대로 모험을 시도해 보려고도 하지 않는다! 방어적인 자세만을 취한다면 결국에는 하나님께서 우리에게 주신 사명, 즉 원수에 대한 영향력과 권세를 포기하게 되고 말 것이다. 우리가 떠나버린 그 빈 공간을 어둠의 세력들이 일어나 차지하고 메꾸게 될 것이다. 그러면 결국 우리의 위대한 모험이 지루하고 단조로운 것으로 대치되어질 것이다. 두려움은 우리로 하여금 우리의 부르심인 선한 싸움을 싸우지 못하도록 만든다.

강경 무슬림들은 그들의 신 알라를 위해 자신의 모든 것을 버린다. 세상은 왜 그들이 그토록 미치광인지 아직 이해하지 못하고 있다. 내가 분명히 믿는 바는 이 강경 무슬림들은 무고한 생명을 앗아가는 살인자들이라는 사실이다. 그들의 종교의 어떠한 부분도 나는 원하지 않는다. 그러나 그들에게서 발견하는 분명한 한 가지 사실은 그들은 자신의 목숨을 기꺼이 내놓을 만한 그 무엇인가를 가지고 있다는 것이다. 그리스도인들은 대의명분, 국가, 계약, 혹은 양심을 위해 자신의 삶을 기꺼이 포기한다는 것이 무엇인지 이해해야 한다. 왜냐하면 우리가 그리스도를 영접할 때 우리는 우리의 삶을 이미 포기했기 때문이다. 만약 우리가 그와 같은 강한 열정과 용기를 갖지 못한다면 이 사회에 대한 올바른 우리의 영향력을 자살 폭탄 테러범들에게 빼앗겨 버리고 말 것이다.

의심을 갖고 사는 것 vs 믿음을 갖고 죽는 것

내가 소개했던 몇몇 학생들의 경우처럼 때때로 용기는 눈에 보이는 승리를 가져온다. 그러나 어떤 경우에 그것은 승리로 끝난 것 같지 못할 때도 있다. 하나님 나라의 사람들은 이미 자신들이 승리를 한 사람들이라는 것을 안다. 그래서 살든지 죽든지 그들의 일은 복음의 진리 앞에 굳게 서는 것뿐이다.

벧엘교회에서 우리는 매달 수백 명의 사람들이 치유를 받는 것을 포함하여 수많은 기적을 경험하고 있다. 그러한 간증이 계속 전파되도록 특별히 그것들을 기록하는 책임을 맡고 있는 동역자들이 있다. 그렇지만 때때로 우리의 기도와 노력에도 불구하고 치유받지 못하는 사람들도 있다.

카렌 홀트(Karen Holt)는 10년 전 빌 존슨이 처음 벧엘교회에 왔을 때 그의 개인 비서였다. 빌 존슨이 부임하고 나서 1년이 지난 후 카렌은 유방암 진단을 받았다. 그녀는 하나님께서 치유하신다는 믿음이 있었기 때문에 병원 치료를 거부했다. 카렌이 유방암으로 투병하는 동안 같은 질병을 가진 많은 사람들이 치유의 기적을 경험하였다. 벧엘교회 부목사였던 남편조차 그녀에게 항암치료를 받을 것을 종용했으며, 다른 많은 교회 식구들도 그녀에게 의학적인 도움을 받을 것을 권했다. 그렇지만 그녀는 예수님께서 자신을 친히 돌보실 것을 확신했다. 그녀는 셀 수 없는 시간을 기도로 보냈으며 암에서 고침 받은 사람들의 간증을 수도 없이 읽고 들었으며 믿음과 성령 충만한 사람의 기도를 받기 위해서라면 어디든 찾아다녔다. 그러나 약 3년이 지난 후 그녀는 죽었다. 우리 모두는 너무 충격을 받았다. 어떤 이는 말하기를 그녀가 인생을 낭비했다고 했다. 그러나 나는 동의하지 않는다. 카렌은 의심을 갖고 살기보다는 차라리 믿음을 가진 채 죽는 것을 택한 것이다. 카렌은 평소에 그녀가 늘 그렇게 해왔던 것처럼 하나님을 의지하며 죽었다. 그녀의 삶은 그녀에게 감동을 받은 사람들에게는 결코 낭비가 아니었다.

자유인의 땅 그리고 용기 있는 자의 고향

최근 몇 년 동안 약 2,000명의 미국인들이 이라크 전쟁에서 사망했으며 그보다 훨씬 많은 숫자의 사람들이 부상을 입었다. 매일같이 수십 명의 사람들이 목숨을 잃는다는 소식을 듣는 것은 참으로 슬픈 현실이다. 그렇지만 사실 우리 모두 언젠가는 반드시 죽는다. 우리가 자신에게 물어야 할 진정한 질문은 '우리가 진정으로 살아가고 있는가' 하는 것이다. 이 세상을 떠날 때 우리는 과연 가치 있는 그 무엇을 가지고 있을 것인가? 이 세상의 가장 큰 비극은 많은 사람들이 자유를 지키기 위해 죽어가고 있다는 것이 아니라, 그보다 훨씬 많은 수백만 명의 사람들이 어떠한 인생의 목적도 없이 살아가고 있다는 현실이다!

미국은 자유인의 땅이며 용기 있는 자의 고향이다. 그러나 많은 사람들이 잊어버리고 있는 것은, 바로 만약 이 땅이 먼저 용기 있는 자의 고향이 아니었다면 이 땅은 결코 자유인의 땅이 되지 않았을 것이라는 것이다! 이 모토는 지금의 우리의 모습을 표현하기보다는 오히려 우리의 선조들을 더 잘 나타내주고 있다. 조지 워싱턴은 용기 있는 자의 표상이다. 그는 자신의 부르심을 완수할 때까지는 결코 죽지 않을 것이라는 확신을 갖고 있었다. 그리고 그는 자신이 하나님으로부터 그렇게 예정함을 입었다고 믿었다.

조지 워싱턴의 용기와 용맹에 관하여는 많은 이야기들이 전해져 내려온다. 그가 이끌었던 당시 미국 군인들은 하나같이 전쟁을 위한 훈련이 되어 있지도 않았고 무기도 변변치 못했다. 그들 중 삼분의 일은 신발과 셔츠조차도 없었다. 그들은 사냥용 소총을 가지고 전투에 임했으며 군사훈련은 전혀 받지 못했다. 영화 '브레이브 하트(Brave heart)'의 윌리엄 월리스(William Wallace)와 같이 커다란 백마를 탄 조지 워싱턴은 부대의 앞뒤를 종횡무진하며 부하들을 격려했다. 하지만 그의 부대는 잔뜩 겁에 질려서 전투에서 퇴각하기 일쑤였다.

어떤 한 전투에서 조지는 그의 부하들에게 만약 퇴각하면 자신이 뒤에서 총을 쏘겠다고 엄하게 경고했다. 그들은 영국 군대와 곧 직면하게 되었고 아니나 다를까 조지의 군대는 돌아서서 달아나기 시작했다. 조지 워싱턴은 그 상황 속을 뚫고 달리며 고함을 쳤다. "너희들이 달아나면 내가 먼저 너희들을 쏘겠다! 앞으로 전진! 돌아와라, 아니면 내가 쏜다!" 그러나 마침내 부하들은 다 달아났고 조지만이 혼자 남게 되었다. 너무나 화가 난 조지는 말을 급하게 몰고 절벽의 가장자리에 도달했다. 바로 코앞에 영국군대가 있었고 조지는 말에 탄 채 그들을 노려보았다. 온 영국 군대가 그를 향해 발포하기 시작했다. 그러나 기적과도 같이 단 한 명의 영국 군인도 조지를 맞추어 쓰러뜨리지 못했다. 발포를 멈춘 다음 그들은 모두 일어서서 조지에게 경의의 박수를 보냈다.

또 다른 전투에서 조지는 그의 코트에 3개의 총탄 구멍이 난 채 돌아왔으나 아무런 해도 입지 않았다. 그래서 어떤 역사학자는 말하기를 미국 독립전쟁에서 영국군의 주요 패인은 바로 조지 워싱턴을 죽이지 못한 것이라고 했다. 죽기를 두려워하지 않았던 한 사람이 많은 사람들을 자유롭게 살도록 만들었던 것이다.

진정한 승리

어떤 면에서 폭력은 이 땅에서 살아가는 삶의 한 방식이다. 예수님도 말씀하셨다. "침노하는 자(폭력을 행사하는 자)가 천국을 빼앗는다(힘으로 차지한다)"(마 11:12). 보이건 보이지 않건 우리 그리스도인들은 폭력으로 가득 찬 세상에 살고 있다는 사실은 너무나 명백하다. 우리가 이해해야 할 중요한 것은 바로 우리의 전투가 하나님의 승리의 구현이 되어야 한다는 것이다. 예수님께서 십자가에서 죽으셨을 때 그분은 결국 궁극적인 승리를 얻으셨다. 이제 우리는 더 이상 승리를 위해 싸우는 자들이 아니라, 이미 얻은 승리를 가지고 싸우는 자들이다. 우리가 전쟁에 돌입할 때 이미 승리는 보장된 것이다. 그러므로 결국 우리에게 있는 궁극적인 도전은 전쟁 자체에 있다기보다는, 어떻게 하면 보다 더 많은 하나님의 사람들을 이 승리의 전쟁에 임하게 하는가에 있는 것이다. 왕의 군대가 전투하기를 거부하고 오히려 겁에 질려 움츠려 있다면 오히려 그들은 비무장상태로 있는 등 뒤에서부터 공격을 당할 수 있다. 에베소서에서 말하고 있는 하나님의 전신갑주를 주목해보라. 그 갑주에는 등을 보호하는 장치가 없다. 결국 우리는 전투에서 퇴각을 생각할 수 없다는 것이다.

파멸의 원수는 바로 우리의 사명의 문 앞에 진치고 있다! 우리가 가장 두려워하는 장애물이라고 생각하는 것이 실제로는 우리의 가장 위대한 승리의 문이다. 우리의 가장 위대한 삶이 바로 그 두려움 건너편에서 우리를 기다린다. 적들의 공격에도 불구하고 이러한 보물을 얻기 위하여 앞으로 전진하는 것이 바로 용기이다.

과거의 간증을 소중히 여기라

선조들이 자유를 얻기 위하여 그들의 목숨을 기꺼이 바쳤던 것이 얼마나 소중한 가치인가에 대한 인식이, 오늘날 그리스도인들로 하여금 영적 전쟁을 수행하도록 하는 도전이 된다. 역사는 목숨을 버릴 만한 가치가 무엇인지 우리에게 말해준다. 그 가치가 비록 역사의 베일 뒤에 있을지라도 그것이 바로 우리의 유산이다. 그리고 그 유산은 종종 경의, 자유, 용기, 충성, 그리고 존경이라는 말로 표현되곤 한다. 우리의 건국의 아버지들은 이 보이지 않는 가치를 가지고 이 나라를 지켜왔으며 그것을 자손들에게 물려주었다. 그들은 단지 이 땅을 지키기 위해서 싸운 것이 아니라 하나님 나라의 원리가 영속되기를 위하여 싸웠던 것이다.

우리가 역사적인 하나님의 공적을 잊어버릴 때 우리는 진정한 기초의 부재로 인하여 흔들리기 시작한다. 이것은 종종 우리를 이기적 쾌락 추구로 이끌어가기도 한다. 그리고 그로 인하여 우리가 대적하고 있는 원수와의 전쟁에서 패하는 결과를 초래한다. 쾌락은 전쟁터에서는 좀처럼 찾아보기 어려운 것이다. 시편 기자는 이것을 아주 잘 표현하고 있다.

> 에브라임 자손은 병기를 갖추며 활을 가졌으나 전쟁의 날에 물러갔도다
> 저희가 하나님의 언약을 지키지 아니하고 그 율법 준행하기를 거절하며
> 여호와의 행하신 것과 저희에게 보이신 기사를 잊었도다(시 78:9-11)

간증을 되새기면서 우리는 과거를 기억하고 과거에 주어졌던 유산들을 다시금 인식하게 된다. 간증을 통하여 우리는 건국 선조들의 비전을 다시금 붙잡게 되며, 또한 그 간증들을 후대에 물려주는 것이 얼마나 중요한 일인가를 깨닫게 된다.

사도 요한은 이렇게 적었다. "또 여러 형제가 어린양의 피와 자기의 증거하는 말을 인하여 저를 이기었으니 그들은 죽기까지 자기 생명을 아끼지 아니하였도다"(계 12:11). 승리의 중요한 요소가 이 성경말씀을 통해 우리에게 다시금 반복되어 들려진다. 여러 형제가 어린양의 피로 인하여 저를 이기었

다. 이 구절은 우리가 승리를 얻기 위하여 애쓰는 것이 아니라, 주님의 승리를 우리가 힘입는다는 것을 의미한다. 그리스도인은 공격적인 마음을 가져야 한다. 우리가 공(ball)을 가지고 있다. 전쟁은 이미 승리한 것이며, 다만 남아 있는 것이라고는 승리를 확인할 때까지 싸우는 것뿐이다. 사탄은 이미 패했다. 예수님이 그의 이빨을 부러뜨리셨다. 이빨 빠진 호랑이가 된 사탄이 당신에게 무엇을 할 수 있단 말인가?

자기의 증거하는 말을 인하여 저를 이기었다. 증거하는 말(간증)은 하나님께서 그분의 백성들을 위하여 반복적으로 이루고 계신 놀라운 일을 기억하게 한다. "예수의 증거는 대언의 영이라"(계 19:10). 다시 말하면 과거 하나님의 기적 같은 역사가 우리의 미래에 그분이 영광스럽게 행하실 일들에 대한 기초를 놓는다.

그들은 죽기까지 자기 생명을 아끼지 아니하였다. 죽음을 두려워하지 않는 능력이 여기에 다시 한 번 나온다. 다시 말하지만 우리의 삶에서 죽음에 대한 두려움이 사라질 때, 우리는 지옥의 사자들이 절대로 건드릴 수 없는 강력한 힘을 지니게 된다. 마귀가 더 이상 죽음의 공포로 우리를 위협하지 못할 때 아무런 힘을 쓰지 못하게 된다.

용 부인(Dragon Lady) 다루기

몇 년 전 이 계시가 생생하게 느껴졌다. 우리는 당시 소위 사망의 음침한 골짜기를 지나고 있을 때였다. 트레이시 에반이라고 하는 우리 친구 하나가 용 부인(Dragon Lady)이라고 불리는 한 여성을 그리스도께 인도하였다(이 여성은 전에 언급했던 중국에 있던 용 부인과 다른 여성이다).

제인(그녀의 가명)은 20대 중반 여성으로 키가 180cm에 긴 갈색머리를 지니고 있었으며 머리카락 중간 중간에 금발이 섞여 있었다. 그녀는 매우 근육질의 몸을 갖고 있었으며 눈은 강인해 보이는 깊은 갈색이었다. 그리고 얼굴 표정은 좀 언짢은 듯했다. 그녀는 현재 살고 있는 곳으로 이사 오기 전 샌프란시스코에 있는 한 사탄교회에 약 2년 정도 다녔었다. 용 부인 제인은 술집에 자주 드나들기로 소문난 사람이었다. 술을 몇 잔 마시고 나면 갑자기 동물처럼 변해 술잔을 입으로 으깨기도 하며 그곳에 있는 남자들 몇 명을 때려눕히기도 했다. 동네 모든 사람이 그녀를 두려워하고 있었다.

트레이시는 조그만 시골 병원에서 일하고 있었는데 어느 날 경찰이 제인을 병원에 데리고 왔다. 경찰서에서 그녀는 마치 뱀처럼 배로 기어 다니고 또 고양이 울음소리를 내기도 했다. 그래서 경찰이 그녀를 병원에 데리고 왔던 것이다. 그녀가 있는 병실에서 트레이시는 그녀를 그리스도께 인도하였다. 그날 밤 트레이시가 우리 집에 와서 당분간만 제인이 우리 집에 머물 수 있게 해달라고 간청을 했다.

그때부터 드라마가 시작되었다! 그녀는 어둠을 너무나 두려워한 나머지 밤에는 불을 켜놓은 채 소파에서 잠을 잤다. 몇 날 밤을 그녀는 한밤중에 깨어나 비명을 지르고 또 그녀를 따라다니는 귀신들에게 고래고래 소리를 질렀다.

몇 주간 나는 잠을 제대로 자지 못했다. 감사하게도 우리 세 아이들은 2층에서 잠을 잤다. 종종 나는 깨어나 그녀와 같이 기도했고 그러면 그녀는 곧바로 잠들곤 했다. 그러나 어떤 때에는 몇 시간을 잠을 자지 못한 채 있어야 했다.

설상가상으로 똑같은 시간에 다른 이상한 일들이 벌어지고 있었다. 사람들이 우리에게 하루에도 몇 번이고 전화를 걸어서는 사탄이 곧 우리를 죽일 것이며 우리 아이들을 망가뜨리고 또 다른 해괴망측한 일들을 할 것이라고 말했다. 전화를 건 이들은 우리의 이름을 알고 있었다. 그리고 그들의 전화 목소리는 언제나 배후에 뭔가 강신술이 작용하고 있는 듯이 들렸다. 그들이 전화를 걸어올 때면 종종 갑자기 전기가 나가거나 벽에 걸려 있는 그림이 떨어지기도 했다. 그리고 그들과 전화를 하고 나면 몇 시간이고 전화가 먹통이 되곤 했다.

　우리 온 가족은 거의 매일 밤 악몽을 꾸었으며, 나는 밤마다 빨간 불꽃이 이글거리는 눈을 가진 마귀가 찾아오는 것을 겪어야 했다. 끔찍한 악몽을 꾸다가 깨어나기 일쑤였으며 그때마다 그 녀석이 바로 내 침대 끝에 서 있는 것을 보았다. 정말 소름 끼치는 상황이었다! 식은 땀으로 범벅이 된 나는 공포로 완전히 마비가 될 지경이었다.

　이러한 상황이 6개월 이상이나 지속되었다! 우리는 제인을 쫓아내야만 했지만 그녀가 점점 해방되어가고 있었기 때문에 그 상황에서 우리만 미칠 지경이었던 것이다. 이러한 상황 속에서도 매일 매일 기적은 있었다. 예를 들자면, 어느 날엔가 우리 딸 셰넌이 손가락을 베어서 피를 사방에 흘렸다. 제인이 셰넌의 손을 잡고 있는 사이 아내는 반창고를 찾았다. 반창고를 붙이기 전 아내가 기도를 했는데 갑자기 아이의 손의 상처가 눈앞에서 완벽하게 치유가 되는 게 아닌가! 제인은 거의 정신이 나갈 정도로 놀랐다! 이 당시 우리의 삶을 설명하자면 마치 천국과 지옥이 맞닿은 치열한 전쟁터에서의 삶이라고 할 수 있을까! 우리는 이 어려운 상황을 끝까지 견뎌냈고 결국 제인은 완전히 사탄에게서 해방되어 구원받고 아주 아름다운 여성이 되었다. 그러나 슬픈 사실은 나중에 그녀가 다시 세상으로 돌아갔다는 것이다.

　당신이 상상할 수 있듯이 이 시기는 우리 가족에게 영적 전쟁이 무엇인지, 그리고 마귀의 사악한 궤계가 무엇인지를 가르쳐주었다. 내가 배웠던 가장 강력한 교훈 중 하나는 바로 이글거리는 빨간 눈 마귀의 경험을 통해서 왔다. 그 마귀는 밤마다 내 방으로 쳐들어왔지만 내가 그 마귀를 떠나게 할 수 있는 길은 아무것도 없는 듯 보였다. 나는 그 마귀를 꾸짖었고 기도하고 내 방에 기름을 발랐으며 성경을 마귀에게 읽어주기도 하고 그 녀석이 나를 노려보는 동안 하나님을 찬양하며 예배하기도 했다. 그러나 떠나지 않았다.

내가 두려워하고 있는 것을 그 마귀는 아는 것 같았다.

빌 존슨은 말한다. "당신은 당신 안에 평강이 있을 때에만 폭풍을 제어할 능력을 갖게 된다." 풍랑 속에서도 배 안에서 편하게 잠을 주무셨던 주님을 생각해보면 이 말이 무슨 뜻인지 공감할 것이다. 주님이 그때 일어나 바람에게 잠잠하라 명하시며 풍랑을 잠재우시지 않았는가(눅 8:23-24). 주님은 이제 곧 내가 평강의 능력을 배우게 될 것이라고 말씀하셨다. 바울이 빌립보서에서 이렇게 한 말을 기억했다. "아무 일에든지 대적하는 자를 인하여 두려워하지 아니하는 이 일을 듣고자 함이라 이것이 저희에게는 멸망의 빙거요 너희에게는 구원의 빙거니 이는 하나님께로부터 난 것이니라"(빌 1:28). 우리에게 용기와 담대함이 필요한데, 그것은 우리의 원수로 하여금 그가 이미 패배한 자라는 것을 깨닫게 해준다. 왜냐하면 용기는 사탄의 무기인 두려움에 대해 면역성을 갖기 때문이다. 용기는 풍랑 속에서의 평강이며, 원수를 두려워하지 않는 능력이다. 풍랑 속에서도 잠을 잘 수 있을 때, 전쟁터 속에서도 평강을 유지할 수 있을 때, 억압 속에서도 두려워 떨지 않을 수 있을 때 우리는 마귀의 등을 이미 쳐부순 것이다!

평강의 능력에 관하여 주님이 말씀하신 바로 그날 밤 마귀가 다시 찾아왔다. 내 가슴은 뛰기 시작했고 머리는 돌아버릴 것 같았으며 고함을 지르며 도망치고 싶었다. 그렇지만 예수님은 이미 나에게 승리의 전략을 주셨다. 내가 눈을 들어 쳐다보았을 때 마귀는 여전히 앞에 서 있었다. 커다란 눈을 이글거리며 나를 노려보고 있었다. 그때 내가 그를 쳐다보며 말했다. "아, 또 너로구나!" 그리고 나서 나는 몸을 돌려서 다시 잠자리에 들었다. 불청객 마귀의 방문은 그것이 마지막이었다. 그때로부터 나는 더 이상 두려워하지 않게 되었으며 전쟁을 이제는 기다리기 시작했다. 마귀에게 사로잡힌 사람들이 전화를 걸어올 때면 나는 그저 수화기를 들고 하나님의 승리와 자비에 대해 이야기한다. 그리고 나면 그들은 그다음 어떻게 해야 할지 몰라 그냥 전화를 끊어버린다. 그리고 내 주변에서 괴상한 일들이 사라지기까지는 그다지 오랜 시간이 걸리지 않았다. 평강을 통하여 나타나는 용기는 영적 전쟁의 강력한 무기이다. 결국 평강의 하나님이 사탄을 그의 발아래에서 완전히 상하게 하시는 것이다(롬 16:20을 보라).

하나님 나라는 겁쟁이들을 위한 곳이 아니다

요한은 이렇게 적고 있다. "두려워하는 자들과 믿지 아니하는 자들과 불과 유황으로 타는 못에 참예하리니 이것이 둘째 사망이라"(계 21:8). 당신은 그리스도인이면서 동시에 겁쟁이일 수는 없다! 용기는 하나님 나라에서 절대로 과소평가될 수 없는 중요한 덕목 중 하나이다. 용기는 많은 사람들이 알아주는 위대한 업적에서만 보여지는 것은 아니다. 오히려 용기는 죄악을 물리치고 어둠의 세력에 굴복하지 않으려는 우리의 일상적인 삶의 고요함 속에서 더 나타난다. 이제 내가 알고 있는 몇몇 사람들 속에서 발견한 용기를 소개하겠다.

마약으로 얼룩진 동네에 살고 있는 8살짜리 한 소년에게서 우리는 용기를 볼 수 있다. 그 소년은 아버지를 한 번도 본 적이 없다. 어머니는 창녀였고 마약 중독자이다. 그 소년의 집은 언제나 폭력, 마약, 섹스, 그리고 온갖 불결한 일들이 다반사로 이루어지는 곳이다. 그렇지만 소년은 매주일 아침이면 일찍 일어나 깨끗한 옷으로 갈아입고(비록 사람들에게는 그렇게 보이지 않지만) 교회에 간다. 누군가가 준 다 낡아 떨어진 성경책을 갖고 교회에 가는 소년을 향해 이웃 사람들은 항상 비웃고 놀려댄다. 그렇지만 소년은 그들을 무시한다. 왜냐하면 소년은 왜 살아야 하는지 그 이유를 발견했기 때문이다.

어린 나이에 임신을 하여 혼자가 된 한 젊은 여성에게서도 우리는 용기를 볼 수 있다. 그녀에게 온 첫 사랑의 경험은 그녀에게 불확실함과 환멸만을 남겨놓았다. 아무도 그녀를 도와주는 사람이 없었다. 남자 친구는 떠나

버리고 없고, 그녀의 부모는 이혼을 했으며 지금은 다른 상대를 쫓아다니고 있다. 그 상황 속에서 그녀는 혼자가 되었고 거리에 나 앉게 되었다. 그녀의 미래는 불확실하고, 그녀의 과거는 불행 그 자체이지만, 그녀는 다시 일어서기로 결심한다. 사람들이 그녀에게 아이를 낙태하라고 말했지만 그녀는 세상에 태어날 새로운 생명을 반갑게 환영한다. 그리고 아이에게 자신이 받아보지 못한 사랑을 준다. 그녀는 나의 영웅이다.

용기는 세 아이를 둔 어머니에게서도 발견된다. 그녀의 남편은 술고래에 알코올 중독자이다. 폭력이 그들의 삶에서 일상적인 것이 되어버렸다. 결혼생활을 제대로 해보려고 수년간 노력했지만 그녀의 남편은 아내를 원하지 않았다. 그가 원한 것은 자신이 마음대로 부릴 수 있는 하인, 그리고 마음대로 학대할 수 있는 아이들이었다. 남편은 그녀에게 한 푼의 돈도 주지 않았으며 아내와 아이들에게 그들만의 삶을 허락하지 않았다. 아이들을 무방비 상태에서 그냥 아버지에게 맡겨둘 수 없었기 때문에 그녀는 아무런 직업적 기술을 습득할 수 없었다. 그러나 어느 날 그녀는 이제 마지막이라고 결심한다. 그날 그녀는 아이들을 데리고 어디로 가는지 모른 채 집을 떠난다. 다만 그들이 아는 것이라고는 더 이상 노예 수용소에서 단 하루도 견딜 수 없다는 것이었다. 남편은 몇 차례 그녀의 생명을 위협하기도 했다. 그러나 두려움과 죽음의 공포를 극복한 그녀는 담대하게 선택했다. 그들은 새롭게 시작할 것이며 그들을 인도하시는 하나님을 신뢰하게 될 것이다.

처녀가 두 손에 꼽을 정도로 희귀한 고등학교에 다니는 한 여학생에게서 우리는 또 용기를 찾아볼 수 있다. 주변의 모든 친구들이 그렇게 살기 때문에 그녀는 심적인 고통을 당했다. 친구들로 인한 압박과 그녀의 속에 잠재해 있는 성충동이 그녀를 넘어뜨리려고 했다. 그러나 그녀는 자신을 기다리고 있는 왕자님을 위해 자신을 보호하기로 결심한다. 그녀는 자신이 지킨 순결의 가치가 신혼여행에서 빛날 것을 기대하며 그렇게 결심을 한다.

역사라고 하는 것은 이러한 용기 있는 행동에 의해 쓰여지는 것이다. 그리고 어떤 하나가 다른 것보다 더 나은 것은 아니다. 우리가 타협하기를 거부할 때 우리는 하나님이 그분의 영광을 세상에 나타낼 자로 신뢰하는 사람들이 될 수 있다.

역사에는 하나님의 사람들인 우리가 용기를 갖고 이 시대에 거룩한 왕의 성품을 나타내고 지속시키기 위하여 분연히 일어난다고 기록되든지, 아니면 우리가 두려움에 빠져 도덕적 타락의 늪 속에서 헤맨다고 기록될 것이다. 만약 우리가 실패하게 된다면 우리의 역사를 기록하는 사람들 또한 깊은 절망에 빠져버릴 것이다. 만약 우리가 우리 동료들의 자기만족의 함정에서 빠져나와 일어서게 된다면 우리가 남겨놓게 될 유산은 영원히 지속될 것이다. 우리는 실패할 수가 없다! 우리는 용기로 옷 입고 우리에게 전해 내려온 미덕들을 보호하기 위하여 달려가야 한다. 비록 많은 위험이 존재한다고 할지라도 우리는 가장 극적인 승리를 반드시 이루어내야 한다.

제 3 부

Introducing the Authority and Responsibility of
Royalty

하나님 나라 백성들의 권위와 책임

이전 장에서 우리는 왕의 궁정과 그의 백성들을 관찰해보는 모험을 감행했다. 그들을 이 세상 사람들과 구별짓게 만드는 그들의 부르심, 행동, 그리고 가치에 대하여 우리는 더 많이 깨닫고 배웠다.

예수님은 말씀하셨다. "많이 받은 자에게 많이 찾을 것이다." 따라서 우리는 그분의 사명을 이루기 위하여, 하나님께서 그의 백성들에게 주신 책임과 그와 함께 부여된 권한에 대하여 자세하게 들여다보아야만 한다.

어떤 사람들은 그들에게 임한 하나님의 높은 부르심으로 인하여 놀랄 수도 있다. 여러 해 동안 교회는 하나님의 부르심을 그저 인간의 훈련, 지혜, 그리고 재정으로 이룩할 수 있는 일들로 국한시켜버리고 말았다. 바로 이 때문에 우리는 성경이 분명하게 우리에게 주고 있는 불가능이 없다는 메시지에 대하여 불편함을 느끼게 된 것이다. 이 때문에 지구상에 수많은 골리앗들이 자유롭게 도시를 마음껏 활보하고 다니며 도둑질하고 파괴하고 있는 것이다.

당신이 이제 곧 읽게 될 장은 마치 하나님의 군대를 일으켜 세워 전쟁터로 나가게 하는 큰 나팔소리 같은 것이다. 인자도 바로 이 목적을 가지고 이 땅에 오셨다. 마귀의 일을 멸하시려. 우리는 상처입고 죽어가는 사람들을 향해 뻗쳐진 하나님의 손이다. 우리는 거인들을 물리치기 위하여 기름부음 받고 무장되었으며, 하나님 나라를 이 땅 위에 가져옴으로써 하나님 나라를 확장시키는 부르심을 받았다!

Supernatural Ways of Royalty

Chapter 14

왕의 비밀 계획
His Majesty's Secret Service

예수님은 모든 나라를 제자 삼으라고 말씀하셨다.
그러나 교회는 이 지상대명령을 단순히 모든 나라에서
제자를 삼는 것으로 축소시켜버렸다.

왕의 자녀의 책임과 권한

우리가 부름 받은 왕의 자녀로의 부르심은 많은 권한과 책임을 동반하고 있다. 예수님은 말씀하셨다. "무릇 많이 받은 자에게는 많이 찾을 것이요 많이 맡은 자에게는 많이 달라 할 것이니라"(눅 12:48). 권한과 책임은 항상 같이 따라다닌다. 그러므로 우리는 우리의 부르심이 갖고 있는 이 두 가지 양면을 모두 이해하고 있어야 한다. 하나님은 그분의 교회에 지구상의 모든 것을 다스릴 수 있는 권한을 위임하셨다. 반면에 우리는 그 권한을 사용하여 그분의 목적을 이루어야 하는 책임도 함께 갖고 있다.

주님은 우리에게 온 세상을 제자 삼으라는 지상 대명령을 위임하셨다.

우리의 직무명세서를 잘 이해하는 것이 중요하다. 그래야 하나님 아버지의 뜻을 온전히 이룰 수 있기 때문이다. 예수님은 온 세상을 제자 삼으라고 명령하셨지만 오늘날 많은 교회들은 그저 온 세상에서 제자를 삼는 것만으로 그분의 지상 대명령과 부르심을 축소시키고 있다. 우리가 성경을 읽고 해석하는 방식이 아직도 상당 부분 우리 안에 있던 거지근성에 근거하고 있다는 사실을 알아야 한다. 우리가 작고 힘이 없다고 느낄 때 우리는 하나님의 말씀을 희석하여, 그저 우리가 약한 상태에서도 이룰 수 있는 것으로 만들어버린다. 그래서 하나님이 우리에게 요구하시는 것을 하지 못하고 있는 우리 자신에 대하여 아무런 죄책감도 느끼지 않게 되는 것이다. 그러므로 우리가 왕 같은 제사장으로 변화되기 시작할 때 성경을 새로운 차원에서 바라보아야 할 필요가 있다. 이 성경말씀으로 한 번 시작해보자.

> 예수께서 나아와 일러 가라사대 하늘과 땅의 모든 권세를 내게 주셨으니 그러므로 너희는 가서 모든 족속으로 제자를 삼아(이 부분에서 저자는 모든 나라를 제자 삼으라는 번역을 사용한다-역자 주) 아버지와 아들과 성령의 이름으로 세례를 주고 내가 너희에게 분부한 모든 것을 가르쳐 지키게 하라 볼지어다 내가 세상 끝날까지 너희와 항상 함께 있으리라(마 28:18-20)

사람을 제자 삼는 것과 나라를 제자 삼는 것에는 분명한 차이가 존재한다. 그리스도께 나오는 모든 사람들을 다 제자로 만들어야 함을 우리는 알고 있다. 그렇지만 지상 대명령을 단순히 사람을 제자로 삼는 것으로만 국한시켜버리는 것은 분명 하나님의 말씀을 잘못 이해하는 것이다. 예수님께서 하늘과 땅의 모든 권세가 마귀로부터 자신에게 넘어온 상황 가운데 지금 제자도를 말씀하고 계신다는 사실에 주목하라. 그러므로(바로 이러한 사실 때문에) 모든 나라를 제자 삼으라는 것이다. 지상 대명령을 정말 제대로 이해하기 위하여 우리는 이 땅의 역사를 알아야 하며, 어떻게 하나님께서 이 땅을 통치하기 원하셨는지를 알아야만 한다. 성경 창세기로의 여행을 해보자. 그리고 이 땅이 처음에 어떻게 다스려지도록 창조되었는지를 살펴보자.

아담과 하와가 창조될 때 그들은 이 땅을 다스릴 권한을 부여받았다. 창세기 구절을 보자.

> 하나님이 가라사대 우리의 형상을 따라 우리의 모양대로 우리가 사람을 만들고 그로 바다의 고기와 공중의 새와 육축과 온 땅과 땅에 기는 모든 것을 다스리게 하자 하시고 하나님이 자기 형상 곧 하나님의 형상대로 사람을 창조하시되 남자와 여자를 창조하시고 하나님이 그들에게 복을 주시며 그들에게 이르시되 생육하고 번성하여 땅에 충만하라 땅을 정복하라 바다의 고기와 공중의 새와 땅에 움직이는 모든 생물을 다스리라 하시니라(창 1:26-28)

만약 아담과 하와가 이 땅을 다스리고 정복하라는 임무를 제대로 수행했더라면 이 세상이 어떻게 달라졌을까를 상상해볼 수 있다. 어느 시점에서 마귀는 뱀의 형태로 나타나 인간에게 접근하여 하나님 대신 자신의 말을 들으라고 유혹했다. 인간이 마귀의 말을 듣자 곧 그들은 마귀의 노예가 되었으며 자신의 위치를 마귀에게 내어주어야만 했다. 인간이 타락한 이후 사탄은 이 세상의 임금이 되어 온 세상을 지배해 왔다. 그가 광야에서 예수님을 시험할 때 한 말을 보면 과거 인간이 가지고 있었던 이 세상의 지배권을 자신이 넘겨받았다는 것을 알 수 있다. "마귀가 가로되 이 모든 권세와 그 영광을 내가 네게 주리라 이것은 내게 넘겨준 것이므로 나의 원하는 자에게 주노라"(눅 4:6).

사탄은 인간을 지배했고 이 세상을 다스렸다. 그러나 예수님이 십자가에서 죽으셨을 때 주님은 사탄에게서 그 권세를 다시 빼앗으셨다(골 2:15; 계 1:18을 보라). 주님은 이 세상의 통치권을 다시 인간에게 회복시키셨으며, 교회에 그 권세를 위임하셨다. 지상 대명령은 이렇게 시작된다. "하늘과 땅의 모든 권세를 내게 주셨으니." 예수님은 여기에서 사탄이 더 이상 하늘과 땅을 지배할 권세가 없다는 사실을 강조하신 것이다.

에베소서에서 바울은 우리로 하여금 이 놀라운 사실을 이해하는 데 도움을 주는 가르침을 기록하고 있다. 성도들을 향한 하나님의 부르심이 너무나 엄청나서, 바울은 서신을 기록하다가 말고 잠시 중단한 다음 우리를 위한 기도를 할 수밖에 없었다. 그 기도를 통해, 우리로 하여금 우리의 부르심이 어떠한 것인지를 조금이라도 이해할 수 있도록 조명하고 있다.

바울은 이렇게 기도한다.

> 너희 마음 눈을 밝히사 그의 부르심의 소망이 무엇이며 성도 안에서 그 기업의 영광의 풍성이 무엇이며 그의 힘의 강력으로 역사하심을 따라 믿는 우리에게 베푸신 능력의 지극히 크심이 어떤 것을 너희로 알게 하시기를 구하노라 그 능력이 그리스도 안에서 역사하사 죽은 자들 가운데서 다시 살리시고 하늘에서 자기의 오른편에 앉히사 모든 정사와 권세와 능력과 주관하는 자와 이 세상뿐 아니라 오는 세상에 일컫는 모든 이름 위에 뛰어나게 하시고 또 만물을 그 발 아래 복종하게 하시고 그를 만물 위에 교회의 머리로 주셨느니라 교회는 그의 몸이니 만물 안에서 만물을 충만케 하시는 자의 충만이니라(엡 1:18-23)

이 구절을 다시 읽어보자. "그를 만물 위에 교회의 머리로 주셨느니라!" 얼마나 놀라운 말씀인가! 바울이 이 사실을 우리와 나누기 전에 그가 먼저 우리를 위하여 기도했음은 의심의 여지가 없다. 교회는 이 땅에서의 그리스도의 충만이다. 우리는 그리스도를 죽음에서 다시 살리신 성령의 능력을 힘입어 모든 권세에 대한 주님의 통치를 이 땅에 나타내야만 한다. 이 성경구절은 권력의 핵심 요소인 통치권과 사법권이 어떻게 교회에 주어지게 되었는지를 잘 설명해주고 있다. 모든 정사와 권세 위에 뛰어나신 그리스도와 관계를 맺게 됨으로써 우리는 사법권을 갖게 되며, 또한 그리스도를 죽은 자 가운데서 살리신 이의 능력으로 말미암아 다스리는 권세를 갖게 되는 것이다. 이제 우리가 지상 대명령을 수행하는 데 무엇이 더 필요하단 말인가?

세상을 통치하도록 태어나다

그리스도를 통한 인류의 다스림의 권세 회복이 다니엘서에 예언되어 있다. 다니엘은 강력한 예언적 환상을 보았으며 그것들 중 대부분이 아직까지도 잘못 해석되어지고 있다. 비록 그가 본 환상이 여러 부분으로 되어 있지만 그중 시대적으로 분명한 한 가지를 언급하고자 한다. 여기에 그 환상이 소개된다.

> 내가 또 밤 이상 중에 보았는데 인자 같은 이가 하늘 구름을 타고 와서 옛적부터 항상 계신 자에게 나아와 그 앞에 인도되매 그에게 권세와 영광과 나라를 주고 모든 백성과 나라들과 각 방언하는 자로 그를 섬기게 하였으니 그 권세는 영원한 권세라 옮기지 아니할 것이요 그 나라는 폐하지 아니할 것이니라(단 7:13-14)

다니엘이 이 환상을 보았을 때 천사가 와서 해석을 해주었다.

> 나 다니엘이 중심에 근심하여 내 뇌 속에 이상이 나로 번민케 한지라 내

> 가 그 곁에 모신 자 중 하나에게 나아가서 이 모든 일의 진상을 물으매 그
> 가 내게 고하여 그 일의 해석을 알게 하여 가로되 지극히 높으신 자의 성
> 도들이 나라를 얻으리니 그 누림이 영원하고 영원하고 영원하리라(단
> 7:15-16, 18)

성경 전체의 분위기와 흐름을 느끼기 위해서 전체 장을 다 읽는 것이 좋지만, 여기에서 나는 특별히 당신의 관심을 한곳에 집중시키길 원한다. 다니엘의 환상에 나오는 인자 같은 이가 천사의 해석에 의하면 바로 성도를 의미한다는 것이다. 환상에 의하면 인자 같은 이가 권세와 영광과 나라를 물려받는다. 그리고 그 환상의 해석에 의하면 바로 성도들이 나라를 물려받는다. 너무나 극적인 상황이 아닌가! 우리 성도들이 바로 권세와 영광과 영원한 나라를 물려받는다는 것이다!

그렇다면 문제는 언제 그런 일이 일어난다는 말인가? 계속 말씀을 읽어 보자.

> 내가 본즉 이 뿔이 성도들로 더불어 싸워 이기었더니 옛적부터 항상 계신
> 자가 와서 지극히 높으신 자의 성도를 위하여 신원하셨고 때가 이르매 성
> 도가 나라를 얻었더라(단 7:21-22)

시간대가 여기에서는 아주 특별하다. 성도들이 다스리게 될 시간을 명시하고 있는 두 가지 사건은, 성도들을 위하여 지극히 높은 자가 와서 신원한 것과 성도들이 나라를 얻은 것이다.

골로새서에 보면 사도 바울이 성도들의 신원에 대하여 이야기하고 있다. 예수께서 십자가에서 죽으시는 순간 하늘의 법정에서 벌어진 일을 바울은 이렇게 설명한다. 우리를 대적하는 의문에 쓴 증서가 도말되었고, 빚 문

서가 효력을 상실했으며, 정사와 권세가 벗어져 버렸다. 이 상황은 수백 년 전 다니엘이 보았던 것과 똑같은 것이었다. 다만 바울은 구체적으로 법정 용어를 거론하며 그것을 기록한 것이다. 예수께서 우리의 죄를 지시고 십자가에서 죽으시는 순간 우리는 이와 같은 엄청난 은혜를 입게 된 것이다.

하늘 법정에서 외치는 선포가 여기에 있다.

> 너희가 세례로 그리스도와 함께 장사한 바 되고 또 죽은 자들 가운데서 그를 일으키신 하나님의 역사를 믿음으로 말미암아 그 안에서 함께 일으키심을 받았느니라 또 너희의 범죄와 육체의 무할례로 죽었던 너희를 하나님이 그와 함께 살리시고 우리에게 모든 죄를 사하시고 우리를 거스리고 우리를 대적하는 의문에 쓴 증서를 도말하시고 제하여 버리사 십자가에 못 박으시고 정사와 권세를 벗어 버려 밝히 드러내시고 십자가로 승리하셨느니라(골 2:12-15).

시간대를 나타내는 두 번째 사건은 성도들이 나라를 얻는 것이다. 그러므로 성도들이 언제 나라를 얻는 것(혹은 이미 얻은 것)을 아는 것이 중요하다. 다음 성경말씀이 이 미스터리를 푸는 데 좋은 안목을 제시해준다. 마태복음 10장 7절에 의하면 예수께서는 가시는 곳마다 하나님 나라를 설교하셨다. 주님은 늘 천국이 가까이 왔다라고 외치셨다. 거듭남의 경험은 우리로 하여금 하나님 나라를 볼 수 있게 해준다고 주님은 가르치셨다(요 3:3). 그리고 천국에 들어가기 위해서 우리는 어린 아이같이 되지 않으면 안 된다(막 10:15). 그리고 주님은 우리에게 무엇을 먹을까, 무엇을 마실까, 무엇을 입을까 염려하지 말고 오직 먼저 하나님의 나라와 의를 구하라고 충고하셨다. 그러면 주님께서 나머지 모든 것을 채워주시겠다고 말씀하셨다(마 6:27-34).

주님은 또 제자들에게 다음과 같은 말씀도 하셨다. 진실로 너희에게 이르노니 여기 섰는 사람 중에 죽기 전에 인자가 그 왕권을 가지고 오는 것을 볼 자들도 있느니라(마 16:28). 그리고 주님은 하나님의 나라를 전파하며 앓는 자를 고치게 하시려고 제자들을 파송하셨다(눅 9:2). 무엇보다도 중요한 것은 주님께서 우리에게 하나님의 나라를 주셨다고 직접적으로 말씀하셨다는 사실이다. "적은 무리여 무서워 말라 너희 아버지께서 그 나라를 너희에게 주시기를 기뻐하시느니라"(눅 12:32).

지금까지 우리는 아주 중요한 포인트를 점검해보았다. 우리가 예수를 주님과 구세주로 고백하는 순간 우리는 이미 하늘나라를 받은 것이다! 이 사실은 성경 전체에 걸쳐 기록되어 있다. 하나님의 나라는 신약성경에서만도 약 150번 이상이나 사용된 용어이다. 사도행전과 서신서를 보면 사도들 또한 하나님의 나라를 선포했던 것을 알 수 있다. 성도가 하나님의 나라를 받았다는 사실, 그리고 그것이 이루어질 것을 이미 수백 년 전에 다니엘이 환상으로 보았다는 사실은 너무나 명백한 것이다.

와! 만약 성도들에 대한 심판에 대해 하나님이 이미 신원하셨으며, 우리가 그의 나라를 상속받았다면, 이제 다니엘이 우리가 살아가는 오늘날에 대하여 또 어떻게 예언했는지 살펴보아야 한다.

> 그가 장차 말로 지극히 높으신 자를 대적하며 또 지극히 높으신 자의 성도를 괴롭게 할 것이며 그가 또 때와 법을 변개코자 할 것이며 성도는 그의 손에 붙인 바 되어 한 때와 두 때와 반 때를 지내리라 그러나 심판이 시작된 즉 그는 권세를 빼앗기고 끝까지 멸망할 것이요 나라와 권세와 온 천하 열국의 위세가 지극히 높으신 자의 성민에게 붙인 바 되리니 그의 나라는 영원한 나라이라 모든 권세 있는 자가 다 그를 섬겨 복종하리라 하여(단 7:25-27)

성도들은 그리스도와 함께 다스리고 통치하기 위하여 태어났다! 바울은 이렇게 선포한다. "더욱 은혜와 의의 선물을 넘치게 받는 자들이 한 분 예수 그리스도로 말미암아 생명 안에서 왕노릇 하리로다"(롬 5:17). 물론 다스림과 통치에 대한 하나님의 생각은 세상의 관점과는 다르다. 예수님께서도 분명히 보여주신 사실이지만, 영적 지도자들의 다스림이란 사람들 속에 있는 가장 좋은 것을 끄집어내어 준비와 훈련을 시킴으로써 그들을 섬기는 것이다.

평화를 위하여 열방을 훈련시키라

선지자 이사야는 그리스도의 몸이 마지막 때에 세상을 통치하게 될 미래를 내다보았다. 그가 본 미래를 그는 이렇게 기록하고 있다.

> 말일에 여호와의 전의 산이 모든 산꼭대기에 굳게 설 것이요 모든 작은 산 위에 뛰어나리니 만방이 그리로 모여들 것이라 많은 백성이 가며 이르기를 오라 우리가 여호와의 산에 오르며 야곱의 하나님의 전에 이르자 그가 그 도로 우리에게 가르치실 것이라 우리가 그 길로 행하리라 하리니 이는 율법이 시온에서부터 나올 것이요 여호와의 말씀이 예루살렘에서부터 나올 것임이니라 그가 열방 사이에서 판단하시며 많은 백성을 판결하시리니 무리가 그 칼을 쳐서 보습을 만들고 그 창을 쳐서 낫을 만들 것이며 이 나라와 저 나라가 다시는 칼을 들고 서로 치지 아니하며 다시는 전쟁을 연습지 아니하리라(사 2:2-4)

선지자들의 비유에서 산은 권세를 의미하며 여호와의 전은 교회를 의미한다. 이사야의 예언에 의하면, 마지막 시대에 교회가 사람들이 살아가고 결정을 내리는 모든 것에 강력한 영향을 주는 권세 있는 기관이 될 것이다. 그 결과 열방들이 우리에게 와서 하나님의 도를 배울 것인데, 그것은 마치 스바

여왕이 솔로몬에게 지혜를 배우러 온 것과 같을 것이다. 이제 더 이상 열방들이 전쟁을 하지 않을 것이기에 그들의 무기가 농사를 짓는 도구나 산업을 일으키는 도구, 혹은 다른 유익한 도구로 변할 것이다.

이 땅은 교회에게 주어졌다

인간이 처음 이 땅에 대하여 가졌던 지배권을 이제 교회가 회복하고 있다는 사실은, 우리로 하여금 권한에 따른 책임도 반드시 수행해야 함을 인지시키고 있다. 우리의 지배의 목적은 무엇인가? 우리는 태초에 아담과 하와에게 주어졌던 근본 의무를 완수하도록 부름 받았지만, 지금 우리가 수행해야 할 임무는 다르다. 왜냐하면 우리는 그동안 오랜 세월에 걸쳐 사탄의 통치 아래 파괴되어져 왔던 이 땅을 다시금 회복시켜야 하기 때문이다. 예수님께서 모범을 보여주셨던 것처럼, 우리는 온 세상을 제자 삼고, 그리스도의 명령을 가르쳐 지키게 함으로써 이 땅에 있는 모든 사탄의 역사를 철저하게 파괴해야 한다.

교회 안에 있으면서도 여전히 거지근성을 가지고 있는 사람들은 세상의 문제나 도전들에서 자신 스스로를 멀리하려고 한다. 그들은 때로 자신도 모르게 그런 행동을 하기도 한다. 때로 그런 사람들은 세상의 악과 부정에 대한 그들의 책임을 회피하고자 스스로 이론을 만들어서 자신을 정당화시킨다. 자연재난을 하나님의 심판이라고 해석하는 사람들과 하나님의 나라가 아직 임하지 않았으니 천년왕국이 올 때까지는 그냥 참고 견디자고 말하는 사람들의 큰 문제점은, 바로 그러한 관점이 그리스도인들로 하여금 이 세상에서 당연히 해야 할 일을 하지 않고 그냥 잠자코 있게 만든다는 것이다. 하나님의 말씀을 공부해보면 알 수 있듯이, 이 세상의 문제들에 대하여 하나님은 우리 그리스도인을 해답으로 부르셨다는 사실이다.

사람들은 종종 이렇게 묻는다. "하나님이 선하신데 어째서 이 세상에 나쁜 일들이 일어나도록 허락하시는가?" 그 문제는 하나님이 어째서 나쁜 일들이 일어나도록 허락하시는가에 대한 질문이 아니라, 왜 가장 높으신 분의 성도들이 나쁜 일들이 세상에서 일어나도록 허락하는가를 묻는 질문이다. 시편 기자는 이렇게 기록하고 있다. "하늘은 여호와의 하늘이라도 땅은 인생에게 주셨도다"(시 115:16). 성도들에게 이 땅을 다스릴 책임이 주어졌다는 것이다! 우리는 이것을 분명히 이해해야 한다.

예수님께서도 주님의 기도를 가르치실 때 이것을 분명히 언급하셨다. 왕가의 안경을 쓰고 주기도문을 다시 한 번 읽어보자.

> 하늘에 계신 우리 아버지여 이름이 거룩히 여김을 받으시오며 나라가 임하시오며 뜻이 하늘에서 이루어진 것같이 땅에서도 이루어지이다 오늘 우리에게 일용할 양식을 주옵시고 우리가 우리에게 죄 지은 자를 사하여 준 것같이 우리 죄를 사하여 주시옵고 우리를 시험에 들게 하지 마시옵고 다만 악에서 구하시옵소서 나라와 권세와 영광이 아버지께 영원히 있사옵나이다 아멘(마 6:9-13)

우리는 이 구절에서 여러 가지를 배울 수 있다. 첫 번째는 주님께서 그분의 뜻이 하늘에서 이루어진 것같이 이 땅에서도 이루어지기를 원하셨다는 사실이다. 그것은 참으로 놀라운 계시이다. 우리는 이 땅이 하늘을 닮은 모델이 되도록 기도해야 하며 또 그렇게 믿어야 한다. 이것을 빌 존슨은 그의 책《하늘이 땅을 침노할 때》에서 잘 이야기해주고 있다.

우리는 또한 이 땅이 하늘에 의해 어떻게 영향을 받을 수 있는지에 대한 시각이 열려야 한다. 주님이 가르쳐주신 기도에서 예수님께서 사용한 핵심 단어 중 하나는, 바로 '우리'란 단어이다. '우리'란 말이 의미하는 것은 무엇인가? 내가 무엇을 이야기하고자 하는지 한 가지 예를 들어보겠다.

얼마 전 나는 주일 아침 교회에서 설교를 하고 있었다. 설교 중에 나는 우리 동네에 관하여 기술한 신문기사를 집어 들었다. 그 기사는 온갖 안 좋은 이야기들로 가득했다. 나는 교인들에게 물었다. "예수님이 가르쳐주신 기도에서 주님은 하늘에 계신 '나의 아버지'가 아니라 '우리 아버지'께 기도하라고 명하셨다는 사실을 아십니까? 주님께서는 이 땅이 하늘과 같이 되도록 기도하라고 우리에게 가르치셨다는 사실을 여러분들은 기억하고 계십니까? 어떻게 이 땅이 하늘처럼 될 수 있습니까?" 나는 그 신문기사를 손에 꽉 쥔 채 다시 회중들에게 물었다. "'우리'란 말이 여러분에게는 얼마나 큰 말입니까? 그저 단순히 '나' 혹은 '내 가족'이 전부입니까? 아니면 우리가 살고 있는 도시 전체를 포함하고 있습니까?"

나는 계속해서 그 신문기사를 상세하게 읽어 내려갔다. 그 기사는 한마디로 우리를 경악케 하기에 충분했다. 이혼율은 전국의 최고 수준이며, 폭력 범죄가 증가하고 있으며 불치의 병이 도처에서 발생하고 있다는 내용들이었다.

그런 다음 내가 말했다. "이것이 우리의 문제입니까? 아니면 이것이 우리의 문제인지 모르고 있는 그 자체가 문제입니까? 내가 소유하고 있는 것은 무엇이든 내가 책임을 져야 하지 않습니까? 여러분은 어떤 부류의 사람입니까? 이러한 신문기사를 읽어 내려가면서 '아이고 저 불쌍한 사람들' 이라고 느끼십니까? 아니면 문제를 발견했을 때 마음이 감동하여 문제 해결을 위해 무언가 조치를 취해야겠다고 생각하십니까?" 그런 다음 내가 소리를 질렀다. "만약 여러분들이 하늘에 의해 이 도시가 침노 당하는 것을 보기 원한다면, 우리는 이 도시의 불의와 악에 관해 무언가를 해야만 합니다."

사람들이 내게로 와서 교회 안의 이것저것 고쳐야 할 것들을 이야기하고 싶어 한다. 그들 중 많은 사람들이 이렇게 말한다. "이 교회는 이런 저런 것이 필요합니다" 혹은 "당신의 교회는 이것 저것이 필요합니다." 내가 알기로 그렇게 말하는 사람들은 결코 문제 해결을 위해 일할 사람들은 아니다.

그들은 이미 "이 교회" 혹은 "당신의 교회"라고 말을 함으로써 자신들을 그 문제와 거리를 두어버리고 있기 때문이다. 반면 그들이 "우리 교회에 무엇이 문제인지 아세요?"라고 묻는다면 그들은 이미 문제 해결을 위해 스스로 노력할 사람들이라는 것이다.

불행하게도 교회 안에서 책임을 회피하거나 포기하는 주된 원인은 문화의 영향 때문이다. 미국의 문화는 자기독립적인 개인주의가 너무 강한 나머지 이제는 공동체 생활이 사방에서 공격을 당하고 있는 수준에까지 이르렀다. 대부분의 사람들이 자신의 선택이 주변의 공동체의 삶에 어떠한 영향을 미치는지는 거의 인식하지 못하고 살고 있다. 만약 우리 공동체의 주인 됨을 다시 되찾으려면, 우리는 필연적으로 우리 주변에 그리고 무엇보다 우리 안에 있는 개인주의와 대면을 할 수밖에 없다. 우리가 져야 할 책임에 관한 우리의 진정한 태도가 무엇인지 얼핏 살펴볼 수 있는 좋은 방법 중 하나는, 매일 만나는 사람들을 가족같이 대하고 있는지를 스스로에게 물어보는 것이다. 예수님도 우리에게 가르쳐주신 기도에서 하늘에 계신 '우리' 아버지에게 기도하라고 하셨다. 거기에서 우리는, 하나님의 원하시는 것이 바로 그의 백성들이 모두 한 가족처럼 이웃과 공동체의 문제를 자신의 것과 동일시하는 것이라는 것을 알 수 있다.

도시를 변화시키라

우리 주변의 땅과 공동체에 관한 우리의 생각에 주인의식이 스며들도록 해야 한다. 우리가 자신을 우리 도시의 미래와 동일시하기 시작할 때, 우리는 영적 분위기를 전환시키며 하나님의 나라를 이 땅에 가져오는 기도를 시작하게 될 것이다.

1990년대 초 나와 나의 가족은 루이스톤(Lewiston)에 대한 강한 부담을 느끼기 시작했다. 루이스톤은 우리 집에서 약 한 시간 반가량 떨어져 있는,

북 캘리포니아의 산악지대에 위치한 조그만 마을이었다. 이곳은 인구가 천 명도 채 안 되는 조그만 마을이었지만, 범죄와 마약과 각종 부도덕한 일들이 만연한 곳이었다. 트리니티 카운티에서 가장 질이 안 좋은 동네였다. 경찰당국도 그 문제를 어떻게 풀어야 할지 난감해했고, 그 마을에 오래 산 사람들은 범죄가 증가하는 것에 대해 분노를 감추지 못했다.

주님은 이 마을의 문제에 대하여 우리가 해답이 되기를 바라신다는 말씀을 하시기 시작했다. 우리는 구체적으로 무엇을 어떻게 해야 할지 몰랐다. 문제는 너무나 커 보였고, 솔직히 말하자면 그 문제의 가장 중심부라고 할 수 있는 그 마을의 난폭한 사람들에게 우리도 잔뜩 겁을 먹고 있었다.

우리는 매주 기도하면서 그 마을의 중심 거리를 걷기 시작했다. 때때로 주님은 어느 특정한 집 안에서 무엇이 벌어지는지를 예언적 메시지로 우리에게 알려주셨다. 그리고 그곳에 있는 견고한 진도 보여주셨다. 그러면 우리는 그 집 밖에 서서 조용하게 기도했다. 많은 경우 우리는 문제의 해결이 될 수 있는 예언적 메시지를 주님으로부터 받았다. 그러면 우리는 하나님의 생명이 그들의 '죽은 뼈'로 들어갈 것을 기도하며 예언했다.

우리는 일 년 동안 매주 그렇게 기도했다. 우리는 날이 어두워지면 기도를 시작했다. 왜냐하면 그렇게 해야 우리가 수상쩍게 보이지 않았고 또 미친 종교집단으로 오해를 받지 않을 수 있었기 때문이었다. 우리는 사람들에게 보이려고 이렇게 했던 것이 아니라, 오직 하늘에 기억되기를 바랐으며 또한 지옥의 세력들 앞에서 한 것이었다. 우리는 그 마을 사람들에 대한 강한 부담을 갖고 있었기에 비가 오나 눈이 오나 기도를 멈추지 않았다. 일 년 동안 단 한 주도 기도를 빼먹지 않았다. 우리는 하나님의 나라가 그 도시에 있는 사탄의 세력 위에 임하여 그 도시가 완전히 변화되는 것을 보기로 작정했다.

그렇게 일 년간 지속된 영적 전쟁의 마지막 때쯤 달도 없고 캄캄한 어느 추운 겨울날이었다. 약 열다섯 명의 사람들이 우리와 함께 그 마을을 돌며

기도를 했다. 둘씩 팀을 만들어 루이스톤의 구석구석을 누비며 몇 시간을 기도했다. 나중에 우리는 한 버려진 체육관의 자갈로 된 주차장에서 다같이 모였다. 그 체육관 앞은 길게 자란 잡초로 무성한 들판이 있었다. 우리는 함께 손을 잡고 그 마을을 위해 기도하기 시작했다. 그러자 몇 초도 안 되서 아주 괴이하고 등골이 오싹한 목소리의 비명이 들판 한가운데에서 나는 게 아닌가! 마치 몹시 고통스러워 몸부림치는 남자의 목소리와도 같았다. 정말로 머리카락이 쭈뼛 서는 상황이었다. 그 괴상한 소리는 온 들녘을 통과하며 그 어둡고 음산한 밤에 메아리쳐 나갔다. 우리가 기도를 멈추면 그 비명소리도 따라서 멈추었다. 그리고 우리가 기도를 시작하자마자 그 소리 역시 곧바로 다시 시작되었다. 우리는 그 비명소리가 완전히 그칠 때까지 더 필사적으로 기도하기로 마음먹었다. 그렇게 그 마을을 지배하고 있는 악한 영들과의 싸움을 얼마간 하고 나자 마침내 그 소리가 힘을 잃고 차츰 사라져갔다. 그것은 정말 괴상한 경험이었다. 그렇지만 우리 모두는 그날 밤 역사가 일어났다는 것을 알고 있었다.

그로부터 일주일도 채 되지 않아 트리니티 카운티 보호관찰국으로부터 전화가 왔다. 우리에게 루이스톤에서 그들을 도와 같이 일을 하지 않겠느냐는 제안이었다. 그들은 당시 35명의 보호관찰 청소년을 데리고 있었는데, 한 달 동안 일주일에 두 차례씩 그들의 부모들을 교육시키는 프로그램을 진행하려고 하던 참이었다. 그들이 부모들을 교육하는 동안 우리가 청소년들과 함께 사역을 해주기를 원하고 있었다.

처음엔 루이스톤의 문제 청소년들을 위해 사역하는 것이 좀 겁이 나긴 했지만 이내 그 아이들을 위해 사역한다는 사실 자체에 흥분이 되었다. 마을 공동체에서 우리에게 버려진 체육관을 사용하도록 허락했다. 그곳은 몇 년 동안 사용해본 적이 없어서 완전히 엉망이었다. 비가 오면 물이 샜고 겨울에는 얼어 죽을 듯 추웠다. 우리는 최선을 다해 그곳을 깨끗하게 정리했다. 첫

몇 개월은 그야말로 아이들이 거칠었다. 첫날에는 네 번의 주먹싸움질을 말려야 했으며, 죽기 살기로 붙은 레슬링도 간신히 뜯어말려야 했다. 한 시간 가량 농구와 배구를 한 뒤 잠시 쉬는 시간을 가졌다. 중간 시간에 나는 그들이 겪고 있는 상황에 맞는 메시지를 그들에게 전했다. 내가 전한 메시지의 대부분은 그들에게 어떻게 인생을 대할지에 대한 틀을 만들어주는 것이었다. 그리고 그들이 하나님 앞에서 얼마나 가치 있는 존재라는 것을 깨닫게 하는 데 중점을 두었다.

그 아이들은 메시지를 듣기 위해 꼭 체육관에 남아 있을 필요는 없었지만 대부분의 아이들이 남아 있었다. 점차로 우리는 큰 가족 공동체가 되어갔다. 그로부터 5년 동안 일주일에 두 차례씩 그들과 만남을 가졌으며 그 아이들을 사랑했다. 나중에는 100명까지 육박했다. 몇 명의 마약 거래자들도 거의 대부분의 시간에 참여했다. 우리는 절대로 체육관 안이나 혹은 주변에서는 마약을 팔지 않는다는 규칙을 만들었다. 또한 체육관 안으로 무기를 가지고 들어오는 것도 규칙 위반이었다. 약 일 년이 지났을 무렵 아이들의 우리에 대한 존경심은 대단했다. 그래서 그들은 규칙을 모두 지켰으며 심지어 경찰들의 우리에 대한 태도도 변했다. 만약 어떤 새로운 사람이 체육관에 들어와 마약을 팔려고 할 때는 나이가 많은 아이들이 그들에게 가서 체육관 주변은 절대로 마약 거래가 이루어질 수 없는 지역임을 알려주었다.

얼마 동안은 경찰관들이 우리 청소년 그룹을 엉망으로 만들어 놓았는데, 그들이 체육관으로 함부로 들어와 용의선상에 오른 아이들을 체포해 가곤 했기 때문이다. 나는 경찰관들을 설득하여 절대로 체육관 안에서 체포해 가는 일이 없도록 했으며, 우리로 하여금 먼저 그들을 위한 사역에 전념할 수 있게 하였다.

그 지역 사람들이 우리의 이러한 노력에 깊은 감동을 받았으며 우리에게 두 가지 상을 수여하기도 했다. 라이온스 클럽에서는 모든 간식비를 지불했다. 카운티의 모든 주민들이 우리가 무엇을 하는지 알았으며 아주 적극적으로 우리를 지원해주었다. 물론 종교적인 사람들은 예외였다. 그들은 우리가 아이들에게 성경을 분명히 가르쳐야 하며 아이들의 잘못된 문제를 이야기해서 시정해야만 한다고 생각했다. 그렇지만 우리는 무엇보다도 아이들의 심령을 더 걱정했다.

그로부터 5년이 흐르자 그 마을 전체가 완전히 변했다. 마약 딜러가 구원을 얻었고, 대부분의 아이들이 자기 자신을 긍정적으로 생각하기 시작했으며, 도덕적 기준을 찾아가기 시작했다. 우리는 십대 아이들에게 어떻게 마찰과 분쟁을 잘 다룰 수 있는지를 가르쳤다. 그러자 싸움이 멈추었고 온 동네가 깨끗이 정화되었다.

만약 당신이 지금 루이스톤을 운전하여 지나간다면 당신은 분명 트리니티 알프스의 기슭에 위치한 아주 아름다운 산악 마을을 보게 될 것이다. 집들은 아담하고 정원은 잘 가꾸어져 있으며 체육관도 새롭게 단장하였고 전에 잡초가 무성했던 들판에는 거대한 야구장 공원이 들어서 있다.

그곳에서 일어난 일들을 상세히 기록하자면 끝도 없을 것이다. 아마 이 책의 나머지 부분을 다 할애해야 할지도 모른다. 그 경험을 통해 내가 직접적으로 배운 것은 그리스도의 몸인 우리 안에 우리 도시를 변화시킬 능력을 가지고 있다는 것이다. 만약 우리가 마음속에 있는 부담을 기꺼이 따르려고 한다면, 그리고 우리 공동체의 주인 됨을 회복하려고 한다면, 하나님께서는 우리에게 그렇게 할 수 있는 전략과 힘을 주셔서 그것이 실제로 일어나도록 역사하실 것이다.

그리스도의 몸인 우리는 어디에 가든지 그곳에 의와 평강, 그리고 기쁨의 나라를 가져오도록 이미 권세와 능력을 부음 받았다. 사람들을 억압하고 구속하는 악한 영들을 제압할 권세가 이미 우리에게 있다. 변화의 능력을 가져오는 은혜가 우리에게 있다. 사람들을 회복시켜주는 자비가 우리에게 있다. 폭력 앞에서도 당당히 맞설 수 있는 용기가 우리에게 있다. 사람들에게 어떻게 삶을 살아갈 것인지를 가르쳐줄 수 있는 지혜가 우리에게 있다. 그리고 무엇보다도 우리에게는 사람들의 마음을 어떻게 녹일 수 있는지를 잘 알고 계시는 위대한 아버지가 계시다. 우리에게는 세상의 문제들과 마귀의 계략에 대한 해답이 있다.

요한은 말했다. "하나님의 아들이 나타나신 것은 마귀의 일을 멸하려 하심이라"(요일 3:8). 그리고 몇 구절 뒤에 그는 또 이렇게 선언한다. "주의 어떠하심과 같이 우리도 세상에서 그러하니라"(4:17b). 예수님께서 하신 모든 일을 따라하는 것을 멈추지 말자. 왜냐하면 그분이야말로 하늘과 땅의 모든 권세를 위임받은 분이시기 때문이다. 그리고 그러한 분이 우리에게 그분을 나타내라고 위대한 사명을 위임하셨기 때문이다. 그분은 우리에게 자신이 한 것보다 더 큰 일을 할 수 있을 것이라고(요 14:12) 약속하신 분이다.

Chapter 15

바통 건네주기_빌 존슨
Passing the Baton

선인은 그 산업을 자자손손에게 끼친다(잠 13:22).

왕가의 사람들은 그들 가족의 역사를 후대에 전수하는 데 굉장한 노력을 기울인다. 그들에게 있어서 개인의 정체성이라고 하는 것은, 위대한 업적을 남긴 그들 조상들 가계의 계보 맨 뒤에 자신을 위치시켜 놓는 것이다. 그렇게 함으로써 그들은 왕의 유산을 계속 이어 내려가는 것이다.

믿는 자로서 우리 모두는 하나님의 왕 같은 제사장의 계보에 접붙임을 받은 것이다. 그리고 하나님의 관점에서 이제 우리가 행해야 할 왕의 자녀의 책임이 어떤 것인지를 정의하고 분별할 수 있게 되었다. 성경은 하나님의 역사책이다. 성경은 하나님의 일하심과 또 그분이 어떻게 인류 역사 속에 관여하셨는지를 나타낼 뿐 아니라 또한 그것들이 무슨 의미인지를 담고 있다. 하나님을 진정으로 아는 사람들에 의해 성경이 연구되어질 때, 성경을 통해서 우리는 세초부터 세말까지 하나님의 왕국이 어떻게 이루어지는지에 대한 분명한 계획을 알 수 있게 된다. 창세기에서 하나님은 아담과 하와에게 에덴동산을 맡기시며 생육하고 번성하여 땅을 정복하라고 말씀하셨다. 다시 말하면 아담과 하와는 그들의 경계를 에덴동산에서 벗어나 확장시켜나가도록 위임받은 것이다. 그리고 그것은 곧 하나님 나라의 본질 또한 세대를 거쳐서 열매를 맺고 번성해나가는 것이라는 점을 표현하고 있는 것이다.

하나님 나라의 본질은 그것이 항상 증가하고 확장된다는 것이다. 이사야 9장 7절은 "그 정사와 평강의 더함이 무궁하며"라고 말씀하고 있다. 하나님 나라의 본질과 하나님이 최초로 아담과 하와에게 위임하신 명령을 통해서 우리가 분명히 알 수 있는 것은, 하나님은 그분의 나라가 모든 세대를 통하여 점점 확장되어나가기를 계획하셨다는 사실이다. 각 세대가 "생육하고 번성함"에 따라 자연히 숫자가 증가하게 되며, 따라서 더 많은 사람들이 이 땅 위에서 하나님 나라의 법과 통치를 집행하게 되기 때문이다. 하나님 나라는 그 나라의 백성들이 증가함에 따라 자연히 확장되어가는 것이다. 왜냐하면 "백성이 많은 것은 왕의 영광"이기 때문이다(잠 14:28).

유산

이러한 확장의 과정에서 가장 중요한 요소가 바로 유산(inheritance)이다. 유산은 세대 간을 이어준다. 유산이란 각 세대가 이전 세대로부터 물려받은 것을 말하며 또한 다음 세대에 물려주는 것을 말한다. 한 세대가 "생육하고 번성"했을 때 그 다음 세대는 전 세대가 이미 시작해서 이루어 놓은 어떤 특정 지점만큼 앞서서 출발하는 셈이다. 예를 들어 재정적인 유산이 젊은 부부로 하여금 그들이 아무것도 없이 시작했을 때보다 훨씬 더 빨리 자동차나 집을 소유할 수 있게 해주는 것과 같다.

하나님이 바로 유산을 통하여 각 세대가 하나님 나라를 확장시켜나가기를 원하신다는 사실을 하나님의 왕 같은 제사장 된 우리가 이해한다면 우리는 그것이 우리로 하여금 어떠한 책임을 지도록 만드는지를 분명히 깨닫게 된다. 유산을 물려받을 때 우리는 다른 사람이 대가를 지불한 것을 무상으로 얻는 것이다. 유산은 각 세대로 하여금 이전 세대로부터 그것을 물려받는 데 대한 책임과 경의감을 갖도록 한다. 그리고 또한 다음 세대에 물려주기 위해 대가를 지불하고 확장시켜서, 다음 세대로 하여금 전세대보다 한 발 앞서 출발할 수 있도록 만들어주어야 한다. 한 세대의 천장은 반드시 다음 세대의 밑바닥이 되어야만 한다. 우리가 살아가고 있는 이 시대에 우리의 행동이 우리 앞에 오는 세대에 반드시 영향을 미친다는 사실을 우리는 분명히 알고 있어야 한다.

계시

그렇다면 하나님 나라의 유산은 무엇으로 구성되어 있는가? 우리는 왕의 역사로부터 무엇을 물려받는가? 그리고 또한 우리는 후대에게 무엇을 물려주어야 하는가? 하나님께서 시내 산에서 이스라엘 백성들과 언약을 세운 직후 모세는 이런 말을 했다. "오묘한 일은 우리 하나님 여호와께 속하였거니와 나타난 일은 영구히 우리와 우리 자손에게 속하였나니 이는 우리로 이 율법의 모든 말씀을 행하게 하심이니라"(신 29:29). '계시' 혹은 '드러날 어떤 것' 이 바로 하나님 나라의 유산이다.

하나님의 관점에서 오는 계시가 얼마나 중요한지 성경은 그것이 없이는 멸망한다고 기록하고 있다(호 4:6을 보라). 계시는 절대 우리를 똑똑하게 만들거나 보다 더 나은 신학적 과제를 가져다주기 위해 존재하는 것이 아니다. 계시는 제일 먼저 우리 안에 주님과의 신령한 만남을 가져다주기 위해 계획된 것이다. 하나님의 본질이 이해되고 그것이 인간의 경험을 통하여 나타날 때 우리는 계시를 통하여 주님과의 신령한 만남을 갖게 되는 것이다. 만약 계시가 우리를 신령한 만남으로 이끌지 않는다면 그런 계시는 결국 우리로 하여금 종교적이며 교만하게 만든다. 왜냐하면 지식의 본질은 바로 자랑하는 것이기 때문이다(고전 8:1을 보라). 주님과의 만남이 없이 만약 우리가 지식만을 갖게 된다면, 우리의 교만이 결국 우리로 하여금 하나님을 만나지 못하도록 막게 된다. 예수님 당시에도 하나님을 가장 잘 안다고 하는 사람들이 정작 자기들 눈앞에서 표적과 기사를 행하시는 하나님의 아들 예수님을 알아보지 못했다. 주님은 바로 이 때문에 요한복음 5장 39-40절에서 바리새인들을 책망하신 것이다. "너희가 성경에서 영생을 얻는 줄 생각하고 성경을 상고하거니와 이 성경이 곧 내게 대하여 증거하는 것이로다 그러나 너희가 영생을 얻기 위하여 내게 오기를 원하지 아니하는도다."

개인의 변화

신령한 만남으로 이끄는 계시는 개인의 변화를 일으키는 어떤 돌파구를 가져온다. 영적 성장에 있어서 계시는 가장 중요한 열쇠인데, 그것은 바로 계시가 스스로의 힘으로는 갈 수 없는 곳으로 우리를 인도하기 때문이다. 한 번도 가보지 않은 곳을 가기 위하여 우리는 '안내 표지판(signs)'이 필요하다. 그리고 그 안내 표지판으로 인하여 우리는 결국 새로운 곳과의 '만남(encounter)'을 갖게 된다. 우리가 잘 알고 있는 길을 여행할 때는 안내 표지판이 필요없지만, 전혀 여행해 보지 않은 곳을 갈 때 우리에게는 반드시 안내 표지판이 필요하다.

계시가 하는 두 번째 일은, 그것이 우리 믿음의 영역을 확장시켜준다는 것이다. 히브리서 11장 1절은 "믿음은 바라는 것들의 실상이요 보지 못하는 것들의 증거"라고 말하고 있다. 실제적으로 말하면 믿음이라고 하는 것은, 보이지 않는 세계의 본질에 대한 우리의 이해이며, 그것이 어떻게 실제적으로 보이는 세계에 영향을 미치도록 하는지를 기대하는 것이다. 만약 사람을 겸손하게 하기 위하여 하나님이 사람들에게 병을 주신다고 믿는다면, 그리고 그것이 하나님의 본성이라고 이해한다면, 우리는 절대로 치유하시는 하나님을 기대할 수 없다. 그러나 그분이 '의의 태양' 이시며 그의 품안에서 치유를 베푸시는 분이라는 지식을 갖고 있다면, 우리는 예수님 앞에 나아온 수많은 병자들이 예외 없이 고침 받는 것을 보게 될 것이며 우리의 믿음 또한 그만큼 확장되는 것이다. 처음 이야기한 믿음을 가진 사람은 아마 아픈 사람의 치유를 위하여 기도하지 못할 것이다. 그리고 만약 기도한다고 할지라도 인내를 위한 기도뿐일 것이다. 그러나 계시를 가진 사람은, 권세를 갖고 아픈 사람을 향하여 "하나님의 뜻이 하늘에서 이루어진 것같이 땅에서도 이루어질 것"을 명령하며 치유기도를 할 것이다.

분명한 사실은, 만약 계시가 하나님 나라의 유산을 의미하는 것이라면 하나님께서는 다음 세대에 전해지는 것이 단순한 정보가 아니라 그 이상의 것이 전해지기를 원하신다는 것이다. 계시의 열매는 개인의 변화이며, 하나님의 본성에 대한 초자연적 나타남이다. 그러므로 계시의 유산은 하나님의 본성을 드러냈던 영웅들이나 모델들의 유산이며 그들의 가르침이나 업적에 대한 증거들이다.

증거는 예언의 영이다

그렇다면 어떻게 한 사람이 이런 종류의 유산을 물려받아 사용하여 증가시키고 그 다음 세대로 전수시켜줄 수 있을까? 역사 연구에 관해 우리가 이미 언급한 바 있다. 하나님도 이것을 너무나도 중요하게 생각하셨기 때문에, 이스라엘의 달력에 과거에 대하여 기억할 시간들을 제정해 놓으셨다. 이스라엘의 각종 절기와 축제의 날은 결국 하나님이 행하신 일과 법을 기억하기 위한 것이다. 과거를 기억한다고 하는 것은 각 세대의 마음속에 하나님이 하신 일에 대한 열망과 기억을 불일듯하게 하는 속성이 있기 때문에 각 세대가 그들의 조상들의 하나님을 자기들 세대 속에서 이해할 수 있도록 만들어 준다.

'증거(testimony)'라고 하는 단어의 어원은 '다시 한다'는 의미를 지니고 있다. 하나님이 인류 역사에 개입하신 놀라운 이야기를 우리가 반복해서 말하게 될 때, 우리는 같은 하나님을 지금 이순간 나타나시도록 부르고 있는 것이다. 이런 이유로 인하여 만약 우리가 조상들의 업적에 단지 박수나 보내고 만다면, 우리는 그들로부터 진정한 영적 유산을 물려받을 수 없게 되는 것이다. 따라서 하나님의 영웅들에 대한 기억을 단지 기억하는 것만으로 끝내서는 안 된다. 우리가 그들을 기리는 진정한 이유는 그렇게 함으로써 그들이 알고 경험했던 하나님을 우리가 바로 지금 이 순간 부르고 있는 것이기 때문이다.

부흥의 비극

구약성경을 자세히 들여다보면서 쉽게 알 수 있는 사실은, 이스라엘 백성이 그들의 입술에서 하나님의 법을 지키는 데 실패하고 하나님이 일하신 역사를 기억하는 데 실패했을 때마다 결국 그들은 하나님을 떠났다는 사실이다. 그 결과 그들 자손의 자손들에게 영원히 속하기로 되어 있던 것들을 잃어버리지는 않았지만 결국 모두 잊혀져버리고 말았다. 후세대가 유산이라는 것을 알지도 못하게 된 것이다. 만약 우리에게도 우리가 알지도 못하는 유산이 있다면, 절대로 우리는 그것을 사용할 수가 없을 것이다.

그런데 슬프게도 기독교 부흥의 역사가 이스라엘의 역사와 너무나 비슷하다. 역사적으로 보면 부흥은 전형적으로 2년 내지 4년밖에 지속되지 못했다. 그래서 많은 사람들이 이런 반복되는 흐름을 보면서 내린 결론은 부흥은 마치 교회에 영적 주사 한 방을 놓기에 충분할 만큼만 지속된다는 것이다. 그렇지만 우리가 앞서 살펴보았듯 하나님 나라의 본질은 증가하고 침투해 들어가는 것이다. 하나님은 그분의 영을 부어주시지 않은 채 그의 백성들로 하여금 이 시대를 살아가도록 절대로 의도하지 않으신다. 오순절 이후부터 시작된 그 부어주심은 예수께서 다시 오실 때까지 증가할 것이다.

부흥에 있어서 하나님 나라의 확장은 구약성경 이스라엘의 가나안 땅 정복 이야기에 아주 잘 나타나 있다. 이스라엘 백성들이 요단강을 건넜을 때 하나님은 그들에게 그 땅이 곧 그들의 것이라고 말씀하셨다. 그렇지만 그 땅은 여전히 적이 차지하고 있었다. 그것은 하나님이 의도하신 바였다. 만약 하나님께서 원수들을 한 번에 몰아내셨으면 그 땅은 들짐승들로 가득했을 것이다. 그래서 이스라엘은 점진적으로 그 땅을 차지하여 들어갔다. 하늘의 전략을 가지고 도시를 점령했고 땅을 차지했으며, 그들의 경계를 넓혀나갔던 것이다. 부흥이 일어날 때는 어둠의 왕국이 다스리고 있는 지역이 하나님 나라에 의해 점령을 당하게 된다. 죽이고 도적질하고 파괴하던 원수들의 역사가 바로잡히게 되고, 사람들이 십자가로 말미암은 치유와 구원, 그리고 자유를 경험하게 된다. 부흥의 열매는 하나님 나라가 그 지역의 모든 곳에서 나타나는 것이다.

부흥은 언제나 부흥의 사람들을 통해서 온다. 그들은 하나님 나라에 대한 열망으로 사로잡혀 있으며 하늘의 왕께 철저하게 복종하기 때문에, 하나님은 그런 사람들에게 권세와 능력을 위임하여 예언적 계시와 표적과 기사를 나타내도록 하신다. 그들은 원수의 땅을 점령해 들어가서 하나님의 소유임을 선포하는 소위 개척자들이다. 그들에게는 초자연적 기름부으심의 열매로 인식될 수 있는 분명한 증거들이 주어진다.

예를 들어 존 웨슬리는 하나님의 말씀 선포에 있어서 기름부으심의 영역으로 들어간 사람이다. 그것이 너무나 강했기 때문에 그의 메시지는 수천 명의 사람들에게 파고들 수 있었다. 하나님의 능력이 너무나 강하게 나타났기 때문에 그가 설교를 하는 곳마다 사람들에게 나무에 올라가서 그의 설교를 듣지 말도록 공공연하게 광고를 하곤 했다. 때로 주의를 무시하고 나무에 올라갔던 많은 사람들 때문에 거기에 모였던 수많은 군중은 그들이 나무에서 '쿵' 하고 떨어지는 소리를 공공연히 들어야만 했다.

마리아 우드워스 에터(Maria Woodworth-Etter)는 1800년대 말 신문의 주목을 받았다. 많은 사람들이 그녀의 집회에서 입신에 들어가 천국과 지옥의 환상을 보게 된 것이다. 심지어 그녀의 집회가 열리는 지역에서 100마일이나 떨어진 곳에 있던 사람들이 하나님의 능력에 의해 쓰러졌다는 소식을 듣곤 했다. 존 레이크(John G. Lake)는 워싱톤 주 스포케인(Spokane)에서 열렸던 그의 집회에서 엄청난 치유의 역사를 경험했다. 그때 그 도시는 미국 전역에서 가장 건강한 도시(병자들이 없는)로 발표되기도 했다.

그러나 하나님의 위대한 사람들로 인하여 시작되었던 많은 운동들이 능력과 기름부으심에 있어서 계속 확장되기보다는 오히려 축소되고 감소되어 왔다. 아마 이것에 대하여 여러 가지 이유가 있을 수 있다. 그중 하나는 부흥의 후손들이 그들 조상들이 보여준 하나님의 기적에 감탄하고 박수를 보냈지만, 부흥으로 인하여 그들 조상들이 겪었던 박해와 조롱을 그들 스스로 감내하려고 하지 않았다는 사실이다. 또 다른 이유는 부흥의 후손들이 하나님 나라의 본질과 영적 유산의 원리를 이해하는 데 실패했다는 것이다. 그 결과 그들은 과거를 기념하는 기념비만을 세운 채, 정작 그들이 그 영적 유산을 후대에 넘겨줄 책임이 있다는 사실에 대해서는 심각하게 깨닫지 못하고 무시해버리고 말았다.

정복되지 않은 영역

이스라엘 백성들이 약속의 땅을 점령하기를 멈추었을 때 적들은 다시금 그들의 경계를 넓혀가기 시작했다. 부흥을 통해서 점령되었던 하나님의 영역이 다음 세대에 의해 계속 점령되어 확장되지 않는다면 이스라엘과 똑같은 일이 발생한다. 누가복음 11장 24-26절이 이 원리를 잘 설명해주고 있다.

> 더러운 귀신이 사람에게서 나갔을 때에 물 없는 곳으로 다니며 쉬기를 구하되 얻지 못하고 이에 가로되 내가 나온 내 집으로 돌아가리라 하고 와 보니 그 집이 소제되고 수리되었거늘 이에 가서 저보다 더 악한 귀신 일곱을 데리고 들어가서 거하니 그 사람의 나중 형편이 전보다 더 심하게 되느니라

비록 여기에서 이 원리는 한 사람에 관한 것이지만 그것은 또한 집단과 지역에도 적용될 수 있다. 여기에서 귀신이 되돌아온 '집'은 한 사람, 혹은 가족, 교회, 그리고 더 나아가 어떤 특정 운동이나 국가를 의미할 수 있다. 여기에서 중요한 사실은 왕국에서 가장 안전한 곳은 계속 점령하여 영역을 확장해나가고 있는 곳이라는 것이다. 우리에게 주어진 어떤 운동을 계속 확장시켜나가기보다 오히려 그것을 유지하기에 급급해하는 순간이 바로 우리가 그것을 잃어버리기 시작하는 순간이다. 달란트 비유도 이것을 잘 가르쳐주고 있다. 자신에게 주어진 것을 유지하기에만 급급했던 사람은 결국 그 주어진 것마저도 빼앗기는 결과를 초래하고 말았다. 하나님은 현상유지를 고집하는 자세를 결코 좋아하지 않으신다.

많은 교회들이 원수가 떠나는 것이 주요 목표라고 생각하고 있다. 그러나 영적인 영역에서 조금이라도 진공상태의 공간이 있다면 그곳은 순식간에 다른 것으로 채워지게 되어 있다. 우리가 그곳을 하나님 나라의 문화로 채우지 않는다면 그곳은 곧 다른 것에 의해 점령당하게 된다. 그리고 위의 성경구절이 말씀하듯 결국 나중 형편이 전보다 더 심하게 되는 결과를 초래한다. 이전 세대의 승리가 계속 확보되지 않고 있다면 그 승리는 결국 원수들이 과거의 승리를 조롱하는 터전으로 변모할 수 있다. 최악의 경우 점령되지 않은

그 영역이 원수들의 작전기지가 될 수 있다. 그리고 하나님의 사람들에게서 승리의 유산에 대한 기억까지도 모두 지워버리려는 원수의 공격이 바로 그 작전기지에서부터 시작된다. 이런 이유로 인하여 과거 한때 하나님 나라에 드려졌던 지역, 도시, 가족, 그리고 사역들이 지금은 오히려 그 반대 위치에 서 있게 된 것이다.

예를 들면 존 웨슬리와 성령운동의 영적 후손들이 지금 동성연애자들에게 목사안수를 주고 있는 상황이다. 한때 부흥을 위한 훈련센터였던 예일대학이 지금은 하나님 나라와 반대되는 세계관을 진작시키고 있다. 한때 구원받지 못한 사람을 열손가락으로 셀 수 있을 정도로 복음화가 되었던 애틀랜틱시티가 지금은 도박의 본고장이 되어버렸다.

우리는 부흥의 각 세대로 하여금 영적 유산을 물려받지 못하도록 만들었던 영역을 점령하고 그것을 확장시키는 것에 실패했다. 그 결과 부흥의 각 세대들이 영적으로 고아가 되었으며 여러 영역에서 공격해오는 원수들의 저항에 부딪히게 되었다. 대개 부흥은 원수들의 위협에 진절머리가 난 세대에게 온다. 사사 시대의 이스라엘처럼 그들은 구원자를 보내달라고 간절히 부르짖는다. 그런데 문제는 그렇게 해서 비록 부흥은 오지만 그것을 다음 세대에 전수해줄 수 있도록 다음 세대를 키우지 못한다는 것이다. 아버지가 없는 세대는 어떻게 아버지들을 세워 일으킬지를 전혀 모른다. 부흥의 비극은 바로 어떠한 세대도 영적 유산의 유익이 무엇인지 아직 완전하게 보지 못했다는 것이다.

예외 규칙

이 역사의 흐름에 두 가지 예외가 존재한다. 그리고 이 예외는 결국 유산이 성공적으로 전수가 되었을 때 무슨 일이 일어나는지를 간단하게나마 보여준다. 첫째는 바로 솔로몬 왕이다. 솔로몬의 아버지 다윗은 하나님으로부터 큰 은총을 입었기 때문에 그의 후손들에게서 결코 왕위가 떠나지 않을 것이라는 약속을 하나님으로부터 받았다. 이러한 약속으로 말미암아 다윗은 그 아들 솔로몬이 출생하자마자 하나님의 방법으로 훈련시켰다. 그래서 솔로몬은 그가 받은 지혜의 유산을 사용하여 그의 아버지의 위대함을 훨씬 초월하는 왕국을 건설할 수 있었다. 그러므로 다윗과 솔로몬의 통치 시대는 지금도 이스라엘 역사의 황금 시대로 통한다.

두 번째 예는 바로 마틴 루터이다. 마틴 루터는 그리스도 안에서 갖는 개인적인 믿음이 구원에 이르는 문이라는 계시를 받았다. 이 가르침은 역사에 둘도 없는 교회의 분열을 초래하였다. 그리고 그것이 계시의 영역에서 수 세기 동안 원수가 점령하고 있던 부분을 깨뜨려버렸다. 루터의 가르침이 전파되기 전에 사람들은 그들이 구원받았다는 것을 확신하기 위해서 때로는 몇 달씩 기도를 하곤 했다. 그러나 지금 루터의 계시가 세대를 거쳐 가르쳐지고 확인된 이때, 대부분의 신자들은 그리스도를 영접하는 순간 구원의 확신을 갖게 되었다. 그리고 이 개념은 전도자들로 하여금 잃어버린 영혼들을 위하여 사역하는 방법을 완전히 변화시키도록 만들었다.

하나님의 영역이 점령되어 다음 세대에서도 계속 확장되어나갈 때 하나님 나라가 현실 세계에 이루어지게 되며 그 안에서 사람들이 영적 유산을 상속받게 된다. 그러나 불행하게도 많은 교회들이 이전 세대가 싸웠던 싸움을 다시 반복하고 있다. 왜냐하면 유산이 성공적으로 다음 세대에 전수되지 못했기 때문이다. 영적 유산을 통하여 그분의 나라를 세우시려는 하나님의 계획에 대한 계시를 교회가 갖기 전까지는 이 역사의 사이클은 계속 반복될 것이라고 나는 생각한다.

유산을 받고 넘겨주기

나는 지금 하나님의 본성과 그분의 나라가 변했다고 말하는 것이 아니라는 사실을 명심하라. 하나님의 통치가 확장되고 있다는 것은 여전한 사실이다. 과거의 역사에 대해 슬픔에 잠겨 있기보다 나는 오히려 하나님께서 일하실 것에 깊이 감동을 받고 있다. 하나님께서 우리 세대를 확장시켜 유산을 받게 하시고 부흥의 아버지 세대를 일으키심으로써 역사의 흐름을 바꾸어 놓으실 것에 나는 감격하고 있다.

내가 언급했듯이 '나타나진 것들'이 다음 세대에 가르쳐지지 않았다면 그것은 잃어버린 것이 아니라, 단지 잊혀진 것일 뿐이다. 이전 세대의 부흥사들에 의해 입혀졌던 겉옷(힘과 권위의 성경적 상징)을 지금 우리가 잃어버린 것이 아니라 어딘가에 여전히 남아 있다고 나는 믿는다. 그것을 성경에서 찾아볼 수 있다. 엘리사는 엘리야의 겉옷을 성공적으로 물려받은 사람이다. 그는 엘리야의 갑절의 영감을 전수받았지만 안타깝게도 후계자를 남기지 않고 죽었다. 이제 우리는 열왕기하 13장 21절에서 아주 이상한 구절을 발견하게 된다. "마침 사람을 장사하는 자들이 그 적당을 보고 그 시체를 엘리사의 묘실에 들이던지매 시체가 엘리사의 뼈에 닿자 곧 회생하여 일어섰더라." 엘리사의 기적의 기름부으심이 원래 처음 남겨졌던 그의 뼈에 여전히 남아 있었던 것이다.

기름부으심과 계시가 묻혀 있는 다른 영역들도 반드시 드러나야만 한다. 그것은 마치 야곱이 다시 가나안 땅에 돌아왔을 때 팠던 우물과도 같다. 과거에 흙먼지로 가득 뒤덮여 있던 것들이 다시 새롭게 파졌던 것처럼 말이다. 그 흙먼지는 인간의 타락한 본성을 나타낸다. 사람들이 스스로 조종하고 또 영광을 취하려고 했기 때문에 하나님의 운동들이 중도에서 멈춘 적이 많이 있었다. 기름부으심의 우물을 인간이 교만의 흙먼지로 막아버렸던 것이다.

우리 조상들의 계시와 기름부으심의 축복이 지금 어디엔가 숨어 있으며, 우리로 하여금 찾아내도록 기다리고 있다. 그것을 숨겨놓으신 분은 바로 하나님이시다. 신명기 29장 29절이 말씀하듯이 '오묘한 일은 우리 하나님 여호와께 속한 것'이다. 그렇지만 예수님께서는 우리에게 급격한 생각의 전환을 말씀하셨는데, 그것은 곧 하나님께서 오묘한 축복들을 우리를 위하여 숨겨놓으셨다는 것이다. 주님은 "하늘나라의 비밀을 아는 것이 너희에게는 허락이 되었다"고 말씀하셨다. 우리에게 성령님이 계시기에 우리는 하늘나라의 비밀을 가지고 있는 것이다.

> 그러하나 진리의 성령이 오시면 그가 너희를 모든 진리 가운데로 인도하시리니 그가 자의로 말하지 않고 오직 듣는 것을 말하시며 장래 일을 너희에게 알리시리라 그가 내 영광을 나타내리니 내 것을 가지고 너희에게 알리겠음이라(요 16:13-14)

그러므로 이사야가 예언한 "하나님께서 자기를 사랑하는 자들을 위하여 예비하신 것들을 눈으로 보지 못하고 귀로도 듣지 못하였다"는 것이 고린도전서 2장 10절에서 이렇게 수정되었다. "오직 하나님이 성령으로 이것을 우리에게 보이셨으니 성령은 모든 것 곧 하나님의 깊은 것이라도 통달하시느니라."

하나님은 우리를 위하여 일을 숨기신다. "일을 숨기는 것은 하나님의 영화요 일을 살피는 것은 왕의 영화니라"(잠 25:1). 하나님께서는 당신에게 쉬운 언어로 말씀하지 않으심으로써 영광을 얻으신다. 그분은 비유와 상징으로 말씀하심으로써 영광을 얻으신다. 일을 살피는 것이 왕의 영화이기 때문에, 우리 믿는 자들이 하늘의 숨겨진 비밀들을 합법적으로 찾아내는 권리를 발견하게 될 때 우리 속에 있는 왕의 속성이 드러나게 된다. 뒤로 물러앉아서 "하나님이 내가 갖기를 원하시는 것을 주시면 기쁨으로 받겠다"고 말하는 사람들은 아직도 왕의 저택에 살면서 거지근성을 버리지 못하고 살아가는 사람이다.

하나님은 우리에게 정치, 경제, 예술, 그리고 다른 인간의 삶의 모든 영역의 비밀들을 알아낼 수 있는 통로를 주셨다. 하나님이 우리를 위하여 숨겨 놓으신 것들을 찾아내려는 사람들에게 지금 그 문들이 열리고 있다. 지금 세계가 당면하고 있는 모든 문제에 대한 해결책과 답이 존재한다. 우리에게 그 비밀들을 알아낼 수 있는 통로가 주어졌다는 사실을 이해하지 못하고 있기 때문에, 많은 교회들이 변화를 위하여 기도하며 싸울 영적 권위를 계속해서 포기하고 있는 실정이다.

그렇기 때문에 우리들 중 많은 사람들이 우리를 향하신 하나님의 부르심을 성취하지 못한 채 그냥 삶을 살아가고만 있다. 우리는 우리가 살고 있는 사회의 부르짖음과 딜레마에 대한 살아 있는 해답이 되어야 할 사람들이다. 문제들 앞에서 우리는 일어나 "여기에 해답이 있습니다"라고 답을 제시할 수 있어야만 한다. 그것을 가능하게 하는 것은 바로 우리 안에 있는 영적 신분이다.

이제 계시와 기름부으심의 영역으로 접근할 수 있는 사람들은 역사의 영웅들이 그랬듯이 그들의 삶에서 불꽃을 경험하게 될 것이다. 그러나 그들은 물론 하나님의 사람들이 반드시 깨달아야 할 사실은, 그 불꽃이 단지 한 사람만을 준비시켜서 계시와 기름부으심의 영역을 움직이도록 하는 것이 아니라, 그 한 사람을 준비시켜 그리스도의 몸인 교회 전체를 기름부으심과 계시의 영역 안에서 움직이도록 만든다는 것이다. 그렇게 함으로써 새로운 개념의 하나님 나라의 삶이 이 땅에 구현되는 것이다.

바비 코너(Bobby Cornor)가 전에 이렇게 말했다. "하나님은 대단한 사람(somebody)에게 관심이 있으신 게 아니라 그분의 몸(His Body)에 관심이 있으시다." 만약 그리스도의 몸 된 교회가 하나님의 기름부으심의 목적을 분명히 이해하게 된다면, 교회 지도자들은 더 이상 그들의 삶을 자신들의 사역을 확장하는 데 보내기보다, 다음 세대를 키워서 그들로 하여금 다음 단계로 들어가게 하는 데 더욱더 주력할 것이다. 그러면 그리스도의 몸 된 교회는 진실로 그들의 지도자들을 함부로 비난하는 오류를 범하거나 혹은 지나치게 우상화하여 무조건적으로 모방하려는 우를 범하지 않으면서 그들을 존경하고 그들로부터 많은 것을 배우게 될 것이다.

우리의 아버지를 공경하기

우리는 공경이 하나님의 사람들에게 얼마나 중요한 속성인지를 앞서 살펴보았다. 공경을 통하여 생명이 풀어진다. 공경은 본질적으로 보면 우리가 유산을 물려받는 대상에 대한 정확한 인식에서 온다. 십계명의 제5계명은 우리에게 "너의 부모를 공경하라"고 가르친다. 유산을 물려받는 데 가장 중요한 핵심이 바로 공경이다.

그렇다면 공경은 과연 어떤 모습일까? 엘리사가 엘리야에게 갑절의 영감을 구할 때 그는 공경을 나타냈다. 엘리야는 자신이 사라지는 것을 엘리사가 보게 된다면 그가 원하는 것을 얻게 될 것이라고 약속한다. 그것이 비록 간단하게 들릴지 모르지만 실제로 그렇게 쉬운 일은 아니었다. 그들이 가는 곳곳마다 엘리사에게 돌아가라고 말하는 선지자의 생도들이 있었다. 엘리야 자신도 엘리사에게 집으로 돌아가라고 말할 정도였다. 마침내 불 병거가 하늘로부터 내려와서 엘리야와 엘리사 사이를 갈라놓았을 때 회오리 바람이 홀연히 엘리야를 하늘로 데리고 올라가버렸다. 그러나 엘리사는 이 광경에서 잠시도 눈을 떼지 않았다. 엘리야가 사라지는 것을 반드시 보려고 결심했었기 때문이다. 아마 그는 엘리야가 화장실에 갈 때도 따라갔을 것이다. 결국 하늘에서 떨어진 엘리야의 겉옷을 손에 쥔 엘리사는 엘리야가 갈랐던 그 요단강을 똑같이 갈랐다. 엘리사가 보여준 공경은 그저 단순한 키스나 감사의 말 따위가 아니었다. 그것은 자신의 영적 아버지가 주시는 것을 얻어내려는 아주 단호하고도 집요한 결심이었다. 그리고 담대함을 가지고 한 발 앞으로 나가 자신이 받은 것을 사용하였다.

신약성경에 보면 예수님께서는 누구나가 엘리사가 받은 것을 받을 수 있다고 말씀하셨다. 주님은 이렇게 말씀하셨다. "선지자의 이름으로 선지자를 영접하는 자는 선지자의 상을 받을 것이요"(마 10:41). 선지자의 이름으로 선지자를 영접한다는 것의 의미는 엘리사의 이야기에서 볼 수 있듯이, 선지자들이 줄 유산을 얻기 위하여 애쓸 것이 무엇인지를 우리가 깨닫고 있다는 것이다. 우리가 다른 사람 안에 있는 그리스도를 공경할 때 주님은 그것을 기억하신다는 것이다. 선지자의 이름으로 선지자를 공경할 때 우리는 그가 살았던 삶의 영역으로 접근할 수 있게 된다. 그 영역이란 겉옷(영적 권위), 하나님의 영역, 계시, 그리고 기름부으심의 수준을 의미한다. 그런 것들을 우리는 단지 공경이라고 하는 것을 통하여 접근하게 되는 것이다.

그러한 역사적인 하나님의 사람들을 공경할 수 있는 기회와 또 공경해야 하는 책임을 반드시 붙잡아야만 한다. 그들은 하나님의 다른 영역으로 접근했던 사람들이며 하나님 나라를 확장시킨 사람들이다. 그리고 또한 우리 주변의 사람들을 공경해야만 한다. 우리 주변 사람들을 공경한다는 것이 꼭 주변의 대단한 사람만을 공경하라는 의미는 아니다. 성령을 좇아서 그의 몸된 교회의 각 지체들에게 부어주신 은사와 기름부으심을 깨닫고 존중한다고 하는 것은 정말 굉장한 일이다. 사도 바울을 통하여 주님은 우리에게 그리스도를 경외하는 마음으로 서로에게 복종하라고 말씀하신다. 그것은 곧 각각의 사람 안에 계신 그리스도를 서로 공경하라는 의미이다.

사실 그리스도와 그가 십자가 위에서 우리를 위하여 이루신 일이 바로 우리의 유산이다. 그리고 우리는 계시를 통하여 그 유산이 어떠한 것인지를 분명히 알게 되며 그것을 어떻게 사용해야 하는지도 알게 된다. 계시가 없다면 갈보리의 그 엄청난 가치도, 마치 은행에 예금되어 있지만 우리가 전혀 알지 못하는 수십억 달러의 돈과 같은 것이 되고 만다. 사실 이런 비유조차 합당하지 않다. 왜냐하면 우리가 물려받은 유산은 돈과 비교할 수조차 없는 것이기 때문이다. 에베소서 2장에서는 오는 여러 세대에 걸쳐 그의 영광의 풍성함을 나타낸다고 말씀하고 있다. 하나님께서 우리를 위하여 예비하신 것이 너무나도 많이 있다.

전에 두 여성으로부터 다운증후군 태아를 임신했다는 보고를 접한 적이 있었다. 우리 교인들이 그들을 위해 기도했는데, 그 두 여성 모두 의사에게 다시 검사를 받으러 갔을 때 전과 전혀 다른 검사 결과를 통보받았다는 소식을 접했다. 의사들은 무슨 일이 벌어졌는지 알 수 없지만 뱃속의 태아들에게 다운증후군이 전혀 없다는 것이었다.

지금으로부터 그리 오래 되지 않은 일이다. 영국에 있을 때 임신한 한 여성이 우리를 찾아왔다. 의사가 그녀에게 말하기를 뱃속의 아기가 죽었다는 것이다. 다섯 명의 다른 의사들도 같은 결과를 말하며 이렇게 말했다. "단지 아이만이 죽은 것이 아닙니다. 지금 당신의 뱃속에는 양수가 전혀 없습니다. 지금 태아를 제거하지 않으면 당신 목숨도 위태롭습니다." 그녀는 우리 집회에 참석했고 기도를 받았다. 그리고 지금 그녀는 아주 건강한 아이를 행복하게 키우고 있다. 이 문제는 통장의 천만 달러로도 해결할 수 없다. 그러나 우리가 물려받은 유산은 이것을 가능케 한다.

지금 내 마음에 가장 부담으로 와 있는 것이 바로 유산에 관한 것이다. 이 시대의 많은 교회들에게 가속화된 성장에 관한 예언적 메시지가 부어지고 있다. 우리가 지나간 세대와 주변의 인물들을 서로 공경하기 시작하며, 영적 유산을 진정으로 이해하게 될 때 이러한 성장은 반드시 일어나리라고 나는 믿는다. 공경을 통하여 우리의 겉옷의 유산, 그리고 계시와 기름부으심의 영역이 강하게 풀어져서 그리스도의 몸을 준비시키며 하나님 나라를 더 높은 수준으로 이끌어갈 것이다. 우리가 유산을 물려받기 시작할 때 우리는 반드시 역사로부터 교훈을 얻어야만 한다. 그리고 무엇보다 우리 자신을 다음 세대를 위하여 유산을 물려주어야 할 책임 있는 위치로 올려놓아야만 한다. 그리고 다음 세대 또한 역시 같은 방식으로 생각할 수 있도록 그들을 훈련시켜야만 한다. 우리는 단지 부흥의 아들들만을 일으켜서는 안 된다. 세대를 걸쳐서 살아갈 아버지들을 또한 일으켜야만 한다.

우리의 최종 특권

개인적으로 과거를 존중한다는 것은 부흥의 역사를 공부하는 것뿐만 아니라, 나보다 앞서 간 훌륭한 사역자들의 삶을 함께 걷고 싶어 하는 내 열정의 불을 더 증폭시키는 것을 포함한다. 나는 또한 할 수만 있다면 앞서 간 부흥사들의 후손들로부터 기도를 받는 것을 놓치지 않는다. 한 예로 나는 전에 존 웜버의 어린 손녀딸에게 기도를 부탁할 수 있는 특권을 갖게 되었다. 그리고 그 어린 소녀가 나를 위해 기도해주었을 때 능력과 기름부으심이 풀어지는 것을 강하게 경험하였다. 그것은 한 사람의 가족을 예우함으로써 우리는 그의 능력을 전이(임파테이션) 받을 수 있다는 것을 확증해주는 사건이었다.

나는 5대째 목사인 특권을 누리고 있다. 내 자녀들은 6대째가 되는 셈이다. 나는 가족들에게 너무나도 감사하다. 그렇지만 하나님에 대한 배경이 전혀 없는 새신자라도 "선지자의 이름으로 선지자를 공경"하게 되면 우리가 받은 유산을 동일하게 물려받을 수 있다. 이것은 결코 특별히 은총을 입은 사람들만을 위한 전유물이 아니다. 내가 이것을 갖고 있다는 것이 너무나도 감사하지만 나 또한 이 은혜를 쌓아둘 수 없으며 반드시 물려주어야만 한다. 나는 지금 유산에 대한 새로운 개념을 일으켜 세우는 중이다.

또 다른 나의 책임은 내 자녀들을 육적으로나 영적으로 잘 훈련시켜서 희생적인 삶을 살도록 하는 것이다. 내가 주께 거저 받은 것들을 그들에게 거저 주고 있다. 그렇지만 나는 아이들에게 이렇게 말한다. "만약 너희들이 너의 자녀들에게 남겨줄 무엇을 얻기 원한다면 너는 반드시 네가 거저 받은 것에 대한 대가를 지불해야만 한다." 이제는 그리스도의 몸 된 교회가 아직 보지 못한 다음 세대를 위하여 생각하고, 계획하며, 심어야 할 때이다. 우리의 사고와 계획과 기도에 100년 비전을 세워야 할 때이다. 내 시대에 간절히 보고 싶은 것들이 여러 가지가 있다. 나는 지금까지 과거에 꿈꾸어 보지 못한 일들을 많이 보아왔다. 그렇지만 나는 또한 새로운 꿈을 계속 잉태하고 있으며 지금 내가 서 있는 곳에 결코 만족하지 않는다. 나는 계속하여 점령하고 확장시켜나가야 하는 위치에 있어야 한다. 만약 내 시대에 그것들을 다 보지 못한다면 나는 그것들을 내 자녀들에게, 내 손자들에게, 그리고 그 후손들에게 보게 할 것이다. 그리고 그들로 하여금 후세대를 위한 동일한 마음을 갖도록 할 것이다.

이제 당신은 우리가 왜 구름같이 허다한 증인들에게 둘러싸여 있는지 아는가? 릴레이 경주에서는 가장 빨리 달리는 사람이 첫 번째로 달린다. 그가 바통을 두 번째로 빨리 달리는 사람에게 넘겨주고, 그 사람은 다시 세 번째로 빨리 달리는 사람에게 바통을 넘겨준다. 그렇지만 맨 마지막 사람이 어떻게 달리는가에 따라 모든 사람에게 돌아갈 상이 결정된다. 결국 그들은 모두 우리가 물려받은 것을 가지고 무엇을 어떻게 할지를 지켜보고 있는 것이다.

우리에게는 세대에 걸친 유산이 주어졌다. 우리에게는 수백 년에 걸친 신비와 부흥사들, 그리고 영의 깊은 세계를 경험했던 사람들의 유산이 주어졌다. 만약 우리가 지금 우리에게 주어진 이 기회를 잘 사용하여, 앞서 간 사람들을 공경하는 마음을 갖고 우리를 위하여 숨겨진 신비들을 더 발견해낸다면, 교회가 이전에 결코 보지 못했던 새로운 시대로 들어가게 되리라고 나는 확신한다. 하나님 나라가 이 땅에 세워지고 확장되어, 정상적인 그리스도인의 삶이 이 세상의 모든 사람들의 일반적인 삶이 되어야만 한다.

Supernatural Ways of Royalty

Chapter 16

하늘의 전략적 동맹 구축하기

Building Strategic Alliances with Heavenly Allies

보이지 않는 세계에 영향 주기

하나님의 왕 같은 제사장들이 하나님이 예비하신 축복을 경험하기 위해서는 영적 덮개(spiritual covering)가 너무나 필수적이다. 권위와 권력에 의한 학대와 그에 따른 반란으로 인하여 많은 사람들이 복종하는 문제를 힘들어하고 있지만, 그것은 분명 성경 전체를 통한 하나님의 명령임에 틀림없다. 사도 바울은 특별히 지도자, 배우자, 그리고 그리스도의 몸 안에서 서로에 대해 복종할 것을 많이 말하고 있다. 복종으로부터 오는 영적 덮개를 갖지 못한 채 살아가며 또 사역하는 많은 사람들을 사도 바울은 직접 목격했을 것이다. 사도행전 19장은 의도적으로 바울의 사역과 영적 덮개 없이 사역하는 마술사를 비교하고 있다.

하나님이 바울의 손으로 희한한 능을 행하게 하시니 심지어 사람들이 바울의 몸에서 손수건이나 앞치마를 가져다가 병든 사람에게 얹으면 그 병이 떠나고 악귀도 나가더라 이에 돌아다니며 마술하는 어떤 유대인들이 시험적으로 악귀들린 자들에게 대하여 주 예수의 이름을 불러 말하되 내가 바울의 전파하는 예수를 빙자하여 너희를 명하노라 하더라 유대인의 한 제사장 스게와의 일곱 아들도 이 일을 행하더니 악귀가 대답하여 가로되 예수도 내가 알고 바울도 내가 알거니와 너희는 누구냐 하며 악귀 들린 사람이 그 두 사람에게 뛰어올라 억제하여 이기니 저희가 상하여 벗은 몸으로 그 집에서 도망하는지라(행 19:11-16)

사도의 손수건이 스게와의 일곱 아들들보다 실제로 더 권세가 있었다는 것은 놀라운 사실이다. 바울에게는 그들이 갖고 있지 않았던 무엇이 있었는데 그것은 바로 사도적 임무였다. 왜 이것이 중요한가에 대한 두 가지 이유가 있다. 첫째, 사도행전 13장에 보면 바울은 성령님과 교회의 지도자들로부터 위임받은 사도였다는 것이다. 그는 권위 아래에 있었다. 성경이 밝히 보여주는 사실은 우리가 복종하는 만큼 우리에게 권위가 주어진다는 것이다. 누가복음 7장에 나오는 백부장은 예수님이 권위가 있는 분임을 당장에 알아보았다. 왜냐하면 그 자신이 '권위 아래'에 있는 사람이기 때문이었다.

둘째, 바울은 사도로 위임을 받았기 때문에 권위가 있는 사람이었다. 물론 교회에 여러 가지 다른 역할과 다양한 지도력의 수준이 존재하지만 특별히 사도와 선지자는 교회의 기초를 세우도록 부르심을 받은 특별한 직분이다(엡 2:20을 보라). 바울은 그리스도의 몸 된 교회를 다스리는 지도자로 위임받은 사람이었다. 그래서 그는 다른 사람과 다른 더 큰 영적인 영역에서의 영향력을 갖도록 위임을 받은 것이다. 우리가 사도적 지도자에게 복종하며 그들의 사역을 돕도록 부름 받았을 때, 우리는 그들의 권위를 갖고 함께 사역해 나갈 수 있다. 이것이 아마 가장 광범위하면서도 기본적인 수준의 영적 덮개이다.

영적 권위가 어떻게 역사하는가? 우리가 기도하고, 예언하고, 주님의 이름으로 사역할 때 우리는 성령님이 권위와 능력의 궁극적 원천임을 안다. 우리가 하나님과 함께 동역하도록 부름을 받은 것과 같은 방법으로 하나님은 그분의 뜻을 수행하기 위하여 천사들을 동원하신다. 히브리서 1장 14절은 천사에 대하여 이렇게 말씀하고 있다. "모든 천사들은 부리는 영으로서 구원 얻을 후사들을 위하여 섬기라고 보내심이 아니뇨." 왕의 자녀들이 그들의 목적을 수행함에 있어서 하나님 나라의 임무가 실제로 나타날 수 있도록 천사들이 도와주고 있다. 많은 사람들이 모르고 있는 사실은 우리가 천사들에게 임무를 부여할 수 있다는 것이다. 시편 103편 19-20절은 이렇게 기록하고 있다.

> 여호와께서 그 보좌를 하늘에 세우시고 그 정권으로 만유를 통치하시도다 능력이 있어 여호와의 말씀을 이루며 그 말씀의 소리를 듣는 너희 천사여 여호와를 송축하라

천사들은 하나님의 말씀의 소리에 귀를 기울이고 있다. 그러나 교회는 이 땅 위에서 하나님의 말씀의 소리를 선포한다. 내가 지금 이야기하는 것은 천사들이 실제로 그들의 임무를 우리 성도들의 기도와 예언을 통해 받는다는 것이다. 우리가 천사들에게 일일이 무엇을 하라고 지시할 필요는 없다. 우리는 그저 주님의 이름으로 기도하고 예언을 선포하면 된다. 그러면 천사들이 주님의 말씀의 소리를 듣고 실행에 옮기는 것이다. 만약 우리가 주님의 권위 아래에 있다면 우리는 천사들에게 임무를 부여하는 하나님의 말씀을 선포할 수 있다. 고린도전서 11장 1-10절에서는 이 영적 덮개에 관해 다음

과 같이 기록하고 있다.

> 내가 그리스도를 본받는 자 된 것같이 너희는 나를 본받는 자 되라 너희가 모든 일에 나를 기억하고 또 내가 너희에게 전하여준 대로 그 유전을 너희가 지키므로 너희를 칭찬하노라 그러나 나는 너희가 알기를 원하노니 각 남자의 머리는 그리스도요 여자의 머리는 남자요 그리스도의 머리는 하나님이시라 무릇 남자로서 머리에 무엇을 쓰고 기도나 예언을 하는 자는 그 머리를 욕되게 하는 것이요 무릇 여자로서 머리에 쓴 것을 벗고 기도나 예언을 하는 자는 그 머리를 욕되게 하는 것이니 이는 머리 민 것과 다름이 없음이니라 만일 여자가 머리에 쓰지 않거든 깎을 것이요 만일 깎거나 미는 것이 여자에게 부끄러움이 되거든 쓸지니라 남자는 하나님의 형상과 영광이니 그 머리에 마땅히 쓰지 않거니와 여자는 남자의 영광이니라 남자가 여자에게서 난 것이 아니요 여자가 남자에게서 났으며 또 남자가 여자를 위하여 지음을 받지 아니하고 여자가 남자를 위하여 지음을 받은 것이니 이러므로 여자는 천사들을 인하여 권세 아래 있는 표를 그 머리 위에 둘지니라

어떤 교사들은 이 구절을 극단적으로 해석하여 여자를 억압하는 데 이 구절을 사용하기도 한다. 그러나 그것은 지금 내가 말하고자 하는 것과 거리가 멀다. 바울이 말했듯이 여자가 기도나 예언을 할 때에는 반드시 천사들을 인하여 그 머리에 무엇을 써야 했다는 점을 나는 강조하고자 한다. 머리에 쓰는 것은 당시 고린도 사회에서 공경을 의미하는 하나의 문화적 표시였다. 그래서 만약 어떤 여자가 머리에 아무것도 쓰지 않고 예언을 한다고 하는 것은 곧 자기 자신의 권위를 가지고 사역한다는 것을 의미했다. 그녀의 기도나 예언은 결코 주님으로부터 온 것으로 인정받을 수 없었다. 왜냐하면 천사들

은 하나님께서 제정하신 권위 아래에 있는 사람들에 의하여 임무를 부여받기 때문이다.

하나님이 우리 위에 정해놓으신 권세 아래에 우리가 복종하고 있는지를 확실히 알 필요가 있다. 왜냐하면 그리스도의 신부가 권위 아래에 있을 때 천사들은 우리의 권위를 인정할 것이고 우리의 기도와 예언을 수행할 것이기 때문이다(시 103:20을 보라). 우리가 하늘나라의 임무에 복종할 때 우리는 천사들에게 임무를 부여하여 주님의 말씀을 수행하도록 만든다.

그러면 항상 천사들이 와서 모든 사람의 기도와 예언을 듣고 응답하는가? 그렇지는 않다고 생각한다. 왜냐하면 천사들은 누가 사도적 사역의 권위에 복종하고 있는지를 알고 있기 때문이다. 이것은 단지 나의 이론이다. 그러나 때때로 어떤 사람이 바른 기도를 했는데도 여전히 문제 가운데 사로잡혀 있다면 그 사람의 삶이 아직 완전히 복종하고 있지 않기 때문이라고 생각한다. 그래서 상황이 바뀌지 않는 것이다. 그런 사람들은 하나님 나라의 유익을 원하지만 왕에게 완전히 복종하기는 원치 않는 사람들이다. 그런 사람들이 지옥에 간다고 말하는 것은 아니다. 그러나 그들은 하나님이 그들 위에 세워놓으신 영적 권위자들을 알아보지 못하며 그들에게 복종하고 있지 않는 사람들이다. 고린도전서 11장의 표현에 의하면 그런 사람들은 그들의 머리에 권위의 표를 갖고 있지 않는 사람들이다. 그래서 그런 사람들의 기도를 천사들이 들을 때 여전히 "아직 임무를 부여받지 못했음"이라고 말하고 있을 것이다.

주님은 그분 자신의 권위를 알고 계신다. 당신은 아마도 다급하여 사색이 될 때까지 "주 예수의 이름으로"라고 말할 수 있다. 그러나 천사들은 당신의 머리에 권위의 표를 둘 때까지는 당신의 다급한 목소리를 알아듣지 못할 것이다. 우리가 어떤 상황에서 취하려고 하는 권위와 실제로 우리가 그 아래에 있는 권위 간에 부조화가 생길 때 문제는 결코 해결되지 않는다. 물론 이것은 분명 일반적인 명제이다. 하나님은 그분이 원하시는 것은 무엇이든 하실 수 있다. 우리가 설교하는 어떤 법칙도 하나님께서 깨뜨리시는 것을 우리는 보아왔다. 그러나 성경에는 분명한 한 가지 패턴이 있다는 것을 지금 나는 이야기하고 있는 것이다.

하나님은 그분의 왕 같은 제사장들을 위한 나라를 디자인하셨고 그것을 명령하셨다. 그 나라의 목적은 주님의 사역을 위하여 성도들을 준비시키고 결국 "그리스도의 충만한 분량까지 자라게 하도록" 하는 것이다(엡 4:13). 하나님께서 우리 위에 세워놓으신 지도자들의 비전 아래에 우리가 들어가기 시작할 때 다른 방법으로는 결코 경험할 수 없는 축복을 경험하기 시작한다. 그것은 단지 영적 은사 사역을 말하는 것이 아니다. 우리가 덮개를 쓰고 기도나 예언을 할 때 강력한 일들이 일어나기 때문에, 하나님은 우리가 누구에게 권위를 갖고 순종하고 있는지에 주의를 기울이신다. 하나님은 모든 은사자들에게 권위를 부여하시지는 않는다. 영적 권위 아래에서 주님과 함께 동역할 내면을 갖고 주님의 훈련을 통과한 사람들에게 그분은 권위를 부여하신다. 개인적인 변화를 통해 공동체의 축복을 가져왔던 성경의 몇몇 지도자들을 살펴보도록 하자.

요셉

사도행전 7장에 보면, 스데반은 돌에 맞아 순교하기 전 그를 고소하는 사람들에게 리더스 다이제스트 판 구약성경을 들려준다. 여기에서 그는 우리에게 이스라엘 역사를 이해하는 주요한 포인트를 제시하고 있다.

> 요셉을 알지 못하는 새 임금이 애굽 왕위에 오르매 그가 우리 족속에게 궤계를 써서 조상들을 괴롭게 하여 그 어린아이들을 내어버려 살지 못하게 하려 할새(행 7:18-19)

여기에서 스데반은 하나님을 알지 못하는 새 임금이 왕위에 올라 그들 민족을 몰살하려고 했다고 말하지 않았다는 사실을 주목해보라. 반면 그는 이렇게 말했다. "요셉을 알지 못하는 새 임금이 애굽 왕위에 오르매." 어떻게 보면 요셉의 삶이 결국 죽음과 절망에 빠진 이스라엘 사람들을 구원했다는 것을 암시하고 있다. 요셉이 죽었을 때 이스라엘은 그들을 보호하던 덮개를 잃어버렸고 결국 하나님의 백성들이 노예로 전락하고 말았다.

요셉의 개인적인 승리가 공동체의 덮개가 되었지만 전쟁 없이 승리한 것은 아니다. 전쟁은 삶의 감옥으로부터 우리를 자유케 하여 우리를 원래 계획되었던 부르심의 처소, 즉 왕궁으로 이끌도록 계획된 것이다. 감옥과 왕궁 사이에는 반드시 전쟁터가 있다. 이 전쟁터가 종종 시험과 연단이라는 단어로 더 잘 표현된다. 우리의 삶에 존재하는 시험과 연단은 우리의 성품을 개발시켜 우리로 결국 왕궁에서 살아가기에 합당한 존재로 변화시킨다.

요셉의 삶에서 그가 그 높은 자리에 오르기까지 어떠한 시험이 있었는지 자세히 살펴보자. 첫째로 요셉이 직면했던 시험은 형들로부터의 따돌림이었다. 17살 때 요셉은 몇 편의 예언적 꿈을 꾼다. 자기가 위대한 사람이 되어 형들과 부모가 자신을 섬기게 되는 내용의 꿈이었다. 그런데 그만 요셉은 자신의 미래를 형들에게 미리 말해버리는 실수를 범하게 된다. 그래서 형들은 조금은 거만한 동생이 자신들 위에 군림한다는 생각에 분노를 폭발했다. 이미 아버지 야곱이 요셉을 편애할 때부터 요셉을 못마땅하게 생각하던 차였기에 그들은 더 이상 요셉을 두고 볼 수 없었다. 그래서 결국 요셉을 죽이기로 공모한다. 하지만 장자 르우벤의 설득으로 요셉은 구덩이에 빠지게 되고 나중에 그 길을 지나던 노예상인들에게 팔려가는 신세가 된다.

그 정도의 따돌림과 거절을 형제들에게 당했다면 아마 우리는 몇 년간의 상담치료가 필요할 것이다. 그러나 요셉에게는 그것이 시험의 전부가 아니었다. 또 다른 시험이 기다리고 있었다. 바로 그의 성적 순결이 위협받게 된 것이다. 바로의 시위대장 보디발의 집에 노예로 팔려간 요셉은 보디발의 신임을 얻어 집안의 모든 일을 총 관리하게 된다. 그러던 어느 날 보디발의 아내가 성적으로 요셉을 유혹하기 시작했다. 날마다 요셉은 거절했지만 결국 그녀는 어느 날 요셉과 강제로 동침하려고 했다. 요셉은 도망을 쳤고 보디발의 아내는 거짓으로 요셉을 모함하여 결국 요셉은 감옥에 갇히는 신세로 전락하고 만다.

거짓으로 고소를 당하는 것은 결코 참기 쉬운 일이 아니다. 특별히 그것 때문에 감옥에 가야 한다면 더더욱 그렇다. 아마 우리들 대부분은 쓰디쓰고 독한 마음을 먹게 될 것이다. 그렇지만 요셉은 감옥에서조차 신실했고 하나님은 그런 그를 축복하여 나중에는 모든 죄수를 관리하는 으뜸 죄수까지 되기에 이르렀다. 감옥에 있는 동안 요셉은 바로의 두 신하의 꿈을 해석해주게 되었다. 그가 갖고 있던 꿈 해석의 은사는 결국 요셉으로 하여금 감옥에서 나와 바로 앞으로 나아가게 하는, 그리하여 그로 하여금 최고의 존재가 되게 하는 도구가 되었다. 요셉이 총리로서 그의 임무를 수행할 때 온 세계에 7년 간의 대기근이 발생했다. 하나님이 주신 지혜와 예언적 계시를 가지고 요셉은 미리 저장해두었던 곡식을 방출함으로써 지혜롭게 나라의 위기를 극복해나갔다.

바로는 비록 이방인 지도자였지만 요셉이 바로의 권위 아래에서 순종했다는 사실에 주목하라. 요셉은 시험의 기간을 통하여 복종하는 법을 배웠기에 하나님은 그를 그가 전에 꿈꾸었던 그 위치까지 높여주셨다. 그는 높은 권위의 자리에 있을 때에도 그와 같은 자세를 유지했다. 바로에게 복종하는 것이 그의 정체성을 잃게 하거나 하나님에 대한 믿음을 저버리도록 하는 것이 아니었다. 그리하여 심지어 바로까지도 경의를 표할 정도의 지혜를 하나님은 요셉에게 허락하신 것이다. 로마서 13장 1절은 말씀한다. "각 사람은 위에 있는 권세들에게 굴복하라 권세는 하나님께로 나지 않음이 없나니 모든 권세는 다 하나님의 정하신 바라." 요셉은 하나님이 정해주신 권세와 그분이 시험하는 방법을 잘 알고 있었다. 그래서 자신 또한 권세 안에서 행할 수 있는 자라는 것을 스스로 증명해 보였다.

요셉이 죽은 줄로만 알고 있던 요셉의 형제들이 식량을 구하러 이집트로 왔다. 그들이 요셉을 알아보았을 때 그들은 요셉에게 목숨을 구걸했다. 그러자 요셉은 그들의 악행을 하나님이 선으로 바꾸어주셨음을 말하고 그들을 용서한 다음 모든 가족을 기근을 피해 이집트에서 살 수 있게 하였다. 온 가족 70명이 이집트에 새롭게 정착했으며 바로는 그들에게 가장 좋은 땅을 주었다. 곧 이스라엘 사람들은 온 땅에 번성하여 요셉이 죽을 때까지 자유의 몸으로 이집트에서 살았다.

요셉이 죽은 후 새로운 왕이 권좌에 올랐다. 그는 이스라엘 사람들을 몹시 시기하였으며 동시에 두려워하였다. 그래서 이스라엘 사람들을 노예로 삼고 수많은 사람들을 죽였다. 요셉이 사라진 다음 이스라엘 사람들이 처음 받은 대우가 바로 그런 것이었다. 이스라엘 사람들은 목동들이었는데 이집트 사람들은 목축업을 천시했다. 그러나 요셉의 덮개로 인하여 이집트 사람들이 이스라엘 사람들을 제대로 대우했던 것이다. 요셉이 지도자로 있을 때 이스라엘 사람들은 엄청난 축복을 누리며 이집트에서 살았다. 그들이 자격이 있어서가 아니라, 바로 요셉 때문에 그런 축복을 받았던 것이다.

요셉이 자기 가족들의 애굽에서의 운명을 결정지을 때 그는 최고의 권력자의 위치에 있었다. 요셉은 많은 시험을 통과하며 개인적인 승리를 많이 경험한 사람이었다. 비록 그의 삶은 정반대로 진행되었을지라도 그는 하나님께서 그의 삶에서 꿈을 이루실 것을 믿었다. 그는 권위에 복종했으며, 모든 일에 하나님을 신실하게 믿었다. 그는 성적 순결을 끝까지 지켰으며 그의 형제들을 기꺼이 용서했다. 그의 성공이 결국 그로 하여금 이스라엘 공동체를 위한 덮개가 되도록 했다. 그리하여 그의 아래에 있는 모든 사람들을 보호할 수 있는 사람이 되었다(창 37-48장을 보라).

다윗

똑같은 과정이 사무엘상 17장에 나오는 다윗의 삶에서도 나타난다. 어느 날 다윗은 블레셋 군대와 싸우고 있던 형들에게 점심을 가져다주라는 아버지의 부탁을 받는다. 그때 골리앗이라고 불리는 블레셋 거인 장수가 전장에서 이스라엘 군대를 저주하며 조롱하는 것을 목격한다. 골리앗은 그때 이런 제안을 한다.

> 너희는 한 사람을 택하여 내게로 내려보내라 그가 능히 싸워서 나를 죽이면 우리가 너희의 종이 되겠고 만일 내가 이기어 그를 죽이면 너희가 우리의 종이 되어 우리를 섬길 것이니라(삼상 17:9)

(참고: 성경에서 거인은 종종 정사와 권세의 상징으로 나타난다. 골리앗의 도전은 영적 권세가 어떻게 일하는지를 보여주는 좋은 예이다. 정사가 확고하게 자리를 잡고 있지 않으면 무엇이든 그 자리를 대신 차지하는 것이고, 아래에 다른 모든 것들이 굴복하여 들어가게 된다. 그러므로 여기에서 만약 이스라엘의 누군가가 거인 골리앗을 죽이면 모든 블레셋 사람들이 이스라엘을 섬기게 되고 반대로 이스라엘 장수가 죽게 되면 그 반대의 결과가 오는 것이다.)

요셉과 마찬가지로 하찮은 작은 일에 충실했던 다윗 역시 그가 해결해야만 할 일을 만나게 되었다. 아무도 없는 허허벌판에서 다윗은 성심성의껏 양 떼를 돌보았다. 다시 말하지만 이것이 바로 영적 권위를 얻는 열쇠이다. 즉, 하나님이 높이실 때까지 순종하는 것이다. 아마 다윗은 그가 들판에서 양 떼를 돌보는 일이 후에 그의 운명을 바꾸어놓을 엄청난 일을 준비하는 일이었다는 것을 거의 알지 못했을 것이다.

요셉처럼 다윗도 골리앗과 싸우러 나가기 전에 그의 형들로부터 받는 조롱을 감수해야 했다. 리더가 되기를 원하는 사람은 누구나 요셉과 다윗이 그들의 형제들로부터 겪었던 일을 반드시 겪게 된다는 것을 깨달아야만 한다. 요셉과 다윗의 형들처럼 삶에 분명한 비전이 없는 사람들은 자신의 연약함과 죄의 속박에서 벗어나지 못하는 삶을 살 수밖에 없다. 그래서 그런 사람들은 비전을 갖고 두려움을 이겨내며 죄 아래에서 사는 것이 아니라 죄를 극복하며 살아가는 사람들을 보면 핍박하게 된다. 그들이 아는 모든 사람들도 동일한 속박 아래에 있기 때문에 그들은 자신들이 처한 상황에 전혀 문제가 없다고 느낀다. 그래서 그들은 그렇지 않은 사람들을 핍박하는 것이다. 다른 사람들은 다 실패하는 상황 속에서 만약 누군가가 승리를 얻게 된다면, 결국 그들은 더 이상 자신들의 처지를 변명하지 못하게 되며 자신들의 삶의 모순이 적나라하게 드러나게 되기 때문이다.

　성경에 의하면 다윗은 골리앗과 싸우러 나가기 전 짐을 짐 지키는 자의 손에 맡겼다(삼상 17:22). 여기에서 다윗은 우리에게 오는 도전을 우리가 어떻게 대처해야 하는지를 아주 잘 보여주고 있다고 생각한다. 다윗은 전투에 나가기 전 그에게 걸림돌이 될 수 있는 것은 무엇이든 다 내려놓았다. 이와 마찬가지로 우리는 우리 내면에 있는 해결되지 않은 죄나 문제들을 하나님께 내려놓지 않은 채 원수들과 맞서는 전쟁에 임해서는 절대로 안 된다. 내가 발견한 사실은 우리의 삶에서 가장 중요한 일이 종종 아주 비밀리에 이루어진다는 것이다. 공개적인 승리를 얻은 사람치고 비밀스러운 무엇을 가지고 있는 이는 거의 없다.

　다윗은 마침내 돌멩이 하나로 골리앗을 넘어뜨렸다. 그리고 골리앗의 칼로 그를 죽였다. 처음 다윗을 죽이는 데 사용되려고 했던 바로 그 칼이 이 위대한 전사의 손에 들려져서 오히려 기회의 무기가 된 것이다.

　다윗이 블레셋의 챔피언을 쓰러뜨렸기 때문에 전쟁이 끝이 났다. 다윗의 개인적인 승리가 공동체의 축복이 되었으며, 온 이스라엘에 평화를 가져온 것이다.

보이지 않는 세계의 은총

여기에서 우리가 반드시 이해해야 할 중요한 원리 중 하나는 바로 물질 세계의 복종이 영적 세계의 해방을 가져온다는 사실이다. 바울은 "육 있는 자가 먼저요 그 다음에 신령한 자"라고 했다(고전 15:46을 보라). 우리는 지금까지 그 성품이 시험을 통과하여 눈에 보이는 물질 세계에서 놀라운 업적을 이루었고, 그것이 결국 눈에 보이지 않는 영적 세계의 권위를 가져왔던 사람들의 삶을 살펴보았다. 그런데 많은 교회들이 눈에 보이지 않는 세계에 대하여 잘 인식하지 못하고 있으며, 그것이 얼마나 우리 일상의 삶에 영향을 주는지를 깨닫지 못하고 있다. 우리의 안과 주변에 존재하는 눈에 보이지 않는 세계가 실상은 우리가 눈으로 보는 물질 세계보다 훨씬 더 강력한 힘을 지니고 있다. 우리가 그 세계와 얼마나 관련을 맺고 있는가에 따라, 우리는 그 축복을 누리고 살든가 아니면 반대로 보이지 않는 세계에 의해 당황하게 된다.

보이지 않는 세계가 보이는 세계에 어떻게 강력하게 영향을 주는지에 대한 좋은 예가 모세와 여호수아의 삶에 잘 나타나 있다. 모세의 명령 하에 여호수아가 군대를 이끌고 계곡 아래로 내려가 아말렉 군대와 싸울 때이다. 모세는 산 위에 올라가 손을 치켜들었다. 모세가 지쳐서 손을 내릴 때면 여호수아의 군대가 패하기 시작했다. 그리고 다시 모세가 손을 들면 여호수아가 이겼다. 여호수아의 승리가 모세가 손을 드는 것과 직접적으로 연결되어 있음을 그들은 분명히 알 수 있었다. 그래서 아론과 훌이 양쪽에서 모세의 팔을 치켜들었고, 결국 여호수아의 군대는 전쟁에서 승리했으며, 그날에 이스라엘에 평화가 있었다(출 17:8-13을 보라).

만약 우리가 보이지 않는 세계의 은총을 이해하지 못한다면 우리가 아무리 많은 군대를 거느리고, 더 좋은 전략을 세우며, 더 강력한 무기를 구입

한다 할지라도 결국 우리는 전쟁에서 패하고 말 것이다. 그렇지만 우리가 우리의 지도자를 지원(공경)한다면 그런 일은 절대로 없을 것이다. 우리가 그들의 승리를 유산으로 물려받기 때문이다.

하나님은 하나님 나라 백성들의 유익을 위하여 모세와 다윗과 요셉 같은 하나님의 사람들을 일으켜 세우신다. 믿음과 신실함이 입증된 사람들에게 하나님은 그의 백성을 지도할 권위를 부여하신다. 하나님의 사람들이 자신들의 지도자에게 복종하며 나아갈 때, 그들은 지도자들의 승리에 대한 전리품을 자연스럽게 물려받는 상속자가 되는 것이다. 유산을 통하여 그들은 자신들이 수고하지 않은 축복을 물려받게 된다. 오늘날 많은 그리스도의 몸 된 교회들이 이 사실을 깨닫고 있지 못하기 때문에 몇 가지 문제가 발생한다.

첫째, 오늘날 교회 안에 많은 사람들이 전쟁에 나가서 싸우도록 부름을 받았는데, 그 전쟁은 실상 누군가에 의해 이미 승리로 끝난 전쟁이다. 그런데 계속되는 전쟁으로 불필요한 상처를 유발하고 있으며, 심지어 최악의 경우 죽음까지도 초래하고 있다. 그것들은 다 불필요한 전쟁의 재난들일 뿐이다. 하나님이 이미 승리하여 차지한 땅에서는 더 이상 전쟁의 상처가 영광은 아니다.

둘째, 많은 사람들이 스스로를 지도자라고 생각하고 있지만 본인 스스로가 개인적인 승리를 한 번도 경험해보지 못했다는 것이다. 자신이 성도들을 덮는 덮개라고 스스로 속이며 착각에 빠져 있다. '목자' 로서의 개인의 삶 속에서도 승리하지 못한 전쟁은 결국 그에게 모여든 사람들을 노예로 만들어버리는 결과를 초래한다. 그들의 삶 속에서 아직 하나님께 복종하고 있지 않다면 그들은 분명 다른 무엇인가에 복종하고 있는 것이다. 그것이 그들 자신일 수도 있고 또는 다른 우상일 수도 있다. 만약 사람들이 그들을 따르게 된다면 그들은 사람들을 결국 같은 우상에게로 이끌게 될 뿐이다. 이것이 바로 영적 권위가 어떻게 작용하는지를 잘 보여준다. 그런데 많은 믿는 자들이 이러한 원리에 무지하다.

바울은 이 문제에 대하여 디모데에게 이렇게 말하고 있다.

> 그러므로 감독은 책망할 것이 없으며 한 아내의 남편이 되며 절제하며 근신하며 아담하며 나그네를 대접하며 가르치기를 잘하며 술을 즐기지 아니하며 구타하지 아니하며 오직 관용하며 다투지 아니하며 돈을 사랑치 아니하며 자기 집을 잘 다스려 자녀들로 모든 단정함으로 복종케 하는 자라야 할지며(사람이 자기 집을 다스릴 줄 알지 못하면 어찌 하나님의 교회를 돌아보리요) 새로 입교한 자도 말지니 교만하여져서 마귀를 정죄하는 그 정죄에 빠질까 함이요(딤전 3:2-6)

물론 이 말이 지도자는 좋지 않은 날이 전혀 있어서는 안 된다는 것을 의미하는 것은 아니다. 이 말이 의미하는 것은 만약 지도자들이 좋지 않은 삶을 가지고 있다면 그 상태에서 계속 사람들을 지도하지 말라는 것이다. 일상생활 속의 죄가 지도자로서의 자격을 박탈할 수 있다. 거기에는 반드시 인내의 용광로 속에서 다루어지는 참된 회개가 필요하다. 인내라고 하는 것은 반대에도 불구하고 오랫동안 우리의 자세를 유지할 수 있는 능력이다. 지도자들의 회개를 판단할 때 시간의 요소가 결코 무시되어서는 안 된다. 나쁜 성품을 제거할 수 있는 것은 아무것도 없다. 교육도, 영적 은사도, 경험도, 심지어 우리가 알고 있는 사람들도 결코 나쁜 성품을 제거하지 못한다. 죄악의 속박을 보충해줄 수 있는 것 또한 아무것도 없다. 과거의 승리가 결코 현재의 죄를 무효로 만들어주지는 않는다. 죄악된 삶을 살고 있는 타락한 지도자들은 자신들의 삶을 다시 세워가는 동안 진정한 덮개 아래로 들어와야만 한다. 이 덮개가 사람들로 하여금 보다 더 안전한 환경에서 회복될 수 있도록 온실효과를 나타내준다.

서로 덮어주기

영적 덮개란 주제에 대하여 마지막으로 언급하고 싶은 것이 있다. 사도 바울은 그의 서신에서 그리스도에게 복종하듯 서로에게 복종하라고 우리에게 여러 차례 권고하고 있다. 우리가 그리스도의 몸 된 교회와의 언약을 소중히 여기고, 주님 안의 형제자매로서 서로를 공경할 때 우리를 위하여 예비된 영적 덮개의 한 가지 요소가 있다. 주님은 우리를 그분의 몸으로 부르셨다. 그렇기 때문에 우리 각자는 지체로서 서로에게 연결이 되어 있으며, 우리가 결정하는 결정이 전체에 영향을 미칠 수밖에 없다. 만약 우리가 그리스도의 몸 된 교회를 공경하고 잘 섬기기로 한다면, 우리는 교회의 연결을 잘 유지하게 되며 그로부터 생명과 축복이 흘러나오게 된다.

사도행전 27장에 보면 바울의 배가 난파되는 장면이 나온다. 비록 바울이 단 한 명의 인명피해도 없을 것이며 단지 배만 파손될 뿐이라고 예언을 했지만 몇몇 선원들이 구명선을 타고 탈출하기로 결심했다. 이 계획을 바울이 알아차렸을 때 그는 "만약 저 사람들이 배에 있지 아니하면 우리가 모두 죽을 것이다"라고 말했다(행 27:31). 믿는 자로서 우리 모두는 한 목적을 향해 가는 동역자라는 것을 깨달아야만 한다. 우리는 서로 서로에 대한 지체인 것이다. 특별히 지도자들은 그들의 행동과 태도가 몇 배로 확대되어 파생효과를 가져온다는 것을 이해해야 한다. 그런데 좋은 소식은 우리가 하나님의 계획에 우리 자신을 맞추면 맞출수록 우리를 통하여 더 많은 하나님의 권위가 흘러나가게 된다는 것이다. 다윗과 요셉처럼 우리가 하나님의 성품을 좇으며 그분이 정해놓으신 권위에 복종한다면, 우리에게는 지옥을 뒤로 밀어내고 천국을 당겨올 수 있도록 천사들에게 명할 수 있는 왕의 권위가 맡겨질 것이다!

Supernatural Ways of Royalty

Chapter 17

이 땅을 보호하라
Preserving The Planet

항상 모든 것이 지옥으로 변할 것이라고 믿는 사람들에게는
천국의 아주 조그마한 부분도 주기가 어렵다.

- 잭 테일러(Jack Taylor)

멸망을 선포하는 예언자들

하나님의 왕 같은 제사장이요 거룩한 나라로서, 우리가 가진 특권은 세상을 대신하여 우리의 왕 앞에서 중보를 할 수 있다는 것이다. 기도를 통하지 않고는 어떠한 인간의 일에도 하나님이 개입하시지 않는다는 것은 잘 알려진 사실이다. 기도는 전 세계 변화의 촉매제이다. 기도는 천사들을 일하게 만들고, 어둠을 걷어내며, 열방으로 하여금 각각 부르심의 목적 안으로 들어가도록 만든다. 기도가 바로 부흥의 열쇠이며, 반드시 이루어져야 할 것과 이루어질 일들 사이를 연결하는 다리와 같은 것이다. 이 책은 부흥의 목적을 다루기 위해 쓰여졌다.

마귀도 기도의 능력을 알고 있다. 그렇지만 그는 우리로 하여금 기도를 멈추게 할 수는 있다. 그는 속임수의 대장이기 때문이다. 그가 늘 우리를 속이려고 하는데, 그것은 곧 자기의 파괴적 공작을 '하나님의 역사'로 착각하게 만들어서 하나님의 사람들로 하여금 그를 대적하여 싸우지 못하도록 하는 것이다. 불행하게도, 지난 수십 년에 비하여 최근에는 훨씬 더 성공적으로 성도들을 속이고 있다는 것이다. 마귀가 교묘하게 우리 사회와 교회에 침투해 들어와서 사람들을 속이고 있는 것 중 하나는, 바로 잘못 인도받은 지도자들에 의하여 '하나님의 진노'가 선포되도록 하는 것이다.

최근 10년 동안 '멸망'을 선포하는 예언자들이 겨울잠에서 깨어난 것 같다. 1997년 나의 부모님은 샌프란시스코의 해변 지역을 떠나셨다. 왜냐하면 엄청난 지진의 재앙이 남부 캘리포니아를 강타한다는 예언 때문이었다. 그 지진은 할리우드가 미디어를 부도덕하게 오염시킨 것과 샌프란시스코가 동성애로 물든 것에 대한 경고로서 예언되었다.

나의 부모님은 그 심판의 예언을 피해 안전지대를 찾아 네바다 주 근처의 레이크 타호(Lake Tahoe)에 새롭게 정착하셨다. 우리 가족이 그곳에 정착할 즈음에 몇 명의 예언자들이 다가올 전 세계적 기근을 예언하기 시작했다. 이것이 바로 전 세계에 'Y2K 버그(bug)'로 알려진 것이다. 이 버그는 인간들이 지식을 신으로 만들어버린 것에 대한 심판이었다. 그것은 완벽한 '하나님의 계획하심' 같이 보였다. 마치 하나님께서 컴퓨터를 만지는 전 세계의 모든 사람들을 바보로 만들어서, 다가올 2000년대에는 두 자리 숫자가 더 필요하게 될 것이라는 사실을 감쪽같이 모르게 만드신 것처럼 보였다. 얼마나 완벽하게 들리는 시나리오인가! 길거리에서는 폭동이 일어나고 사람들은 이웃을 약탈하고 싶은 유혹과 힘겹게 싸우고 비즈니스와 정부가 무너져 내리는 상황을 한번 상상해보라! 어떤 사람들은 이것이 곧 '모든 세계 전쟁의 발단'이 될 것이라고까지 예언했다. 사람들이 '주님의 이름'으로 자신들의 재산과 음식을 보호하기 위해 발전기와 총을 구입하려고 몰려드는 상황을 한번 그려보라. 말할 필요도 없이 이 모든 일들은 결국 무의미한 상상으로 끝나고 말았다. 덕분에 나의 부모님은 지금도 해변에 가기 위해서 몇 시간을 운전해야만 한다.

911 테러는 아마 모든 미국인들에게 잊혀지지 않는 기념비적인 살인사건으로 오랫동안 기억될 것이다. 그날 사람들의 비명소리에 온 미국이 잠에서 깨어났다. 인간이 만든 생지옥 속에서 수많은 사람들이 화염에 휩싸였다. 폭발소리가 곳곳에서 들리고 빌딩이 무너져내리면서 수천 명의 사람들이 무덤이 될지도 모를 곳에 갇혀버렸다. 울음소리와 비탄에 쌓인 비명소리가 수 마일 밖에서도 들렸으며 수많은 사람들이 사랑하는 사람을 찾아 목적도 없이 이리저리 방황했다. 어떤 사람들은 불타는 생지옥 현장으로부터 뛰어내려 죽음을 택하기도 했다. 깊은 슬픔과 두려움이 온 땅을 뒤덮었다. 곳곳에서 사람들이 실종자들을 위한 자비를 기대하며 울부짖었다. 사람들은 텔레비전에서 눈을 떼지 않았고 잿더미 속에서 살아나올 생명을 위해 기도하고, 소망하며 믿음을 가졌다.

'심판의 예언자들'이 비록 이 재난을 예언하지 못했음에도 불구하고 이미 어둠의 선포가 '희망의 집'이 되어야 할 곳에서부터 나타나기 시작했었다. 심지어 왜 이와 같은 재난이 무고한 사람들을 그렇게도 많이 희생시켰는지 우리가 우리 자신에게 물어볼 겨를도 없이 이미 어둠이 다가왔던 것이다. 많은 하나님의 예언자들이 미국의 죄악으로 인한 심판의 말씀을 선포하기 시작했었다. 그들의 말은 죄악에 대한 하나님의 징벌로 인하여 이러한 비극이 초래되었다는 것이다. 사랑하는 사람을 잃고 비탄에 쌓인 사람들의 슬픔을 당신은 상상할 수 있는가? 그들에게 있어서 하나님은 단지 더 많은 사람들을 죽이기 원하는 분노하는 하나님으로 나타나신 것이다. 예수님이 말씀하시지 않았는가? "그날에는 많은 사람들의 사랑이 식어지리라"(마 24:12).

진정한 의는 소금

부도덕과 우상숭배, 낙태 그리고 살인은 부흥이 오면 사라질 수밖에 없는 단지 조그만 암 덩어리에 불과하다. 그러나 나는 지금 우리가 당면한 가장 큰 죄악은 바로 식어서 냉랭해진 마음이라고 생각한다. 그리고 이 냉랭한 마음이 영적 아버지 안에 내재하고 있기 때문에 그들이 더 이상 사랑하지 못하고 있다고 생각한다. 이 식어진 마음이 결국 사람들을 잘못 인도하며 두려움을 가져오고 희망을 파괴하며 사람들의 믿음을 제거해버린다. 그래서 사람들은 위로자와의 교제를 잃어버리게 되며 결국 모순되고 혼동되는 '나쁜 소식의 복음'을 선택하게 된다.

예수님은 우리에게 "너희는 세상의 소금이라 그러나 만일 소금이 맛을 잃으면 무엇으로 짜게 하리요 다만 쓸데없어 밖에 버리워 사람들에게 밟힐 뿐이니라"(마 5:13)고 말씀하셨다. 예수님 당시에는 음식물을 저장하기 위한 냉장고가 없었기 때문에 소금이 고기를 신선하게 유지하는 데 필수품이었다. 이 비유를 통해 주님은 교회가 바로 하나님의 진노와 악한 영들의 파괴로부터 세상을 지키는 요소를 가지고 있다는 것을 가르쳐주고 계신다. 이것에 관한 좋은 예가 바로 요셉이다. 그의 의로운 삶이 공동체 전체의 축복을 가져왔던 것을 지난 장에서 살펴보았다. 애굽에서의 그의 존재가 바로 이스라엘 사람들과 애굽 사람들이 전 세계적 기근에 영향을 받지 않고 살아날 수 있도록 만든 것이다.

예수님은 또 말씀하시기를 소금이 맛을 잃었을 때는 아무것에도 쓸모없고 다만 밖에 버리워져 사람들에게 밟힌다고 하셨다. 다시 말하면 당시 사람들이 소금을 맛보았을 때 더 이상 짠맛을 느끼지 못한다면 그 소금으로는 음식물이 썩는 것을 방지할 수 없다는 것을 알았다는 것이다. 여기에서 주님은 단순히 음식물을 신선하게 보존하는 것을 말씀하시는 것이 아니라 바로 그분의 몸 된 교회의 역할에 대해 말씀하고 있다는 것을 기억해야 한다. 그렇다면 소금이 맛을 잃는다는 것은 무슨 의미일까? 그것은 우리가 더 이상 세상을 지키지 못한다는 것을 의미한다. 우리가 보존해야 할 사람들에 대하여 잘못된 예언을 할 때 우리는 맛을 잃게 된다. 이 사실을 나는 미국에 임하게 될 각종 재난을 예언하는 사람들의 예언 속에서 분명히 발견한다.

어느 날 진리에 대한 새로운 열정을 갖고 주님께 기도하기 시작했다. 바닥에 엎드려 기도할 때 성령께서 내게 말씀하시기 시작했다.

그분이 말씀하셨다. "나는 죄악이 관영하기 때문에 하나의 도시를 파괴하지는 않는다. 내가 그것을 파괴하는 유일한 이유는 그곳에 의인의 숫자가 부족하기 때문이다."

그리고 그분은 내게 창세기 18장과 19장을 보여주셨다. 거기에 보면 아브라함이 하나님과 소돔의 멸망에 대해 협상을 하며 그곳에서 의인 열 명을 찾으면 그 성을 멸망시키지 않으실 것이라는 확답을 얻어내는 장면이 나온다.

주님이 나에게 말씀하셨다. "한 도시에 그 도시를 구원할 만한 의인이 충분히 있는지를 내가 어떻게 알아내는지 나에게 물어보아라."

그래서 내가 주님께 물었다.

그러자 주님이 대답하셨다. "나는 심판의 말을 예언한다. 그러고 나서 나는 얼마나 많은 나의 백성들이 일어나 자비를 구하며 부르짖는가를 본다. 이렇게 해서 자비가 심판을 이기는 것이다"(약 2:13).

그리고 주님은 또 다른 질문을 하셨다. "롯의 아내가 의로웠느냐 악했느냐?"

오랫동안 나는 롯의 아내를 죄악의 도시에 대한 미련을 버리지 못하고 뒤를 돌아다본 악한 여인으로 설교했었지만 그 순간 왠지 그것이 정답이 아닌 것 같은 기분이 들었다.

그래서 이렇게 대답했다. "잘 모르겠는데요."

주님이 계속 말씀하셨다. "그녀의 이름이 무엇이냐?"

"모릅니다." 내가 대답했다.

"아브라함의 아내의 이름은 무엇이냐?" 주님이 물으셨다.

"사라입니다." 내가 대답했다(이것은 너무 확실했다).

"그렇다. 그렇다면 사라는 아브라함과는 다른 정체성을 갖고 있는 것이다." 주님이 말씀하셨다. 이제 나는 조금씩 이해가 되기 시작했다. 롯의 아내는 이름이 알려지지 않았다. 왜냐하면 그녀의 정체성은 롯의 의로움 안에 속했었기 때문이었다!

"맞다." 주님이 계속 말씀하셨다. "롯은 의인이었느냐 악인이었느냐?"

"의인이었습니다." 내가 대답했다.

"롯의 아내는 무엇으로 변했느냐?" 예수님이 물으셨다.

"소금입니다." 내가 대답했다.

"소금이 무엇이냐?" 주님이 물으셨다.

"방부제인데요." 내가 대답했다.

"그렇다! 그녀는 중보의 겉옷을 가지고 살았다. 그녀는 그 겉옷이 소돔이라는 도시를 보호하고 있다는 것을 알았다."

마침내 나는 그녀의 몸이 소금기둥으로 변한 것이 그녀가 그 도시를 위해 사역했던 일에 대한 예언적 비유라는 것을 이해하게 되었다. 롯과 그의 아내가 소돔을 위한 '소금', 즉 '방부제'였기 때문에 그들은 그 도시를 지킬 수 있었다. 그리고 마침내 하나님께서 불과 유황으로 그 도시에 심판을 내리실 때 그들은 탈출할 기회가 주어졌다. 그때 롯의 아내는 구원의 순간 잘못된 선택을 하여 결국 소금기둥이 되어버리고 만 것이다.

"내가 심판을 행할 때에도 그녀는 소돔을 떠날 수가 없었다. 그녀의 사역 자체가 결국 그녀를 죽게 만든 것이다." 주님이 설명해주셨다.

누가복음 17장에 이 점이 아주 잘 나타나 있다. "그날에 만일 사람이 지붕 위에 있고 그 세간이 집 안에 있으면 그것을 가지러 내려오지 말 것이요 밭에 있는 자도 이와 같이 뒤로 돌이키지 말 것이니라 롯의 처를 생각하라 무릇 자기 목숨을 보존하고자 하는 자는 잃을 것이요 잃는 자는 살리리라"(31-33).

그리고 하나님은 나에게 예레미야의 말씀도 기억나게 해주셨다. "너희는 예루살렘 거리로 빨리 왕래하며 그 넓은 거리에서 찾아보고 알라 너희가 만일 공의를 행하며 진리를 구하는 자를 한 사람이라도 찾으면 내가 이 성을 사하리라"(렘 5:1).

주님은 또 에스겔서의 말씀을 떠오르게 해주셨다. "이 땅을 위하여 성을 쌓으며 성 무너진 데를 막아서서 나로 멸하지 못하게 할 사람을 내가 그 가운데서 찾다가 얻지 못한 고로"(겔 22:30).

수많은 하나님의 예언자들이 멸망의 말씀을 선포함과 동시에 세계 역사상 가장 큰 중보기도의 운동이 일어나 자비와 긍휼을 부르짖고 있다는 것은 결코 우연의 일치가 아니다. 우리가 반드시 알아야 할 사실은 비록 하나님께서 중보자들을 일으키기 위해서 심판의 말씀을 사용하신다고 할지라도 그분의 마음은 언제나 자비를 향하고 있다는 것이다. 하나님은 결코 악인의 죽음을 기뻐하지 않으신다(겔 18:23을 보라). 우리는 롯의 시대에 그랬듯이 천사들이 우리를 그곳에서 이끌어낼 때까지는 하나님께서 우리의 도시를 고치시도록 부르짖어야만 한다.

믿음 부족과 변질된 핵심 가치

하나님께서 때때로 심판의 말씀을 사용하신다는 사실에도 불구하고, 최근에 듣는 대부분의 심판의 말씀이 하나님 아버지로부터 나온 경고의 메시지라고 나는 믿지 않는다. 오히려 그것들은 교회에 존재하는 두 가지 근본 문제에 대한 열매로 나온 것이라고 나는 생각한다. 첫째 문제는, 하나님께서 결국 '흠도 없고 점도 없는 신부들'을 얻게 될 것이라는 사실에 대하여 많은 그리스도인들이 믿음을 갖고 있지 않다는 것이다. 그리고 두 번째 문제는, 많은 성도들이 잘못된 핵심가치를 갖고 있다는 것인데 그것이 결국 그들의 세계관과 사역을 왜곡시키고 있다.

핵심가치는 우리가 삶을 바라보는 렌즈와도 같다. 그 렌즈를 통해 우리는 세계의 모든 사건들을 나름대로 해석하게 된다. 어떤 일이 우리 주변에서 발생했을 때 우리가 가지고 있는 핵심가치가 우리가 무엇을 생각할지를 알려준다. 그리고 그것이 우리의 삶에서 어떤 것이 하나님께 드려지는 것인지, 또한 마귀를 위한 것인지를 분별할 수 있게 해준다.

잘못된 핵심가치가 어떻게 우리의 삶과 사역에 부정적인 영향을 끼치는지에 대한 좋은 예가 바로 중보기도에서 나타난다. 많은 중보기도자들이 잘못된 핵심가치, 즉 '재난이 겸손을 불러오고 겸손이 회개를 낳으며 그것이 결국 부흥으로 이어진다'는 믿음을 갖고 있었기 때문에 그들의 중보기도의 힘이 약화되는 결과를 초래했다. 이러한 렌즈를 통해 세상을 바라보게 되면 우리는 구원을 위한 중보기도를 중단하고, 대신 인내를 위해 기도해야 한다. 단지 하나님이 지금 연단하신다는 믿음을 가졌기 때문에 우리가 그동안 얼마나 많이 사탄으로 하여금 우리의 삶에 재난을 가져오도록 허락했는지 모른다.

중요한 사실은 대부분의 부흥이 결코 재난으로 더불어 시작되지 않았다는 점이다. 예를 들어서 아주사 거리의 부흥은 기도로 시작되었다. 예수운동도 재난으로 더불어 시작되지 않았다. 은사주의 부흥운동도 마찬가지이다. 웨일즈의 부흥도 재난과는 전혀 무관하다. 토론토 부흥, 펜사콜라 브라운스빌 교회의 부흥도 재난 때문에 오지는 않았다.

사실 성경을 보면 재난이 오히려 회개가 아닌 반대의 결과를 낳은 것을 알 수 있다. 민수기에서 하나님은 이스라엘의 지도자들에게 재난을 보내사 지진에 의해 삼킴을 당하도록 하셨다. 그 장면에서 모세는 그의 백성들을 대신하여 하나님께 두 번씩이나 자비를 베푸시도록 중보했다. 각 재난을 통해 살아남은 자들의 고통이 점점 더해져갔을 때 그들은 회개하는 대신 오히려 그들의 가족을 잃어버린 것에 대해 모세를 비난하였다(민 16:23-41). 요한계시록에도 보면 이와 비슷한 원리가 나타난다. 사람들에게 각종 종기가 발하자 그들은 회개하기는커녕 오히려 "하늘의 하나님을 훼방하였다"(계 16:10-11).

우리는 어린 자녀나 사랑하는 사람을 갑작스럽게 잃어버린 사람들을 많이 만난다. 그들 중 많은 사람들은 그들이 겪는 상실 때문에 오히려 하나님을 원망하며 살아간다. 어떤 사람들은 주변에 굶어 죽어가는 수많은 사람들을 보면서 사랑의 하나님에 대한 의구심을 갖기도 한다. 물론 하나님은 선을 위하여 나쁜 상황을 언제든지 변화시킬 수 있으시며, 또 실제로 종종 그렇게 하신다. 그렇지만 그렇게 하지 않으신다 할지라도 여전히 "하나님의 인자하심은 우리를 인도하여 회개케 하신다!"(롬 2:4). 죽이고 도둑질하고 파괴하는 것은 마귀의 일이다. 마귀는 언제나 성경을 왜곡시켜 우리에게 잘못된 믿음을 갖게 함으로써 결국 우리의 삶에 파고들어와 자기의 일을 하려고 한다. 기억하라. 그는 심지어 성경을 가지고 예수님마저도 시험하여 자살을 하도록 유도한 자였다.

> 가로되 네가 만일 하나님의 아들이어든 뛰어내리라 기록하였으되 저가 너를 위하여 그 사자들을 명하시리니 저희가 손으로 너를 받들어 발이 돌에 부딪히지 않게 하리로다 하였느니라(마 4:6)

그리스도를 다시 나타내기

교회는 방부제(소금)일 뿐만 아니라 또한 세상의 빛이다. 마태복음에서 예수님은 이렇게 말씀하셨다. "너희는 세상의 빛이라 산 위에 있는 동네가 숨기우지 못할 것이요"(마 5:14). 세상의 빛이라는 것은 무슨 의미일까? 우리가 빛을 비춘다는 것은 무슨 뜻인가? 우리는 하나님의 성품의 빛을 비추고 있다. 다시 말하면 그분이 어떻게 생각하며 우리의 일에 어떻게 행동하시는지를 우리 그리스도인들이 드러내고 있다는 것이다. 우리는 하나님 아버지의 계시(빛)이며 세상을 향한 그분의 연애편지인 것이다. 우리는 잃어버린 영혼들에게 그리스도를 다시 나타내는(represent) 사람들이다. 세상 사람들이 하나님의 시각으로 세상의 사건들을 이해하기 위해서는 우리를 의존해야 한다. 그러므로 우리가 우리 하나님 아버지를 세상에 잘못 나타냈을 때 세상 사람들은 하나님께 잘못된 관점을 갖게 된다.

야고보와 요한은 얼마나 많은 사람들이 하나님을 잘못 나타내고 있는가에 대한 좋은 예를 보여준다. 그들은 예수님이 하늘에서 불을 내려 그들을 반대한 도시를 다 불태우기를 원했다. 그때 주님은 말씀하셨다. "너는 네가 무슨 영에 속했는지 모르고 있구나"(눅 9:54-55을 보라). 이 요한이 나중에 사랑하는 자들을 위하여 다음과 같은 글을 쓴 바로 그 요한이었다는 사실이 흥미롭기만 하다. "사랑하는 자들아 영을 다 믿지 말고 오직 영들이 하나님께 속하였나 시험하라 많은 거짓 선지자가 세상에 나왔음이니라"(요일 4:1). 그의 경험에 비추어서, 요한은 예수님의 사도라 할지라도 잘못된 영의 가르침을 들으면 지옥의 영향을 받을 수도 있다는 사실을 나중에 깨달았을 것이라고 생각한다.

그의 권면은 같은 장에서 계속된다. "사랑 안에 두려움이 없고 온전한 사랑이 두려움을 내어쫓나니 두려움에는 형벌이 있음이라 두려워하는 자는 사랑 안에서 온전히 이루지 못하였느니라"(요일 4:18). 이 구절은 영들을 시험해보라는 맥락에서 기록된 것이다. 다시 말하면 우리는 사랑의 빛으로 시험해보아 영들을 분별한다는 것이다. 이 서신에 적혀 있는 사랑의 덕을 읽으면서 사랑 안에는 두려움이 전혀 없다는 사실을 깨닫게 되는 순간, 우리는 도대체 어떤 영이 심판의 예언을 하도록 충동했는지 궁금해하는 우리 자신을 발견하게 된다. 이러한 심판의 예언을 통해 세상이 받아들이는 계시가, 그들로 하여금 하나님은 사람을 형벌할 기회를 엿보시는 분노의 하나님으로 믿도록 만든다는 사실은 슬픈 일이다.

예수님은 말씀하셨다. "네게 있는 빛이 어두우면 그 어두움이 얼마나 하겠느뇨"(마 6:23). 만약 우리가 세상의 빛이라고 하면서 이미 어둠 속에서 잃어버려진 영혼들에 대해 반대하는 말이나 예언을 한다면 그 어두움이 얼마나 더하겠는가! 같은 방법으로, 사천만 명이나 되는 어린 아기들이 미국에서 지금껏 낙태되었다고 해서, 만약 우리가 하나님을 미국을 멸망시키기 원하시는 그런 분으로 나타낸다면 우리는 결국 우리가 치유하려고 했던 그 문제를 계속 지속시키게 된다. 사람들이 하나님 아버지의 사랑을 모르거나 이해하지 못하기 때문에 자신들의 아기를 죽이고 있는 것이다. 우리가 우리 아기들을 죽이고 있기 때문에 하나님 아버지가 너무 화가 나셔서 우리 모두를 죽이려고 한다고 사람들에게 말하는 것이 말이 되는 이야기인가? 하나님이 우리 인간이 잘못하는 것에 대하여 오로지 한 가지 방법으로밖에는 대처하지 못하시는 일차원적인 존재란 말인가?

믿는 사람들이 하나님을 세상에 나타내는 방법을 보게 되면, 하늘에 계신 아버지를 소개하기보다는 오히려 의붓아버지를 나타낸다는 인상을 종종 받게 된다. 만약 당신의 딸이 당신에게 와서 낙태를 했다고 말했는데 그 반응으로 당신이 노발대발하며 딸을 죽이려고 덤벼든다면 당신의 딸이 입게 될 부정적 영향을 당신은 상상할 수 있는가? 그런 상황에서 당신이 만약 분노로 대처한다면, 내가 보기에 당신의 사랑 없음이 바로 당신 딸로 하여금 먼저 낙태를 하도록 만든 주된 원인이라는 것을 명심하라.

우리가 세상을 향하여 그들이 만나보지 못한 하나님을 이야기할 때 빛과 생명, 그리고 사랑을 전달해야 하는 것이 너무나 중요하다. 사랑은 형벌하지 않으며 두려움을 퍼뜨리지 않는다. 우리의 아바 아버지는 세상의 죄에 대해 슬퍼하신다. 하나님 마음에 깊은 상처를 주는 무자비하고 파괴적인 일들을 볼 때마다 우리는 사랑을 나누어주시려는 아버지의 마음의 깊이를 기억해야만 한다. 사랑의 본질은 우리로 하여금 스스로 선택할 수 있게끔 하는 것이다. 만약 하나님이 우리에게서 선택권을 빼앗아가신다면 사람들은 오로지 하나님이 프로그램해 놓으신 대로만 움직이는 로봇에 불과할 것이다. 만약 그랬다면 인간의 역사에 전쟁은 이미 사라졌을 것이고, 기아(hunger)도 없었을 것이고, 가난은 흘러간 과거의 추억에 지나지 않았을 것이다. 또한 동시에, 온 우주에서 가장 아름다우신 존재와의 깊은 사랑의 관계를 나누고 싶어 하는 우리 인간의 부르짖음과 갈망 또한 사라져버렸을 것이다.

매일 매일 사랑의 창조주는 상처 입은 이 땅을 내려다보시면서, 그의 사랑의 대상들이 그분과 서로 손을 마주 잡고 말로 형용할 수 없는 영원의 통로의 아름다움 속으로 함께 걸어 들어가는 그날을 고대하신다. 그런 와중에서 파괴는 여전히 일어나고 있지만 그것은 하나님이 인간에 대해 분노하시기 때문이 아니라 인간들이 죽이고, 도둑질하고 파괴하기로 스스로 선택했기 때문이다. 그것은 인간들이 잘못된 사랑(사탄)을 택한 열매인 것이다.

이러한 모든 어둠의 상황 속에서도 놀라운 희망이 자라나고 있다. 쌍둥이 빌딩이 무너진 바로 다음 날 나는 환상을 보았다. 환상 속에서 우리 모두가 아마도 수백 번은 보았을 그 장면을 보았다. 그것은 바로 불타는 빌딩이 마치 모래성같이 바닥으로 무너지는 장면이었다. 그러나 내가 환상에서 본 그 장면에는 뭔가 좀 다른 것이 있었다. 그 빌딩 뒤에서 엄청나게 큰 소리의 외침이 있었다. "순교자의 피! 순교자의 피!" 그 다음에 일어난 일은 놀라운 것이었다. 마치 폭발에 의한 작용과도 같이 엄청난 틈이 전체 지구를 가르며 생겨나고 있었다. 그리고 그 틈으로 물이 흘러 온 세계를 덮기 시작했다. 그리고 또 다른 목소리가 외치기 시작했다. "깊음의 샘! 깊음의 샘이 터졌다!"

나는 하나님께 물었다. "이것이 무슨 의미입니까?"

그분이 대답하셨다. "물이 바다를 덮음같이 하나님의 영광을 아는 지식이 온 지구를 덮을 것이다!"

예수님은 말씀하셨다. "내가 진실로 진실로 너희에게 이르노니 한 알의 밀이 땅에 떨어져 죽지 아니하면 한 알 그대로 있고 죽으면 많은 열매를 맺느니라"(요 12:24). 하나님은 구속의 하나님이시다. 그렇기 때문에 그분은 믿음으로 인하여 순교한 그리스도인들의 영향이 이 땅에 거대한 영적 변화를 가져오도록 만드신다고 나는 믿는다. 비록 하나님이 미국을 심판하시기 위해 911 테러를 일으키신 것은 아니지만 그분은 그런 무시무시한 상황을 그분의 목적을 이루기 위하여 사용하실 수 있다.

바울은 "죄가 더한 곳에 은혜가 더욱 넘친다"(롬 5:20)고 말했다. 만약 바울의 말대로 죄의 정도가 은혜의 깊이를 결정짓는다면, 우리나라는 지금 엄청난 하나님의 은혜 아래에 놓여져 있는 것이 틀림없다.

반면 미움을 가득 품은 우리의 원수가 상처 입은 사람들에게 접근하고 있다. 그는 파괴적인 예언을 가지고 교만하게 자랑하며 두려움과 부도덕을 통해 우리를 마비시키려고 하고 있다. 그렇지만 여전히 미래는 기도하는 사람들의 손에 달려 있다. 기도는 앞으로 되어질 일과 반드시 되어져야 할 일을 잇는 다리이다. 의인들의 끊임없는 기도는 결국 우리 자녀들의 미래를 결정짓는다. 그러므로 아직 이 땅에 태어나지 않은 우리의 후손들에게 유산으로서 부흥을 남겨주는 것은 우리의 책임이다. 창조의 절정은 바로 이 세상이 하나님 나라로 변화되는 것이다.

왕자와 거지 테스트

이름 _____

날짜 _____

　우리는 하나님의 아들과 딸이다. 그러므로 우리는 '거지'가 아니라 하나님 나라의 '왕자'와 '공주'들이다. 이 테스트는 당신으로 하여금 왕의 속성을 지니도록 도와준다. 그리고 이 모든 것은 이 책 전반에 걸쳐 다루어져 있는 내용들이다.

　문제를 읽어가는 동안 당신의 진정한 정체성이 나타나게 될 것이다. 그리고 그것에 대해 당신이 어떻게 행동할지를 질문해보라. 그리고 당신 자신에 관한 어떤 거짓말들을 왜 당신이 믿고 있었는지를 생각해보라. 이 테스트를 통해 당신의 삶의 영역에서 도움이 필요한 부분이 어떤 부분인지를 발견하게 될 것이다. 포인트는 당신이 무엇을 하고 있는가가 아니라, 당신이 자신을 어떻게 인식하고 있는가 하는 것이다. 이 정보를 통하여 당신은 당신의 마음을 새롭게 하고, 당신이 갖고 있었던 '거지근성'을 버리게 되는 새로운 여행을 시작할 수 있을 것이다.

　이 테스트가 유익되게 하기 위하여 당신은 가능한 한 자신에 대하여 정직해야 한다. 당신이 누구인지 그리고 당신이 일반적으로 평소에 어떻게 행동하는지를 질문에 맞게 답하도록 하라. 당신의 상태가 가장 좋았거나 혹은 가장 좋지 않았을 때의 느낌은 배제하도록 하라.

PART 1

> | 점수표 | 0=결코 그렇지 않다 1=아주 드물게 그렇다 2=가끔 그렇다
> 3=자주 그렇다 4=매우 자주 그렇다 5=항상 그렇다

1. 남을 빈정거리는 농담으로 사람들을 마음 상하게 하는 경향이 있다.
2. 물건을 살 때 세일 품목을 사거나 할인점에서 사기를 좋아한다.
3. 불안정한 감정으로 인해 힘들어한다.

중간 합계 _____

4. 내 주변에 있는 사람들과 비밀리에 경쟁을 하고 있는 나를 발견한다.
5. 거울을 자주 본다.
6. 나 자신을 다른 사람과 비교한다.
7. 나는 약자가 이기기를 원한다.
8. 하나님은 약자를 더 좋아하신다고 믿는다.
9. 부자나 성공한 사람들 주변에 있으면 왠지 불편하다.
10. 성공한 것처럼 보이는 사람들이나 내 윗사람들에게 불리한 사건을 만드는 경향이 있다.
11. 다른 사람들에게 나와 친한 유명한 사람들 이야기를 하거나 혹은 내가

과거에 했거나 현재 하고 있는 중요한 일에 대하여 이야기를 한다.
12. 열심히 하고도 무언가를 성취하지 못했을 때 굉장히 마음이 낙심된다.
13. 나는 타당성이 있어 보이는 일을 위한 몇몇 위원회와 자원봉사단에 내 능력은 별로 고려도 하지 않은 채 속해 있다.
14. 내가 속해 있는 조직 안에서 가장 중요한 사람을 친구로 사귀어야 한다는 중압감을 갖고 있다.
15. 어떤 것을 이루지 못했을 때 실패감을 느끼기 때문에 목표 자체를 세우는 것을 좋아하지 않는다.
16. 대화 도중 요점을 강조하기 위해 반복하기도 하고, 극적으로 만들기도 하며, 과장을 하거나 지나치게 강조를 하기도 한다.

중간 합계 _____

17. 나에게 관심을 갖거나 주목을 끌게 하는 사람들에게 건강하지 않은 방법으로 지나치게 매여 있다.
18. 내 것을 나누어주는 것을 좋아하지만 다른 사람에게 무엇을 받을 때는 당황스럽다.
19. 사람들이 나를 어떻게 생각할까를 궁금해하며 많은 시간을 보낸다.
20. 다른 사람을 만족시켜주기 위해 내 의견은 쉽게 변한다.
21. 대부분의 상황에서 나는 리더와 반대 의견을 갖는 경향이 있다. 만약 리더가 '검정'이라고 말한다면 나는 거의 의무적으로 '흰색'이라고 따진다.
22. 내가 가장 편안해하는 친구들은 대부분 상처 입은 사람들이다.

| 점수표 | 0=결코 그렇지 않다 1=아주 드물게 그렇다 2=가끔 그렇다
3=자주 그렇다 4=매우 자주 그렇다 5=항상 그렇다

23. 나와 함께 일할 팀원들을 고를 때 나는 나 자신보다 더 약하다고 생각되는 사람을 고른다.
24. 나와 다른 의견을 갖고 있는 사람들 주변에 있는 것을 싫어하며 그들을 거부하는 경향이 있다.
25. 단지 내 의견을 다른 사람들과 나누는 것만으로는 부족하다. 그래서 나는 그들과 논쟁을 하거나 그들로 하여금 내 생각에 동의하도록 만들고 싶어한다.
26. 사람들이 내 의견에 동의하지 않을 때 나는 그것을 개인적으로 받아들이며 그들이 나를 거부한다고 생각하는 경향이 있다.
27. 나는 방에서 가장 중요한 사람이 되어야 한다. 그리고 남을 움직이고 조종하는 위치에 있을 때 행복을 느낀다.
28. 사람들은 나보고 의로움에 대한 강박관념에 사로잡혀 있다고 말한다.

중간 합계 _____

29. 두려움 때문에 힘들어 한다. 특별히 거절과 실패에 대한 두려움 때문에 그렇다.
30. 걱정을 많이 하는데, 특히 미래에 관해 걱정을 많이 한다.
31. 무언가 잘못될 것 같은 느낌이 든다.
32. 다른 사람을 용서하는 데 어려움을 겪는다.
33. 쉽게 화가 난다.
34. 내 인생에서 실패와 나쁜 경험들을 한 것은 내 잘못 때문이 아니었다

고 생각한다.
35. 분노가 거의 극에 달할 정도임을 느낀다.
36. 다른 사람들에게 나를 소개하거나 설명할 때 사람들이 나를 급하게 몰아가는 것을 느낀다.
37. 내 인생의 대부분을 잘못 이해했다고 느껴왔다.
38. 기분 상했거나 불만족스러운 사람들이 그들의 문제를 나에게 말하는 경향이 있다.
39. 나의 성욕과 먹는 습관은 통제 불능의 지경이다.
40. 정상 사람보다도 더 많이 잠을 자는데도 늘 피곤하다.

중간 합계 _____

| 점수 매기는 법 |
각 중간 합계에 나온 점수를 모두 합하라. 그래서 그 점수를 아래의 빈칸에 기록하라. 그리고 계속 다음 질문들에 답하라.

1부 총점 _____

PART 2

| 점수표 | 0=결코 그렇지 않다 1=아주 드물게 그렇다 2=가끔 그렇다
3=자주 그렇다 4=매우 자주 그렇다 5=항상 그렇다

1. 사람에게 투자하여 그들이 나보다 더 많이 성장하는 것을 보는 것을 즐긴다.
2. 대화에서 다른 사람이 영광을 갖도록 만든다. 예를 들면, 누가 "난 지금껏 바빴어"라고 말한다면 나는 "나도 역시 바빴어"라고 대답하는 대신 "무엇을 하며 지냈는데?"라고 묻는다.
3. 자유롭게 사고하는, 창조적인 사람들에 둘러싸여 있는 것을 좋아한다.
4. 사람들을 위해 문제를 해결해 나가는 것보다는 그들과 함께 문제를 해결해 나가는 것을 좋아한다.
5. 사람들로 하여금 자기 자신을 생각할 수 있는 환경을 만들어내기 좋아한다.
6. 나 자신을 사랑하며 내 안에 하나님의 즐거움이 있음을 느낀다.
7. 사람들 주변에 있는 것이 편하다.
8. 중요한 일을 하며, 인생에서 성공한 사람들을 끌어당기는 경향이 있다.
9. 죄책감을 느끼지 않으면서 근사한 식당에서 식사를 하거나, 좋은 장소에 머물거나, 멋진 물건을 지닐 수 있다.
10. 이미지를 위해 일을 하기보다는 그것의 가치를 알기 때문에 일한다.
11. 다른 사람들 위에 군림하여 힘을 내세우기보다는 사람들에게 능력을 주는 것을 즐긴다.

12. 내가 관련을 맺고 있는 사람들 속의 다양성을 즐긴다.

중간 합계 _____

13. 나와 다른 관점을 지닌 사람들과 함께 팀을 구성하는 경향이 있다.
14. 다른 사람의 승리에 쉽게 기뻐한다.
15. 단순히 사람들에게 무엇이 필요하기 때문에 내가 그들에게 주기보다는 그것이 필요한 사람들을 공경하는 마음 때문에 내 것을 준다.
16. 내 삶의 비전에 자극을 받는다.
17. 화를 잘 내지 않는다.
18. 전 세계에 극적인 영향을 끼치는 꿈을 꾼다.
19. 사람들이 나를 좋아하리라 기대한다.
20. 다른 사람들이 내게 오기 전에 내가 먼저 가서 사귐을 갖는다.
21. 내 삶의 주된 목적 중 하나는 다른 사람들로 하여금 그들의 꿈을 발견하고 성취할 수 있도록 도와주는 것이다.
22. 나는 혼자 시작하는 사람이다.
23. 나는 사람들 속에서 최고의 것을 끄집어낸다.
24. 더 나은 방법을 항상 생각한다.
25. 나는 남의 말을 잘 듣는다. 그들이 내게 말할 때 나는 그들의 눈을 쳐다본다.
26. 기쁨이 종종 나를 엄습하면 아무 이유도 없이 그저 미소를 짓는다.
27. 내가 무엇을 하든 사람들이 나를 따르는 경향이 있다.

중간 합계 _____

| 점수표 | 0=결코 그렇지 않다 1=아주 드물게 그렇다 2=가끔 그렇다
3=자주 그렇다 4=매우 자주 그렇다 5=항상 그렇다

28. 사람들로부터 좋은 것을 받는 것을 좋아한다.
29. 내가 있으면 항상 사람들은 나쁜 말을 중단하며, 불평을 그만두고, 그들의 행동을 바르게 한다. 비록 내가 그렇게 하도록 요구하지 않는 순간에도 그런 일이 생긴다.
30. 많은 시간을 생각하며 지금까지 일어났던 수많은 좋은 일들에 대해 감사한다.
31. 사람을 쉽게 좋아한다. 그리고 성격상 인내심이 강하다.
32. 나는 식욕, 수면욕, 그리고 성욕을 포함한 나의 자연적인 욕구를 통제할 수 있다.
33. 나는 쉬는 것을 즐기며, 자연스럽게 휴식을 취한다.
34. 나는 성령님을 잘 알고 있으며, 예수님께서 하루를 통하여 나에게 말씀하신다.
35. 내가 책임을 져야 하는 내 삶의 영역에 대하여 나는 목표를 세운다.
36. 내 장점과 특기, 그리고 약점이 무엇인지를 잘 알고 있다.
37. 실패했을 때 나는 다른 사람을 비난하지 않고 내가 책임을 진다.
38. 살아 있는 것을 좋아하며 미래를 기대한다.
39. 위험을 감수하더라도 새로운 일을 해보는 것을 좋아한다.
40. 가난하고 마음과 영에 상처를 입은 사람들의 필요에 나 자신을 내 방식대로 드러낸다. 나보다 불행한 사람들에 대한 긍휼한 마음이 있다.

중간 합계 _____

| 점수 매기는 법 |

2부의 각 중간 합계를 다 더하라. 그리고 그 점수를 아래의 칸에 기록하라.

2부 총점 _____

| 최종 점수 계산법 |

2부 총점에서 1부 총점을 빼라. 이것이 당신의 최종 점수이다.
당신의 점수가 음수로 나타날 수도 있다.

2부 총점 ____ − 1부 총점 ____ = 최종 점수 _____

아래에 나타난 그래프에 당신의 최종 점수가 위치하는 지점을 X표로 표시하라. 이 점수는 당신이 현재 왕의 속성을 얼마만큼 소유하고 있는지를 나타내 준다. 이 테스트를 몇 달이 지난 후에 다시 한 번 해보라. 그래서 당신이 왕의 정체성을 소유하는 데 얼마만큼 자라고 있는지를 점검해보라.

| 그래프 |

거지 −200 −175 −150 −125 −100 −75 −50 −25 0 +25
+50 +75 +100 +125 +150 +175 +200 **왕자**

출처-존 맥스웰: 당신 안의 리더를 개발하라

순전한 나드 도서안내   02-574-6702

No.	도서명	저자	정가
1	존 비비어의 승리〈개정판〉	존 비비어	12,000
2	교회를 뒤흔드는 악령을 대적하라	프랜시스 프랜지팬	5,000
3	교회를 어지럽히는 험담의 악령을 추방하라	프랜시스 프랜지팬	5,000
4	그리스도인의 삶의 비결〈개정판〉	진 에드워드	9,000
5	존 비비어의 친밀감〈개정판〉	존 비비어	14,000
6	내 백성을 자유케 하라	허 철	10,000
7	내게 신선한 기름을 부으셨나이다	허 철	9,000
8	내어드림〈개정판〉	프랑소와 페늘롱	7,000
9	더 넓게 더 깊게	메릴린 앤드레스	13,000
10	존 비비어의 축복의 통로〈개정판〉	존 비비어	8,000
11	부서트리고 무너트리는 기름 부으심	바바라 J. 요더	8,000
12	사도적 사역	릭 조이너	12,000
13	사사기	잔느 귀용	7,000
14	상한 마음을 치유하는 기도	마크 버클러	15,000
15	상한 영의 치유1	존 & 폴라 샌드포드	17,000
16	상한 영의 치유2	존 & 폴라 샌드포드	13,000
17	성령님을 아는 놀라운 지식	허 철	10,000
18	속사람의 변화 1	존 & 폴라 샌드포드	11,000
19	속사람의 변화 2	존 & 폴라 샌드포드	13,000
20	신부의 중보기도	게리 윈스	11,000
21	아가서	잔느 귀용	11,000
22	악의 속박으로부터의 자유	릭 조이너	9,000
23	어머니의 소명	리사 하텔	12,000
24	여정의 시작	릭 조이너	13,000
25	영광스러운 교회에 보내는 메시지 1	릭 조이너	10,000
26	영분별〈개정판〉	프랜시스 프랜지팬	4,000
27	영적 전투의 세 영역〈개정판〉	프랜시스 프랜지팬	11,000
28	예레미야	잔느 귀용	6,000
29	예수 그리스도와의 친밀함	잔느 귀용	7,000
30	예수님 마음 찾기	페늘롱	8,000
31	예수님을 닮은 삶의 능력〈개정판〉	프랜시스 프랜지팬	12,000
32	예수님을 향한 열정〈개정판〉	마이크 비클	12,000
33	잔느 귀용의 요한계시록〈개정판〉	잔느 귀용	13,000
34	인간의 7가지 갈망하는 마음	마이크 비클 & 데보라 히버트	11,000
35	저주에서 축복으로	데릭 프린스	6,000
36	주님, 내 마음을 열어주소서	캐티 오츠 & 로버트 폴 램	9,000
37	지구상에서 가장 강력한 기도	피터 호로빈	7,500
38	축사사역과 내적치유의 이해 가이드	존 & 마크 샌드포드	18,000
39	출애굽기	잔느 귀용	10,000
40	하나님과 동행하는 사람들〈개정판〉	샨 볼츠	9,000
41	하나님과 사람에게 더욱 사랑스러운 자	듀안 벤더 클럭	10,000
42	하나님과의 연합	잔느 귀용	7,000
43	하나님을 연인으로 사랑하는 즐거움	마이크 비클	13,000
44	하나님 마음에 합한 사람	마이크 비클	13,000
45	하나님의 아름다움을 바라보는 축복	허 철	10,000
46	하나님의 요새〈개정판〉	프랜시스 프랜지팬	9,000
47	하나님의 장군의 일기〈개정판〉	잔 G. 레이크	6,000
48	항상 부족함이 없으리로다	롤랜드 & 하이디 베이커	8,000
49	혼돈으로부터의 자유	릭 조이너	5,000
50	혼의 묶임을 파쇄하라	빌 & 수 뱅크스	10,000
51	존 비비어의 회개〈개정판〉	존 비비어	11,000
52	횃불과 검	릭 조이너	8,000
53	금식이 주는 축복	마이크 비클 & 다나 캔들러	12,000
54	부활	벤 R. 피터스	8,000
55	거절의 상처를 치유하시는 하나님	데릭 프린스	6,000
56	존 비비어의 분별력〈개정판〉	존 비비어	13,000
57	통제 불능의 상황에서도 난 즐겁기만 하다	리사 비비어	12,000

PURE NARD BOOKS

No.	도서명	저자	정가
58	어린이와 십대를 위한 축사사역	빌 뱅크스	11,000
59	빛은 어둠 속에 있다	패트리샤 킹	10,000
60	목적으로 나아가는 길	드보라 조이너 존슨	8,000
61	러쉬 아워	슈프레자 싯홀	9,000
62	지도자의 넘어짐과 회복	웨이드 굿데일	12,000
63	하나님의 일곱 영	키이스 밀러	13,000
64	너희 지체를 의의 병기로 하나님께 드리라	허 철	8,000
65	세계를 변화시키는 능력	릭 조이너	12,000
66	왕의 자녀의 초자연적인 삶	빌 존슨 & 크리스 밸러턴	13,000
67	믿음으로 산 증인들	허 철	12,000
68	욥기	잔느 귀용	13,000
69	나라를 변화시킨 비전: 윌리엄 테넌트의 영적인 유산	존 한센	8,000
70	세상을 다스리는 권세의 회복	레베카 그린우드	10,000
71	창세기 주석	잔느 귀용	12,000
72	하나님의 강	더치 쉬츠	13,000
73	당신의 운명을 장악하라	알렌 키란	13,000
74	자살	로렌 타운젠드	10,000
75	레위기·민수기·신명기〈개정판〉	잔느 귀용	14,000
76	그리스도인의 영적혁명	패트리샤 킹	11,000
77	초자연적 중보기도	레이첼 힉슨	13,000
78	나는 하나님의 음성을 듣는다	킴 클레멘트	11,000
79	하나님의 초자연적인 능력	바비 코너	11,000
80	거룩과 진리와 하나님의 임재	프랜시스 프랜지팬	9,000
81	사랑하는 하나님	마이크 비클	15,000
82	일곱 교회 이기는 자에게 주시는 축복	허 철	9,000
83	일곱 산에 관한 예언〈개정판〉	조니 엔로우	15,000
84	일터에 영광이 회복되다	리차드 플레밍	12,000
85	초자연적 경험의 신비	짐 골 & 줄리아 로렌	13,000
86	웃겨야 살아난다	피터 와그너	8,000
87	폭풍의 전사	마헤쉬 & 보니 차브다	13,000
88	천국 보좌로부터 온 전략	샌디 프리드	11,000
89	영향력	윌리엄 L. 포드 3세	11,000
90	속죄	데릭 프린스	13,000
91	신의 성품에 참예하는 자	허 철	8,000
92	예언, 꿈, 그리고 전도	덕 애디슨	13,000
93	아가페, 사랑의 길	밥 멈포드	13,000
94	불타오르는 사랑	스티브 해리슨	12,000
95	그 이상을 갈망하라!	랜디 클락	13,000
96	능력, 성결, 그리고 전도	랜디 클락	13,000
97	종교의 영	토미 펨라이트	11,000
98	예기치 못한 사랑	스티브 J. 힐	10,000
99	1세기 교회사	릭 조이너	12,000
100	예수님의 얼굴〈개정판〉	데이비드 E. 테일러	13,000
101	토기장이 하나님	마크 핸비	8,000
102	존중의 문화	대니 실크	12,000
103	제발 좀 성장하라!	데이비드 레이븐힐	11,000
104	정치의 영	파이살 말릭	12,000
105	이기는 자의 기름 부으심	바바라 J. 요더	12,000
106	치유 사역 훈련 지침서	랜디 클락	12,000
107	헤븐	데이비드 E. 테일러	13,000
108	더 크라이	키스 허드슨	11,000
109	천국 여행	리타 베넷	14,000
110	파수 기도의 숨은 능력	마헤쉬 & 보니 차브다	13,000
111	지저스 컬처	배닝 립스처	12,000
112	넘치는 기름 부음	허 철	10,000
113	거룩한 대면	그래함 쿡	23,000
114	믿음을 넘어선 기적	데이브 헤스	10,000

No.	도서명	저자	정가
115	영적 전쟁의 일곱 영	제임스 A. 더함	13,000
116	영적 전쟁의 승리	제임스 A. 더함	13,000
117	기적의 방을 만들라	마헤쉬 & 보니 차브다	12,000
118	개인적 예언자	미키 로빈슨	13,000
119	어둠의 영을 축사하라	짐 골	13,000
120	보좌를 향하여	폴 빌하이머	10,000
121	적그리스도의 영을 정복하라	샌디 프리드	13,000
122	성령님 알기	마헤쉬 & 보니 차브다	12,000
123	십자가의 권능	마헤쉬 & 보니 차브다	13,000
124	성령이 이끄시는 성공	대니 존슨	13,000
125	축복의 능력	케리 커크우드	13,000
126	하나님의 호흡	래리 랜돌프	11,000
127	아름다운 상처	룩 홀터	11,000
128	하나님의 길	덕 애디슨	13,000
129	천국 체험	주디 프랭클린 & 베니 존슨	12,000
130	당신의 사명을 깨우라	M. K. 코미	11,000
131	기독교의 유혹	질 섀넌	25,000
132	우리가 몰랐던 천국의 자녀양육법	대니 실크	12,000
133	임재의 능력	매트 소거	12,000
134	예수의 책	마이클 코울리아노스	13,000
135	신앙의 기초 세우기	래리 크레이더	13,000
136	내 인생을 바꿔 줄 최고의 여행	제이 스튜어트	12,000
137	시간 & 영원	조슈아 밀즈	10,000
138	거룩한 흐름, 분위기	조슈아 밀즈	10,000
139	하이디 베이커의 사랑	하이디 & 롤랜드 베이커	13,000
140	하나님의 임재	빌 존슨	13,000
141	초자연적 기름부음	줄리아 로렌	12,000
142	하나님의 갈망	제임스 A. 더함	14,000
143	형통의 문을 여는 31가지 선포기도	케빈 & 캐티 바스코니	5,000
144	임박한 하나님의 때	R. 로렌 샌드포드	13,000
145	하나님을 향한 울부짖음	바바라 J. 요더	12,000
146	춤추는 하나님의 손	제임스 말로니	37,000
147	참소자를 잠잠케 하라	샌디 프리드	13,000
148	영광이란 무엇인가	폴 맨워링	14,000
149	내일의 기름부음	R. T. 켄달	13,000
150	영적 전투를 위한 전신갑주	크리스 밸러턴	12,000
151	성령을 소멸치 않는 삶	R. T. 켄달	13,000
152	초자연적인 삶	아담 F. 톰슨	10,000
153	한계를 돌파하라	샌디 프리드	13,000
154	블러드문	마크 빌츠	11,000
155	구약에서 일어난 모든 일들	윌리엄 H. 마티	13,000
156	신약에서 일어난 모든 일들	윌리엄 H. 마티	11,000
157	드보라 군대	제인 해몬	14,000
158	거룩한 불	R. T. 켄달	13,000
159	당신의 자녀를 향한 하나님의 65가지 약속	마이크 슈리브	8,000
160	무슬림 소녀, 예수님을 만나다	사마 하비브 & 보디 타이니	13,000
161	스미스 위글스워스의 병 고침(개정판)	스미스 위글스워스	12,000
162	뇌의 스위치를 켜라	캐롤라인 리프	13,000
163	약속된 시간	제임스 A. 더함	13,000
164	실패를 딛고 일어서는 믿음	샌디 프리드	12,000
165	스미스 위글스워스의 성령의 은사(개정판)	스미스 위글스워스	13,000
166	끝날 때까지 끝난 것이 아니다	R. T. 켄달	15,000
167	완전한 기억	마이클 A. 댄포스	10,000
168	금촛대 중보자들 1	제임스 말로니	15,000
169	마지막 때와 이슬람	조엘 리차드슨	15,000
170	질투	R. T. 켄달	14,000
171	사탄의 전략	페리 스톤	14,000

PURE NARD BOOKS

No.	도서명	저자	정가
172	죽음에서 생명으로	라인하르트 본케	12,000
173	금촛대 중보자들 2	제임스 말로니	13,000
174	금촛대 중보자들 3	제임스 말로니	13,000
175	올바른 생각의 힘	케리 커크우드	12,000
176	부흥의 거장들	빌 존슨 & 제니퍼 미스코브	25,000
177	악의 삼겹줄을 파쇄하라〈개정판〉	샌디 프리드	12,000
178	지옥의 실체와 하나님의 열쇠	메리 캐서린 백스터	12,000
179	문지기들이여 일어나라	제임스 A. 더함	15,000
180	안식년의 비밀	조나단 칸	15,000
181	교회를 깨우는 한밤의 외침	R. T. 켄달	15,000
182	하나님의 시간표	마크 빌츠	12,000
183	사랑의 통역사	샨 볼츠	12,000
184	예루살렘의 평화를 위해 기도하라	탐 헤스	13,000
185	마이크 비클의 기도	마이크 비클	25,000
186	유대적 관점으로 본 룻기	다이앤 A. 맥닐	13,000
187	폭풍을 향해 노래하라	디모데 D. 존슨	13,000
188	영광의 세대	브루스 D. 알렌	15,000
189	영적 분위기를 바꾸라	다우나 드 실바	12,000
190	하나님을 홀로 두지 말라	행크 쿠네만	14,000
191	하나님이 디자인하신 완전한 나	캐롤라인 리프	20,000
192	대적의 문을 취하라〈개정증보판〉	신디 제이콥스	15,000
193	R. T. 켄달의 임재	R. T. 켄달	13,000
194	영성가의 기도	찰리 샴프	10,000
195	과거로부터의 자유〈개정판〉	존 로렌 & 폴라 샌드포드	14,000
196	하나님의 불	제임스 A. 더함	15,000
197	일상에 임한 하나님의 영광	브루스 D. 알렌	14,000
198	마지막 시대 마지막 주자	타드 스미스	13,000
199	주의 선하신 치유 능력	크리스 고어	13,000
200	건강한 생활 핸드북	로라 해리스 스미스	15,000
201	더 높은 부르심	제임스 말로니	12,000
202	당신도 예언할 수 있다〈개정판〉	스티브 탐슨	14,000
203	생각하고 배우고 성공하라	캐롤라인 리프	15,000